KINDLER KOMPAKT
AMERIKANISCHE LITERATUR
20. JAHRHUNDERT

Ausgewählt von Frank Kelleter

Verlag J. B. Metzler

Kindler Kompakt bietet Auszüge aus der dritten, völlig neu bearbeiteten Auflage von *Kindlers Literatur Lexikon*, herausgegeben von Heinz Ludwig Arnold. – Die Einleitung wurde eigens für diese Auswahl verfasst und die Artikel wurden, wenn notwendig, aktualisiert.

Dr. Frank Kelleter ist Professor für Nordamerikanische Kultur am John-F.-Kennedy-Institut der Freien Universität Berlin; er war Fachberater bei der 3. Auflage von *Kindlers Literatur Lexikon*.

Inhalt

FRANK KELLETER
Die Literatur der Vereinigten Staaten im 20. Jahrhundert 9

THEODORE DREISER
Schwester Carrie / *Sister Carrie* 31

EZRA POUND
Das lyrische Werk 34

GERTRUDE STEIN
Drei Leben / *Three Lives* 37

CHARLOTTE PERKINS GILMAN
Herland / *Herland* 40

WILLA CATHER
Meine Antonia / *My Ántonia* 43

EDITH WHARTON
Zeit der Unschuld / *The Age of Innocence* 45

ERNEST HEMINGWAY
Die Erzählungen 47
Fiesta / *The Sun Also Rises* 53

T. S. ELIOT
Das wüste Land / *The Waste Land* 56

WILLIAM CARLOS WILLIAMS
Das lyrische Werk 60

WALLACE STEVENS
Das lyrische Werk 64

JEAN TOOMER
Zuckerrohr / *Cane* 71

F. SCOTT FITZGERALD
Der große Gatsby / *The Great Gatsby* 74

JAMES MERCER LANGSTON HUGHES
Das lyrische Werk 78

WILLIAM FAULKNER
Schall und Wahn / *The Sound and the Fury* 82
Absalom, Absalom! / *Absalom, Absalom!* 85

NELLA LARSEN
Seitenwechsel / *Passing* 89

EUGENE O'NEILL
Trauer muß Elektra tragen / *Mourning Becomes Electra. A Trilogy* 91

ZORA NEALE HURSTON
Und ihre Augen schauten Gott / *Their Eyes Were Watching God* 95

RICHARD WRIGHT
Sohn dieses Landes / *Native Son* 98

ROBERT LOWELL
Das lyrische Werk 101

TENNESSEE WILLIAMS
Endstation Sehnsucht / *A Streetcar Named Desire* 106

ARTHUR MILLER
Tod eines Handlungsreisenden / *Death of a Salesman* 109

J. D. SALINGER
Der Fänger im Roggen / *The Catcher in the Rye* 112

RALPH WALDO ELLISON
Unsichtbar / *Invisible Man* 116

VLADIMIR NABOKOV
Lolita / *Lolita* 120

ALLEN GINSBERG
Das lyrische Werk 123

JACK KEROUAC
Unterwegs / *On the Road* 128

SYLVIA PLATH
Das lyrische Werk 131

JOHN UPDIKE
Die Rabbit-Tetralogie 135

FRANK O'HARA
Das lyrische Werk 142

JOHN ASHBERY
Das lyrische Werk 146

LEROI JONES / AMIRI BARAKA
Das dramatische Werk 151

ADRIENNE RICH
Das lyrische Werk 156

CYNTHIA OZICK
Das Prosawerk 161

PHILIP ROTH
Portnoys Beschwerden / *Portnoy's Complaint* 165
Das Gegenleben / *The Counterlife* 167

KURT VONNEGUT
Schlachthof 5 oder Der Kinderkreuzzug / *Slaughterhouse-Five or The Children's Crusade* 170

THOMAS PYNCHON
Die Enden der Parabel / *Gravity's Rainbow* 174

OCTAVIA ESTELLE BUTLER
Das Romanwerk 178

SANDRA CISNEROS
Das Haus in der Mango Street / *The House on Mango Street* 180

DAVID MAMET
Hanglage Meerblick / *Glengarry Glen Ross* 183

CORMAC MCCARTHY
Die Abendröte im Westen / *Blood Meridian. or, The Evening Redness in the West* 186

GLORIA EVANGELINA ANZALDÚA
Grenzgebiete / *Borderlands/La Frontera. The New Mestiza* 189

TONI MORRISON
Menschenkind / *Beloved* 192
Im Dunkeln spielen: weiße Kultur und literarische Imagination / *Playing in the Dark. Whiteness and the Literary Imagination* 195

BRET EASTON ELLIS
American Psycho / *American Psycho* 198

DAVID FOSTER WALLACE
Unendlicher Spaß / *Infinite Jest* 201

JUNOT DÍAZ
Abtauchen / *Drown* 204

DON DELILLO
Unterwelt / *Underworld* 206

MARK Z. DANIELEWSKI
Das Haus / *House of Leaves* 209

MARILYNNE ROBINSON
Gilead / *Gilead* 213

Die Literatur der Vereinigten Staaten im 20. Jahrhundert

Frank Kelleter

Literatur im »amerikanischen Jahrhundert«

Der vielleicht bedeutendste amerikanische Romancier und Erzähler des 19. Jahrhunderts verfasst seine zentralen Werke in Europa; ein Jahr vor seinem Tod nimmt er 1915 sogar die englische Staatsbürgerschaft an. Henry James markiert in vielerlei Hinsicht den Übergang von einer amerikanischen Literatur, die sich an quasi-kolonialen Minderwertigkeitsgefühlen abarbeitet, zu einer amerikanischen Literatur, die ihrerseits zum Vorbild für europäische Entwicklungen wird. James' komplexes Spätwerk eröffnet das »amerikanische Jahrhundert« mit Romanen wie *The Wings of the Dove* (1902) und *The Ambassadors* (1903), die auf Handlungsebene noch mit einem Kernthema der Nachbürgerkriegszeit – dem kulturellen Gefälle zwischen Alter und Neuer Welt (»the international theme«) – beschäftigt sind. Doch der experimentelle Umgang dieser Texte mit Fragen der Erzählperspektive und Techniken der Bewusstseinsdarstellung weist bereits auf die großen Innovationen des Modernismus hin. Tatsächlich wird sich das 20. Jahrhundert vor allem in formalästhetischer Hinsicht als eine goldene Epoche der amerikanischen Literatur erweisen. Nicht zufällig korreliert diese Hochphase literarischer Produktion mit dem schrittweisen Aufstieg der Vereinigten Staaten zu einer wirtschaftlichen, politischen und schließlich auch militärischen Weltmacht.

Es ist kaum möglich, die erstaunliche literarische Vielfalt dieser 100 Jahre durch eine begrenzte Sammlung »repräsentativer« Werke abzubilden. Auch der vorliegende Band muss eine schlaglichtartige Auswahl treffen – und kann das auch nur für die Literatur der USA tun. Der Begriff »amerikanisch« steht im Folgenden also inkorrekt, aber wie umgangssprachlich üblich für »US-amerikanisch«. Selbst mit dieser Fokussierung geht vieles verloren: Autoren und Autorinnen der Jahrhundertwende, deren Hauptschaffenszeit ins 19. Jahrhundert fällt, wurden nicht aufgenommen (darunter auch Henry James). Von wenigen Ausnahmen abgesehen sind alle Schriftsteller nur durch ein einziges Werk oder eine einzige Werkgruppe repräsentiert. Eine rein kanonische Auswahl ist es dennoch nicht geworden; einige gerade in Deutschland geschätzte Klassiker (Jack London, Sinclair Lewis, John Steinbeck) mussten weichen, um Raum zu schaffen für maßgebliche, mittlerweile wohl auch einflussreichere Vertreter ethnisierter Literaturen – doch auch hier werden Liebhaber und Kenner wichtige Namen vermissen (Louise Erdrich, Maxine Hong Kingston, N. Scott Momaday u.a.). Einzelne Bereiche wie die Beat- und Untergrundliteratur erforderten schwierige Entweder/Oder-Entscheidungen (Allen Ginsberg und Jack Kerouac sind vertreten, William Burroughs und Diane di Prima nicht). Das weite Gebiet der Genre-Fiction hätte einen eigenen Band verdient; Octavia Butler steht stellvertretend für die endlosen Weiten der Science Fiction (unzählige andere müssten genannt werden: Robert Heinlein, Frank Herbert, Isaac Asimov, Ursula Le Guin, Philip K. Dick etc.); auf Western (Zane Grey, Louis L'Amour, Larry McMurtry), Horror (H. P. Lovecraft, Stephen King) und Detective Fiction (Raymond Chandler, Dashiell Hammett, James Ellroy) wurde gänzlich verzichtet. Ebenfalls unbeachtet bleiben Essays und Sachtexte; nur Toni Morrisons *Playing in the Dark* (1992) ist als quasi-literarische Selbstbetrachtung der amerikanischen Literatur vertreten. Ansonsten konzentriert sich die Auswahl auf die drei traditionellen Gattungen Lyrik, Drama und Erzählprosa. Ein Meilenstein der amerikanischen Literatur wie W. E. B. Du Bois' *The Souls of Black Folk* (1903) taucht damit ebensowenig auf wie der Journalismus von Joan Didion und Hunter S. Thompson.

Doch selbst nach diesen (auch für den Herausgeber) schmerzhaften Einschnitten liegen nicht weniger als 52 breit gefächerte Einträge vor, die dazu einladen, die Literatur des »amerikanischen Jahrhunderts« zu entdecken oder wieder zu entdecken. Der vorliegende Band möchte ein Sprungbrett sein, von dem aus sich weitere und tiefere Lesewelten erkunden lassen.

Modernismus

Nach dem Sieg der Nord- über die Südstaaten im amerikanischen Bürgerkrieg treten die USA endgültig und unwiderruflich in das Zeitalter einer urban-kapitalistischen Moderne ein. Es beginnt die Ära der Wolkenkratzer, der Fließbandproduktion, des Kinos, der »New Immigration« (die Einwanderer vor allem aus nicht-anglophonen und nicht-protestantischen Ländern nach Nordamerika bringt). Modernisierung war bereits im späten 19. Jahrhundert ein wichtiges Thema der amerikanischen Literatur – etwa im naturalistischen Roman *McTeague* (1899) von Frank Norris –, wird im frühen 20. Jahrhundert aber zu einem Projekt literarischer Gestaltung selbst. Den Anfang machen die radikalen Prosa-Experimente Gertrude Steins und die unermüdlichen Aktivitäten Ezra Pounds zur Begründung einer neuen Lyrik. »Modern« zu schreiben bedeutet nun, der Repräsentationsfunktion von Sprache zu misstrauen und stattdessen dem Verhältnis subjektiver Weltwahrnehmung und objektiver Zeichenhaftigkeit ästhetisch auf den Grund zu gehen.

Ein gutes Beispiel für diesen Wandel ist die unterschiedliche Art der Stadtdarstellung in naturalistischen und modernistischen Werken. Theodore Dreisers *Sister Carrie* (1900) beschreibt am Beispiel New Yorks und Chicagos die moderne Stadt als einen sozialen Raum, durch den sich menschliche Figuren wie durch eine schicksalshafte Kulisse bewegen, die ihre Handlungsmöglichkeiten zugleich leitet und begrenzt. Im Unterschied hierzu interessieren sich modernistische Kunstwerke (nicht nur der Literatur) für die moderne Stadt vor allem als Ort fragmentierter und vergleichzeitigter Sinneswahrnehmung. In Romanen wie John Dos Passos' *Manhattan Transfer* (1925), F. Scott Fitzgeralds *The Great Gatsby* (1925), aber auch Hart Cranes Gedicht *The Bridge* (1930) und Ezra Pounds hyperkonzentriertem Zweizeiler »In a Station of the Metro« (1913) ist Urbanität im Wesentlichen als Erfahrung simultaner Gegenläufigkeit präsent: Figuren, Handlungen, Eindrücke oder Gedanken bewegen sich in unterschiedliche Richtungen, dies aber nicht nacheinander, sondern gleichzeitig und momentan. Die Modernisten erkennen in solch städtischer Simultaneität ein Grundmotiv modernen Lebens selbst, nämlich dessen Tendenz, existierende Ordnungen in ihre Bestandteile zu zerlegen und damit herkömmliche Vorstellungen von Chronologie und Kausalität außer Kraft zu setzen. So wie kubistische Gemälde nun nicht mehr Gegenstände, sondern den Akt ihrer Wahrnehmung abbilden, indem sie Sujets aus vielerlei Perspektiven auf einmal zeigen, so verwenden modernistische Texte wie Gertrude Steins *Tender Buttons* (1914) serielle Wortwiederholungen und grammatische Permutationen, um die sprachliche Struktur des Bewusstseins selbst erfahrbar zu machen.

Den amerikanistischen Modernisten geht es in Auseinandersetzung mit den Folgen rapider Modernisierungsprozesse – Urbanisierung,

Rationalisierung, Kommodifizierung, Standardisierung usw. – somit um eine zeitgemäße und selbstreflexive Erneuerung literarischer *Darstellungsformen*, nicht nur um die Erschließung neuer literarischer Themen. Die Theaterstücke Eugene O'Neills und Susan Glaspells experimentieren auf diese Weise mit einer ganzen Reihe von meist aus Europa importierten Inszenierungsverfahren, die das diffuse Innenleben von Figuren auf der Bühne greif- und sichtbar machen sollen. Die großen Romane William Faulkners, vor allem *The Sound and the Fury* (1929), *As I Lay Dying* (1930) und *Absalom, Absalom!* (1936), brechen die Chronologie des erzählten Geschehens auf, um die Geschichte der Südstaaten in radikaler Multiperspektivität aufzulösen. In John Dos Passos' U.S.A.-Trilogie (1930–1936) werden Collage und Montage zu bevorzugten Verfahren; hier wie anderswo versuchen literarische Texte, die Effekte anderer Medien wie der Filmkamera in sich aufzunehmen und zu imitieren.

Das Interesse der modernen Literatur an Film, Radio und anderen populären Medien trägt dabei immer auch Züge kultureller Abgrenzung. Je mehr sich die literarische Printkultur im Lauf des 20. Jahrhunderts als ein Medium unter anderen zu begreifen beginnt, desto stärker ist in der Regel ihr Bemühen, sich als eine besondere – eine »tiefere« und vermeintlich non-kommerzialisierte – Ausdrucksform gegenüber populärer Unterhaltung, aber auch gegenüber ihrer eigenen bürgerlich-erbaulichen Vergangenheit zu positionieren. Damit kanonisieren modernistische Gedichte, Dramen und Romane eine beharrliche Kritik der nicht-literarischen »Massenkultur«, die bis ins 21. Jahrhundert hinein einflussreich bleibt. Im ersten Drittel des Jahrhunderts ist es vor allem die lyrische Avantgarde um Ezra Pound und T. S. Eliot, die jede Anmutung romantischer Gefälligkeit aus dem Feld der hochliterarischen Praxis exorzieren möchte. Poetische Manifeste für immer neue Bewegungen (Imagismus, Vortizismus usw.) überbieten sich nun im Versuch, die Dichtung als eine ebenso aktuelle wie außergewöhnliche Kunstform zu etablieren. T. S. Eliots *The Waste Land* (1922) – auf Jahrzehnte hinweg ein Schlüsseltext modernistischer Ästhetik – absorbiert umfassend populärkulturelle Formen, verweigert sich aber demonstrativ jeglicher Art identifikatorischer Massenlektüre. In seinem nicht minder einflussreichen Essay »Tradition and the Individual Talent« (1919) erläutert Eliot, dass authentische Dichtkunst nicht darauf aus ist, emotional zu erschüttern oder die Persönlichkeit eines Autors zum Ausdruck zu bringen. Stattdessen empfiehlt Eliot ein kalkuliertes Masken- und Rollenspiel, das in ähnlicher Form schon in

Pounds Gedichtband *Personae* (1909) zur Anwendung kam.»Impersonality« wird so zum Qualitätszeichen echter, zeitgemäßer Kunst – und die Herstellung und Lektüre von Dichtung zu einem schwierigen, voraussetzungsreichen, immer arbeitsamen Prozess, der in allem das genaue Gegenteil romantischer Ergriffenheit und populärer Zerstreuung ist.

Einigen Weggefährten Pounds und Eliots geht das zu weit – nicht, weil sie zu einem vormodernen Literaturverständnis zurückkehren möchten, sondern weil sie die Akademisierung und Europäisierung poetischer Praxis fürchten. (Eliot, der wie Pound aus einem protestantischen Elternhaus im Mittleren Westen stammt, schreibt seine Hauptwerke in London und nimmt 1927 nicht nur die englische Staatsbürgerschaft an, sondern konvertiert auch zum Anglo-Katholizismus; Pound zieht 1924 nach Italien und betreibt dort später Propaganda für Mussolinis faschistisches Regime.) In bisweilen offener Gegnerschaft insbesondere zu Eliot arbeiten deshalb Autoren wie Robert Frost und William Carlos Williams an einem Modernismus »in the American grain« (Williams). Hierzu kombinieren sie die präzisen, »impersonellen« Formen der Avantgarde mit dezidiert anti-elitären Gesten, basierend auf einer amerikanisch konnotierten Wertschätzung von Alltäglichkeit, Regionalismus und Umgangssprache.

Dem Projekt eines explizit amerikanischen Modernismus steht auch Wallace Stevens, der vielleicht philosophischste Vertreter dieser Autorengeneration, nahe. Tief verwurzelt in der Gedankenwelt des amerikanischen Pragmatismus kreist Stevens' umfangreiches Werk um ein Grundmotiv modernistischer Ästhetik: die Fähigkeit der Kunst, nach dem Zerfall aller Gewissheiten eine »neue Ordnung« zu stiften. Im Unterschied zu unverhohlen dogmatischen Versionen dieses kunstreligiösen Vertrauens betont Stevens jedoch die Fiktionalität aller ästhetisch geschaffenen Orientierungen und Werte. Die Kunst, heißt es in Gedichten wie »The Idea of Order at Key West« (1934) und »Notes towards a Supreme Fiction« (1942), ermöglicht einen Glauben, der von sich weiß, dass er unbegründet und erfunden ist.

Eine ähnliche Haltung trägt auch die Erzählungen und Romane Ernest Hemingways. Die frühen Kurzgeschichtensammlungen *In Our Time* (1925), *Men Without Women* (1927) und *Winner Take Nothing* (1933) sowie die ersten Romane *The Sun Also Rises* (1926) und *A Farewell to Arms* (1929) verbinden Hemingways von Stein und Pound abgeleiteten Stil überzeugungsloser Registratur mit einer zutiefst anti-sentimentalen, letztlich nihilistischen Weltsicht, die sich vor allem der traumatischen Erfahrung des Ersten Weltkriegs verdankt. Schon in A Farewell to Arms aber zeichnet sich die existenzialistische Re-Heroisierung dieses modernen Defätismus ab. Beim mittleren und späten Hemingway mutiert der desillusionierte Verlierer, der trotz aller Vergeblichkeit seines Tuns nicht aufgibt, zum neuen Helden einer krypto-sentimentalen Todesakzeptanz. Die populärkulturelle Karriere dieser Figur reicht von den hartgesottenen (»hard-boiled«) Detektiven Raymond Chandlers und Dashiell Hammetts über den Hollywood *film noir* bis zur auktorialen Inszenierung Ernest Hemingways selbst, der spätestens nach *For Whom the Bell Tolls* (1940) zum internationalen Star-Autoren wird. Hemingways Minimalismus wandelt sich daraufhin zum maskulinen Markenzeichen, und viele seiner Werke nach dem Zweiten Weltkrieg lesen sich wie unfreiwillige Selbstparodien. Mehrere stilistische Prämissen Hemingways aber, wie die Konzentration auf Oberflächeneffekte zur Evokation tiefer liegender Ereignisse (»iceberg theory«) oder die Bevorzugung des Zeigens (»showing«) gegenüber dem Berichten (»telling«), bestimmen amerikanische Prosaverfahren bis heute und sind tief in die institutionellen Praktiken literarischer Produktion (etwa in Creative Writing Programs) eingedrungen.

Ein zweiter modernistischer Erzähler, der zu einer gefeierten Berühmtheit wird, ist F. Scott Fitzgerald. Sein erster Roman *This Side of Paradise* (1920) ist zusammen mit den Kurzgeschichtensammlungen *Flappers and Philosophers* (1920) und *Tales of the Jazz Age* (1922) maßgeblich für das Selbst-Image der Zwanziger Jahre als glamourös-hedonistische Dekade verantwortlich. Ähnlich wie die Romane von Anita Loos, speziell *Gentlemen Prefer Blondes: The Intimate Diary of a Professional Lady* (1926), beschreiben Fitzgeralds zeitgenössische Sittengemälde eine kapitalistische Konsumkultur, die mehr Befreiung – besonders sexueller Art – als Ausbeutung bereit hält, deren Hang zur Selbstbeschleunigung aber auch den Kern der eigenen Zerstörung in sich trägt. Nicht zufällig wird die zentrale Katastrophe in *The Great Gatsby* von einem Autounfall in Gang gesetzt (nachdem das Automobil in der Erzählung anfangs als Symbol ungeahnter Mobilitätsmöglichkeiten auftritt). 1925 möchte Fitzgerald mit *The Great Gatsby* eigentlich seinen Ruf als modischer Erfolgsautor ablegen und würzt seinen Roman deshalb mit zahlreichen Verweisen auf die Gedichte T. S. Eliots. Dennoch dauert es, bis das Werk als amerikanischer Klassiker anerkannt ist; Fitzgerald siedelt derweil nach Hollywood um, wo er (wie viele Romanciers der Zeit) als Drehbuchautor arbeitet.

Im letzten Lebensjahrzehnt – Fitzgerald stirbt 1940 an den Folgen seiner Alkoholsucht – erscheinen mit »Babylon Revisited« (1931) und »The Crack-Up« (1936) zwei seiner besten Kurzprosatexte: ernüchternde Rückschauen auf die Exzesse der Zwanziger Jahre aus dem Blickwinkel der Weltwirtschaftskrise.

Der entfesselte Konsumkapitalismus der amerikanischen »Roaring Twenties« fällt vielsagend mit der weltweiten Konjunktur modernistischer Experimente zusammen. Beide Hochphasen (die wirtschaftliche und die künstlerische) werden eingerahmt von zwei der schwersten Erschütterungen der bürgerlichen Moderne: dem Ersten Weltkrieg, der 1918 nach vier Jahren verheerender Zerstörung endet, und dem Börsencrash von 1929, der die Great Depression einläutet, aus der die USA sich erst sechzehn Jahre später mit dem Ende des Zweiten Weltkrieges befreien können. Die Dreißiger Jahre stehen denn auch im Zeichen eines neuen, im Rahmen des New Deal oft staatlich sanktionierten Sozialrealismus. Das Spektrum literarischer Ausdrucksformen reicht dabei vom sentimentalen Kulturnationalismus eines John Steinbeck (*The Grapes of Wrath*, 1939) oder Thornton Wilder (*Our Town*, 1938) über marxistische Inflektionen der Avantgarde-Tradition, wie in John Dos Passos' U.S.A.-Trilogie, bis zum New Deal-kritischen Agitprop-Theater eines Clifford Odets.

Harlem Renaissance und die Folgen

Der anti-bürgerliche Impuls der modernistischen Ästhetik – ihre Sehnsucht nach alternativen Ordnungen und neuen Vitalitäten – richtet sich zu Beginn des Jahrhunderts vielfach auf nicht-westliche Kulturräume, deren angebliche Ursprünglichkeit aus Sicht der Avantgarde ein Versprechen von Authentizität bereit hält. In den USA beeinflusst dieser »Primitivismus« vor allem die Rezeption und Bewertung afroamerikanischer Kunstformen wie dem Jazz, trotz der Tatsache, dass es sich dabei in aller Regel um urban-hybride, also hochmoderne und zutiefst amerikanische Stile handelt. Zahlreiche weiße Künstler und Leser der Zeit glauben jedoch, in der einheimischen afroamerikanischen Kultur eine rassische Differenz zu erkennen, die sozusagen inmitten der städtisch-technologischen Zivilisation – spezifisch: inmitten New Yorks, in Harlem – befreiende Verbindungen zu den »dunklen Kontinenten« nicht-bürgerlicher Sexualität und Lebenskraft herstellt. Eugene O'Neill's expressionistisches Theaterstück The Emperor Jones (1920) inszeniert die »Afrikanität« afroamerikanischer Kultur in diesem Sinn als unabweisbares kollektives Unbewusstes, mit allen Implikationen eines vitalistischen Rassismus.

Für afroamerikanische Künstler schafft diese Situation ein charakteristisches Dilemma. Zum einen trägt die modernistische Umwertung des Begriffes »primitiv« erheblich zum rasanten Erfolg ihrer Werke in den Zwanziger Jahren bei, vor allem in Harlem, das vorübergehend zu einem geschäftigen Zentrum kreativer Energien in den USA wird. Zum anderen fußt der weiße Primitivismus auf der Annahme einer essentiellen schwarzen Rassenpsychologie. Was das in praktischer Hinsicht bedeutet, erfährt Langston Hughes, einer der wichtigsten Vertreter der Harlem Renaissance, als seine weiße Sponsorin jede finanzielle Unterstützung einstellt, nachdem Hughes nicht mehr über den ursprünglichen Lebensrhythmus Afrikas schreiben möchte, sondern sich mit schwarzer Armut in amerikanischen Städten und der internationalen Ausbeutung afrikanischer Ressourcen – etwa im Gedicht »Johannesburg Mines« (1928) – beschäftigt.

Was W. E. B. Du Bois zu Beginn des Jahrhunderts als afroamerikanische »double consciousness« identifiziert hatte – den Zwang rassisch definierter Subjekte, sich selbst aus einer vermuteten weißen Perspektive heraus zu betrachten – bleibt somit auch für die ästhetische Praxis der Harlem Renaissance aktuell. Ein Roman wie Nella Larsens Passing (1929) verhandelt diese Notlage, indem er die Durchlässigkeit ethnisch begründeter Alltagsrollen inszeniert, dabei aber auch das Problem personaler Gruppenloyalität in einer rassistischen Gesellschaft aufwirft. Ähnlich streicht der afroamerikanische Philosoph Alain Locke im Vorwort seiner einflussreichen Anthologie The New Negro (1925) die anti-romantische Modernität und Amerikanität der Harlem Renaissance heraus.

The New Negro versammelt Gedichte, Erzählprosa und Essays führender Vertreter des afroamerikanischen Modernismus: Langston Hughes, Jean Toomer, Zora Neale Hurston, Countee Cullen, Claude McKay, James Weldon Johnson u. a. Bei näherem Hinsehen treffen hier zwei entgegengesetzte Modelle literarischer Praxis aufeinander: auf der einen Seite Autoren wie Cullen, McKay und Locke, deren schwarzer Modernismus formalästhetisch mit den besten Beispielen des westlichen Kanons mithalten soll; auf der anderen Seite Autoren wie Hurston und – zu einem gewissen Grad – Toomer, die sich in offener Abkehr von den kosmopolitischen Ansprüchen des »New Negro Movement« für die regionalen

Ursprünge afroamerikanischer Kultur in den Südstaaten interessieren, wobei solch Folklorismus aber auch Kritik wegen seiner Nähe zu primitivistischen Diskursen auf sich zieht. Tatsächlich läuft diese Auseinandersetzung parallel zu jener, die fast zeitgleich im weißen Modernismus die europazentrierte Perspektive Pounds und Eliots von der amerikazentrierten Perspektive Williams' und Frosts trennt. Es ist dann vor allem Langston Hughes, der versucht, den Widerspruch zwischen Provinzialität und Urbanität zu überwinden, einerseits durch den Einbezug politisch-ökonomischer Analyse, andererseits durch die ausdrückliche Akzentuierung des hybriden Charakters afroamerikanischer Kunstformen, z. B. im Jazz-Gedicht »The Weary Blues« (1925).

Mit dem Börsencrash von 1929 findet die Harlem Renaissance ein jähes Ende. Afroamerikanische Literatur wird natürlich weiterhin geschrieben, aber das öffentliche Interesse an der Entwicklung eines schwarzen Modernismus nimmt rapide ab, wohl auch, weil folgende Werke sich zunehmend schwer tun, weiße primitivistische Bedürfnisse zu bedienen. Stattdessen rückt das Problem »doppelten Bewusstseins« ins Zentrum der formalen Gestaltung selbst. Mit Richard Wrights *Native Son* (1940) erscheint dann ein Roman, der die afroamerikanische Literaturszene wie eine Schockwelle trifft. Zwar teilt *Native Son* das Unbehagen Alain Lockes an sentimentalen Opferdiskursen – »die Tage Onkel Toms sind gezählt«, hieß es im Vorwort von *The New Negro*, und Wright wünscht sich nun fast gleichlautend eine afroamerikanische Literatur »ohne den Trost von Tränen« –, aber die von der Harlem Renaissance ersehnte Beförderung ethnischen Selbstbewusstseins (»racial uplift«) ist von diesem Werk nicht mehr zu erwarten. In ostentativer Auflehnung gegen die gängige Positivbesetzung schwarzer Figuren, hinter der er eine vorgreifende Reaktion auf weiße Vorurteile vermutet, schafft Wright einen Protagonisten, der sich weder zur Identifikations- noch zur Hassfigur eignet. Bigger Thomas ist ein inartikulierter Jugendlicher aus dem Ghetto, der im Lauf der Handlung zwei Frauen – darunter die Tochter der weißen Familie, die ihn als Chauffeur aufnimmt, um ihm ein besseres Leben zu ermöglichen – mehr aus Furcht denn Bosheit in drastisch geschilderten Szenen ermordet. Am Ende wird Bigger zum Tode verurteilt. Aufrufe zur Akzeptanz seiner afroamerikanischen Identität dringen ebenso wenig zu ihm durch wie die Versuche seines kommunistischen Anwalts, eine sozialpolitische Erklärung für die begangenen Taten zu finden. Am Ende bleibt existenzialistischer Ekel (»an organic wish to cease to be, to stop living«) als einzig mögliche Haltung in der Todeszelle. Wrights Ideal einer afroamerikanischen Ästhetik, die ohne Konzessionen an erwartete Reaktionen angloamerikanischer Leser agiert, ist für die weitere Entwicklung amerikanischer Minoritätenliteraturen nach dem Zweiten Weltkrieg ebenso wegweisend wie die Identifizierung ethnisierter Erfahrungswelten als exemplarischer Brennpunkt existenzieller Wut und Daseinsangst.

Literatur und Kalter Krieg

Die Vereinigten Staaten gehen aus dem Zweiten Weltkrieg als einzig wirklicher Sieger hervor. Nach fast zwei Jahrzehnten wirtschaftlicher Unsicherheit entsteht jetzt eine neue, kontinuierlich wachsende Mittelschicht, die höheren Wohlstand genießt als jede soziale Gruppe dieser Größe zuvor in der Geschichte – und die erwartet, dass es immer so weiter geht. Die Nachkriegszeit katapuliert die Nation aber auch in die ungewohnte Rolle einer politischen Führungs- und militärischen Weltmacht (nachdem die USA zu Beginn des Jahrhunderts eines der niedrigsten Verteidigungsbudgets der westlichen Welt besaßen). Technologischer Fortschritt wird so zum sozialen wie militärischen Signum des Kalten Krieges: auf der einen Seite ein historisch einzigartiger Alltagskomfort, auf der anderen Seite historisch einzigartiges Zerstörungspotenzial, konkret verkörpert in der Atombombe.

Die omnipräsente Gefahr eines globalen nuklearen Krieges ist auf vielfache Weise mit den Eigenheiten der neuen Mittelstand-Mentalität der Fünfziger und Sechziger Jahre verflochten, am auffälligsten in der häufig diagnostizierten Stimmung latenter Verdrossenheit und Unruhe, für die die Zeitgenossen psychologische Begriffe wie »discontent« und »anxiety« finden. Besagtes Unbehagen spiegelt sich schon in den Titeln einer Reihe soziologischer Bestseller, die die Entwicklung amerikanischer Kultur nach 1945 reflexiv begleiten (und damit ein wichtiges Genre amerikanischer Selbstbeschreibung begründen). Bücher wie David Riesmans *The Lonely Crowd* (1950), William Whytes *The Organization Man* (1956) und Christopher Laschs *The Culture of Narcissism* (1970) kommen darin überein, dass der technologisch-mediatisierte Alltag der Nachkriegszeit sowie das Aufkommen einer postindustriellen Dienstleistungsgesellschaft traditionell amerikanische Werte von Gemeinschaftlichkeit und Bürgersinn radikal transformiert. »Anxiety« wiederum – verstanden als diffuse Furcht vor einer kommenden Katastrophe, von der man aber nicht weiß, wann sie eintreten und worin sie bestehen wird – gerät in den Fünfziger und Sechziger Jahren fast zu einem Strukturmerkmal kultureller Produktion schlechthin.

Vor allem in Werken angloamerikanischer männlicher Schriftsteller wimmelt es nun von beruflich erfolgreichen Figuren in glücklichen Familienverhältnissen, die dennoch nicht in der Lage sind, ihr Leben zu genießen. Die Unterscheidung von äußerer Erscheinung und dahinter liegender Wahrheit – und somit die (u. a. der Psychoanalyse entliehene) Annahme, Wahrheit *verberge* sich in einem *Inneren* oder *Tieferen* – organisiert nahezu alle kanonischen Texte dieser Zeit. Die Themen Ehebruch und Scheidung haben literarische Hochkonjunktur, meist in suburbaner Inszenierung, etwa bei Richard Yates (*Revolutionary Road*, 1961) oder John Updike (*Couples*, 1968). Insbesondere Updikes Romane und Erzählungen kreisen wiederholt um die Erfahrung eines Schmerzes, der nicht erklärt werden kann, weil es keine erkennbaren Ursachen gibt. Man genießt den höchsten Lebensstandard, den die Welt je gesehen hat; man besitzt ein gepflegtes Eigenheim am grünen Stadtrand; man ist verheiratet, hat gut erzogene Kinder mit blendenden Zukunftsaussichten – und trotzdem bricht man während des Frühstücks oder beim Rasenmähen plötzlich und grundlos in Tränen aus. Diese »suburban sadness« – erstmals 1958 von David Riesman in einem berühmt gewordenen Essay beschrieben – wird von Updike konsequent in den Kontext größerer sozio-politischer Entwicklungen gestellt, vor allem in seinem opus magnum über den Protagonisten Harry »Rabbit« Angstrom, den Romanen *Rabbit, Run* (1960), *Rabbit Redux* (1971), *Rabbit Is Rich* (1981) und *Rabbit at Rest* (1990) – sowie der 2001 erschienenen Novelle »Rabbit Remembered« –, die in ihrer Gesamtheit eine monumentale Chronik der amerikanischen Gesellschaft und ihrer Empfindsamkeiten zwischen den Fünfziger und Neunziger Jahren zeichnen (und in dieser Form zum Vorbild für andere historiographisch angelegte Erzählserien der amerikanischen Gegenwartsliteratur geworden sind, etwa bei Richard Ford).

Das Motiv trügerischer Sicherheit ist einerseits hoch kompatibel mit modernistischen Formideen (denen es u. a. die Vorstellung einer symptomatischen Beziehung zwischen Oberflächenwirkung und Tiefenstruktur verdankt), erfreut sich andererseits aber auch großer Beliebtheit in der Populärkultur des Kalten Krieges. Auf dem Gebiet der Genre-Fiction z. B. legt ein Autor wie Stephen King die Fassadenhaftigkeit suburbaner Mittelschichtenexistenz wiederholt als Horrorszenario aus. Auf dem Feld der modernistischen Literatur wiederum produziert vor allem das amerikanische Theater etliche tiefenstrukturelle Handlungsmuster. Aufbauend auf Eugene O'Neills Faszination für Lebenslügen (»pipe dreams«) handeln Stücke wie Tennessee Williams' A *Streetcar Named Desire* (1947), Arthur Millers *Death of a Salesman* (1949) und Edward Albees *Who's Afraid of Virginia Woolf?* (1962) von Figuren, die sich unablässig in Fiktionen »verstricken«, weil ihr sichtbares Leben nicht mit dessen unsichtbarer Wirklichkeit übereinstimmt.

Insgesamt legt die modernistische Literatur nach dem Zweiten Weltkrieg ihren Avantgarde-Status ab und findet sich als universell gültiger Ausdruck einer humanistischen Ästhetik kanonisiert. Eliot, Faulkner und Hemingway erhalten innerhalb kurzer Zeit den Nobelpreis. Je mehr sich allerdings eine neue Autorengeneration für die psychologischen Untiefen eines selbstgefälligen Alltags zu interessieren beginnt, desto suspekter wird ihr Eliots Diktat »impersoneller« Dichtung. In den Fünfziger Jahren rücken deshalb immer mehr Lyriker von modernistischen Orthodoxien ab, sei es im Gestus offener Rebellion, wie die Beat-Autoren um Allen Ginsberg, dessen Überraschungserfolg *Howl and Other Poems* (1956) die rhapsodischen und prophetischen Tonlagen der amerikanischen Romantik wiederentdeckt, sei es in dialektischer Kunstfertigkeit, wie Robert Lowell, dessen viel beachtete Publikation *Life Studies* (1959) modernistische Formalismen mit verstörenden autobiographischen Bekenntnissen synthetisiert. Geisteskrankheit und Suizidgedanken werden daraufhin zu zentralen Themen einer ganzen Welle von »Confessional Poetry«, am eindringlichsten in John Berrymans *The Dream Songs* (1964–1969), Anne Sextons *To Bedlam and Part Way Back* (1960) und Sylvia Plaths posthum nach ihrem Selbstmord veröffentlichten Band *Ariel* (1965). Dabei arbeiten vor allem weibliche Autoren die Beziehung zwischen Psychopathologie und Sozialsystem heraus, gemäß der Ende der Sechziger Jahre aufkommenden feministischen Losung »The private is political«. Besonders Adrienne Rich, selbst keine Anhängerin »bekenntnishafter« Lyrik, befördert eine neue politische Dichtungstradition, die modernistische Normen in Frage stellt, ohne hinter die ästhetischen Errungenschaften des Modernismus zurück zu fallen.

Minoritätenliteraturen nach dem Zweiten Weltkrieg

Dass private Leiden eine handfeste politische Dimension besitzen, ist auch ethnisierten Künstlern und Intellektuellen der Nachkriegszeit unmittelbar einsichtig. Unter dem Eindruck der Dekolonisation – und inspiriert von aktuellen Kolonialismustheorien aus Europa und Afrika, vor allem Frantz Fanons Modell eines psychiatrischen Sozialismus – richtet die amerikanische Literatur der Fünfziger bis Siebziger Jahren ihre Aufmerksamkeit verstärkt auf Entfremdungs- und Unterdrückungsprozesse jenseits der Malaise weißer Mittelklassenexistenz. Ein frühes Schlüsselwerk ist in diesem Zusammenhang Ralph Ellisons 1952 erschienener Roman *Invisible Man*, der das Problem afroamerikanischer Fremdbestimmung sprachgewaltig und mit allen surrealen Konsequenzen auf die Metapher sozialer Unsichtbarkeit zuspitzt. Ellisons namenloser Protagonist durchläuft auf der Suche nach einer lebensfähigen Identität sämtliche historischen Stationen afroamerikanischer Emanzipationspolitik (pädagogische Selbstorganisation, militanter Afrikanismus, Marxismus usw.), um sich schließlich als radikal existenzialistischer Trickster in einem Kellerloch am Rande Harlems wiederzufinden, von wo aus er eine (bereits auf postmoderne Dispositionen vorausweisende) Philosophie »multipler Persönlichkeiten« in einer »Welt der Möglichkeiten« verkündet.

Nachdem die als Bürgerrechtsbewegung (Civil Rights Movement) bekannt gewordene Koalition aus afroamerikanischen Kirchenorganisationen und jüdisch-amerikanischen Intellektuellen 1954 mit der Abschaffung der Rassentrennung in den Südstaaten einen entscheidenden historischen Sieg errungen hatte (Urteil des Obersten Gerichtshofes in *Brown v. Board of Education of Topeka*), sind die Sechziger Jahre – zumindest anfänglich – von einer bemerkenswerten kulturellen Aufbruchstimmung geprägt, die entscheidend zur retrospektiven Mythisierung des Jahrzehnts und seiner Akteure beigetragen hat. Einflussreiche Publikationen wie Michael Harringtons *The Other America* (1962) stellen das herrschende Bild einer wohlhabenden Mittelstandsgesellschaft in Frage. Eine weitverzweigte Jugend- und Antikriegsbewegung, die sich als »counterculture« in Szene setzt, normalisiert soziale und sexuelle Normbrüche mit tiefgreifenden Folgen. Solche und andere Liberalisierungsschübe gehen allerdings mit oft gegenläufigen politischen Entwicklungen im Kontext des Kalten Krieges einher. Präsident Lyndon B. Johnsons ambitioniertes Projekt einer »Great Society« (Ausbau des Sozialstaates zur Bekämpfung von Armut und Rassismus) zerbricht an Johnsons Engagement im Vietnamkrieg (1964–1968, Fortsetzung unter Nixon und Ford bis 1975). Und die Ermordung vermeintlich liberaler Hoffnungsträger wie Präsident John F. Kennedy (1963) und Senator Robert Kennedy (1968) sowie afroamerikanischer Aktivisten wie Medgar Evers (1963), Malcolm X (1965) und Martin Luther King (1968) fragmentiert und radikalisiert amerikanische Protestbewegungen nachhaltig.

Weil die afroamerikanische Kultur in den Sechziger und Siebziger Jahren wiederholt als Stichwortgeber und Vorbild für Entwicklungen in anderen Minoritätenkulturen auftritt, sind die Risse, die im Anschluss an diese Ereignisse durch das »schwarze Amerika« gehen, von gesamtgesellschaftlicher Bedeutung. Den integrativ-reformatorischen Zielen des Civil Rights Movement stehen nun vermehrt systemkritisch-sozialistische Positionen gegenüber, und beide sehen sich der Kritik identitätspolitischer Bewegungen ausgesetzt, die »Black Cultural Nationalism« (Ron Karenga) fordern. Internationalistische Ansätze, teils im Umfeld der marxistisch inspirierten Black Panther Party, fallen massiver staatlicher Repression zum Opfer. Viele dieser ideologischen Schismen können beispielhaft an der Karriere Amiri Barakas nachgezeichnet werden. In den frühen Sechziger Jahren erlangt Baraka – noch unter dem Namen LeRoi Jones – erste Berühmtheit als Lyriker und Dramatiker im Umfeld der New Yorker Beat-Szene, macht sich nach der Ermordung von Malcom X und unter dem Einfluss des Black Arts Movement aber daran, seine Ästhetik (gleich seinem Namen) zu afrikanisieren. Damit treiben Barakas Werke der späten Sechziger und Siebziger Jahre ein literarisches Projekt auf die Spitze, dem sich bereits Autoren wie Richard Wright und Ralph Ellison nach der Harlem Renaissance verschrieben hatten: das Projekt einer schwarzen Literatur, deren Zielpublikum nicht mehr aus weißen Lesern besteht, die über afroamerikanische Notlagen informiert oder als Koalitionäre gewonnen werden müssen. Barakas wachsende Militanz produziert dabei aber auch explizit essentialistische Vorstellungen rassischer Identität, wie im Stück *Slave Ship* (1968/1970), das unverhohlene Verachtung für Martin Luther King zum Ausdruck bringt.

Zahlreiche Minoritätenkulturen folgen dem afroamerikanischen Beispiel und entwickeln identitätspolitische Kontroversen eigener Art. »Differenz« wird in den Siebziger und Achtziger Jahren zu einem philosophischen und politischen Schlüsselbegriff. Damit einher geht ein beachtlicher Aufschwung ethnischer und anderer identitätsbasierter

Literaturen, der bald auch institutionelle Konsequenzen hat. An amerikanischen Universitäten diskutiert man nun heftig und ausgiebig über Multikulturalismus und literarische Kanonbildung, nicht selten mit dem Ergebnis, dass Programme und Departments für Women's Studies, Queer Studies, Native American Studies, Asian American Studies, Chicano/a Studies usw. gegründet werden. Die dazugehörige Literatur entsteht (bis heute) in enger Wechselwirkung mit den wissenschaftlichen und theoretischen Instrumtenten ihrer Beschreibung. Im Rückblick kann man den selbstbezüglichen Fokus vieler differenzbasierter und postkolonialer Diskurse auf Fragen der Alltagspolitik und des Lebensstils sicher als eine Vernachlässigung grundlegender Prozesse der politischen Ökonomie kritisieren – immerhin gingen die »Culture Wars« der Achtziger und Neunziger Jahre mit der (kaum noch unter klassische Konservatismusbegriffe zu fassenden) Konsolidierung marktradikaler Wirtschafts- und Regierungspraktiken einher –, doch die literarische wie wissenschaftliche Produktivität subalterner Identity Politics ist bis heute immens. Besondere Bedeutung kommt dabei der (mexikanisch-amerikanischen) Chicano/a-Literatur zu, deren Interesse an Bilingualität – etwa in Gloria Anzaldúas *Borderlands/La Frontera* (1987) – dem faktischen Plurikulturalismus der USA in besonderer Weise gerecht wird. Selbiges gilt für Latino/a-Literaturen: Nicht zufällig stammt einer der meist diskutierten Romane der US-Gegenwartsliteratur, Junot Díaz' *The Brief Wondrous Life of Oscar Wao* (2007) – neun Jahre nach der Kurzgeschichtensammlung *Drown* (1996) erschienen – von einem amerikanisch-dominikanischen Autor.

Einen Sonderfall im Spektrum ethnisch definierten Schreibens stellt die jüdisch-amerikanische Literatur dar, die mit Bernard Malamud, Saul Bellow und vor allem Philip Roth drei der erfolgreichsten Erzähler der Nachkriegszeit hervorgebracht hat. Zwar identifiziert sich nach dem Zweiten Weltkrieg nicht jeder Schriftsteller mit jüdischen Wurzeln als Vertreter einer jüdisch-amerikanischen Kultur, doch selbst bei Autoren wie Norman Mailer und David Mamet werden Fragen jüdischer Identität früher oder später relevant. Ansonsten definiert sich die jüdisch-amerikanische Gegenwartsliteratur vor allem über ihr Themenrepertoire. Wesentliche Werke kreisen um das – für Immigrantenliteraturen zentrale – Problem des Generationenkonflikts (Philip Roth, *Portnoy's Complaint*, 1969), um die Schwierigkeit einer historischen Erinnerung und angemessenen ästhetischen Darstellung des Holocaust (Cynthia Ozick, *The*

Shawl, 1980/1989) sowie um das zwiespältige Verhältnis amerikanischer Juden zum Staat Israel (Philip Roth, *The Counterlife*, 1986, *Operation Shylock*, 1993; Michael Chabon, *The Yiddish Policemen's Union*, 2007).

Postmodernismus

Die Sechziger bis Achtziger Jahre bescheren der amerikanischen Literatur einen gewaltigen Innovationsschub, der sich rasch selbst als »postmodernistisch« beschreibt. Die Vereinigten Staaten legen in dieser Zeit endgültig den Status einer peripheren, an europäischen Vorbildern ausgerichteten Resonanzkultur ab und werden ihrerseits zum Schrittmacher internationaler Entwicklungen im Kunst- und Literaturbetrieb. Zog es Autoren wie Stein, Pound, Hemingway oder Eliot zu Beginn des Jahrhunderts noch nach Paris und London, so kommen jetzt Künstler und Intellektuelle aus aller Welt nach New York und Kalifornien, um im Zentrum des kreativen Geschehens zu arbeiten.

Es spricht vieles dafür, im Postmodernismus eine nachgeholte amerikanische Avantgarde zu sehen. Zahlreiche ästhetische Praktiken führen modernistische Verfahren eher fort als dass sie mit ihnen brechen, inklusive der in konkurrierenden Manifesten und Kampfschriften geführten Behauptung, alle möglichen bisherigen Kunstformen überwunden zu haben. Die Programmatik einer *nach*modernistischen Ästhetik wird hier auch mit der trivialisierenden Umdeutung des Modernismusbegriffes erkauft, der vermehrt als Synonym für dogmatisches Ordnungsdenken auftritt (üblicherweise mit Blick auf den kanonisierten Hochmodernismus der Fünfziger Jahre oder die modernistische Bauhaus-Architektur). Gleichwohl artikuliert sich das moderne Überwindungspathos in nunmehr neuen Formen. In der amerikanischen Architektur – einem wichtigen Ausgangspunkt für diesen Prozess – macht sich im Anschluss an Robert Venturis *Learning from Las Vegas* (1972) ein respektloser Umgang mit europäisch tradierten Stilen breit. Das Ergebnis sind historisch »unmögliche«, doch stets farbenfrohe und verspielte Gebäude. Die »Amerikanität« dieser Entwicklung liegt weniger im Bruch mit modernistischen Innovationsidealen als in der Absage an Begriffe von Authentizität und Originalität, die als Kernwerte eines europäischen Verständnisses von »Hochkultur« verdächtig werden. Die postmodernistische Freude am Inauthentischen – etwa in Andy Warhols Pop Art – speist sich hier immer auch aus der neuen Allgegenwart einer schamlos unprätentiösen amerikanischen Populärkultur nach dem Zweiten Weltkrieg (Comics, Rock'n'Roll, B-Movies, Fernsehen usw.).

»Anything goes« wird so zur aktuellen Losung zeitgemäßer Ästhetik. Intellektuelle wie Susan Sontag beginnen sich für Kitsch zu interessieren (»Notes on Camp«, 1964); Literaturwissenschaftler wie Leslie Fiedler rufen dazu auf, die Grenzen zwischen »hoher« Kunst und »niedriger« Unterhaltung einzureißen (»Cross the Border – Close the Gap«, 1969 programmatisch im *Playboy* veröffentlicht); Kurt Vonneguts Roman *Slaughterhouse-Five* (1969) stellt eine tiefgründige Meditation über den Zweiten Weltkrieg und die Bombardierung Dresdens im Stil eines Science Fiction-Groschenromans an. Steigen Kopie, Zitat und Pastiche dergestalt zu wertvollen ästhetischen Merkmalen auf, erfährt der Begriff der Kultur selbst einen Wandel: weg von der (europäisch konnotierten) Vorstellung eines autoritativen Systems zeitloser Wahrheit und Schönheit, hin zur (oft explizit amerikanisierten) Vorstellung dynamisch-pluralistischer Vermengung.

Über den Umweg französischer Philosophie finden bald auch vitalistische – und damit klassisch modernistische, hochkulturell re-adaptierbare – Motive Eingang in den amerikanischen Postmodernismus. Autoren wie Roland Barthes, Jacques Derrida und Gilles Deleuze entwickeln eine an amerikanischen Universitäten immens einflussreiche Kritik des Strukturbegriffs, derzufolge die Bedeutung eines kulturellen Phänomens nicht auf zugrundeliegende Tiefenbedingungen (wie in der Psychoanalyse) oder generative Gesetze (wie im Strukturalismus) zurückgeführt werden kann, sondern im permanenten Verweis bedeutungsvoller Zeichen auf andere bedeutungsvolle Zeichen liegt. Auch Texte erscheinen nun als stets offene Anknüpfungspunkte für weitere Texte, nicht als geschlossene, selbstgenügsame Strukturen. »Intertextualität« bietet sich somit als zentraler Gegenstand einer »post-strukturalistischen« Literaturwissenschaft an, wird zugleich aber auch zur hoch angesehenen literarischen Praxis.

Auf dem Gebiet der Dichtung finden diese Entwicklungen u.a. Niederschlag in den Arbeiten der Black Mountain School (Charles Olson, Robert Creeley, John Cage) und der New York Poets (John Ashbery, Frank O'Hara, Kenneth Koch). Beide Bewegungen bemühen sich, Gedichte konsequent auf alle möglichen umgebenden Faktoren hin zu »öffnen«. So bilden zahlreiche Texte in Frank O'Haras *Lunch Poems* (1964) den – meist alltäglichen, zufälligen – Anlass ihres eigenen Enstehens ab. In demonstrativer Abgrenzung zu Eliot wird Lyrik hier als lebensweltlich situierter Akt interpersonaler Kommunikation praktiziert. Ähnlich, aber formal ambitionierter (und näher am späten Eliot) verteidigt John Ashberys *Self-Portrait in a Convex Mirror* (1975) die improvisierte Lebendigkeit des kreativen Prozesses gegen die einschüchternde Fertigkeit des Kunstwerkes selbst. Sowohl den Black Mountain Poets als auch den New York Poets dienen dabei zeitgenössische Entwicklungen der Bildenden Kunst – hauptsächlich der amerikanische Abstract Expressionism und Jackson Pollocks Action Paintings – als Anregung und Gesprächspartner.

Im amerikanischen Drama finden sich postmodernistische Elemente u. a. in den intermedialen Experimenten Robert Wilsons, aber auch im Dialogtheater David Mamets. Stücke wie Mamets *American Buffalo* (1975) und *Glengarry Glen Ross* (1983) verweigern sich dem hochmodernistischen Leitgedanken verborgener Bedeutung ebenso wie dem therapeutischen Paradigma des rituellen »open theater«, das Ende der Sechziger Jahre im Umfeld der Gegenkultur, aber auch bei ethnischen Autoren wie Baraka populär wird. Der Vergleich zwischen Mamets *Glengarry Glen Ross* und Arthur Millers Nachkriegsklassiker *Death of a Salesman* ist in diesem Zusammenhang besonders aufschlussreich: Beide Stücke handeln vom Wandel kapitalistischer Verkäuferberufe in einer postindustriellen Gesellschaft. Doch wo Miller eine individualpsychologische Tragödie entwirft, die ihren Ursprung in den ideologisch determinierten Lebenslügen des Protagonisten hat, gibt es bei Mamet keine solche Trennung mehr zwischen Ideologie und Realität. *Glengarry Glen Ross* kommt ohne Hauptfigur aus und handelt stattdessen – wie viele Stücke Mamets – von einer Gruppe, deren Mitglieder zugleich miteinander konkurrieren und kollaborieren. Figurensprache tritt hier weder als Symptom für Ungesagtes auf noch wird sie als direkter Ausdruck einer vorgängigen Identität inszeniert. Zu sprechen bedeutet vielmehr zu handeln, und zwar in situativ geschaffenen Kollektivfiktionen. Für Mamet ist Sprache damit in bester postmodernistischer Manier ein selbstreferenzielles Medium, das keine außersprachlichen Bedeutungen benennt, sondern unter dem Vorwand der Bedeutungsherstellung ein endlos sich fortsetzendes kommunikatives Mit- und Gegeneinander produziert.

Seine größten Erfolge feiert der amerikanische Postmodernismus aber auf dem Gebiet der erzählenden Prosa, vor allem im Roman, der in der zweiten Hälfte des 20. Jahrhunderts zur unangefochtenen Leitgattung der amerikanischen Literatur wird. Im Groben lassen sich hier zwei Entwicklungen unterscheiden, die beide paradoxerweise von Debatten über den »Tod des Romans« in den Fünfziger und Sechziger Jahren ausgehen (John Hawkes, Ronald Sukenick, John Barth, Alain Robbe-Grillet). Das postmodernistische Missfallen an Grenzziehungen richtet sich dabei auf das Verhältnis von Fakt und Fiktion selbst, mit dem doppelten Ergebnis einer zunehmenden Fiktionalisierung faktenbasierten Schreibens auf der einen Seite und einer erhöhten Selbstreflexivität fiktionalen Schreibens auf der anderen. Für die erste Entwicklung stehen beispielhaft der sogenannte New Journalism und das Aufkommen der »nonfiction novel«. Einschlägige Werke sind Truman Capotes True-Crime Bestseller In Cold Blood (1965), die Reportagen Tom Wolfes (The Kandy-Kolored Tangerine Flake Streamline Baby, 1965; The Electric Kool-Aid Acid Test, 1968), Norman Mailers Bericht zur Lage der Nation aus dem Jahr 1968, The Armies of the Night (Untertitel: History as a Novel. The Novel as History), der »Gonzo«-Journalismus Hunter S. Thompsons (Fear and Loathing in Las Vegas, 1971), die Vietnam-Kriegsberichterstattung Michael Herrs (Dispatches, 1977) und Joan Didions bemerkenswerte Rückenblicke auf die Sechziger und Siebziger Jahre in Slouching towards Bethlehem (1968) und The White Album (1979).

Die zweite Entwicklung – gesteigerte Selbstreflexivität der Erzählprosa – kulminiert in metafiktionalen Texten wie John Barths LETTERS (1979), einem Roman, in dem Figuren früherer Publikationen Barths eine epistolare Auseinandersetzung mit ihrem Autor führen. Natürlich war die Romangattung schon immer eminent selbstreflexiv. Doch in den Siebziger und Achtziger Jahren wird Metafiktion zum vielbeachteten Aushängeschild des amerikanischen Postmodernismus. Anknüpfend an internationale Vorläufer wie Jorge Luis Borges, Italo Calvino oder die französischen Oulipo-Autoren – aber auch an heimische Künstler wie Jackson Pollock, dessen Leinwände nicht mehr als Repräsentationsflächen dienen, sondern den Akt des Malens selbst bezeugen – verabschieden sich nun mehr und mehr amerikanische Romane von der Annahme, es gäbe so etwas wie eine werkexterne Wirklichkeit, die man erzählend abbilden könne. Gemäß metafiktionaler Vorstellungen beziehen sich literarische Texte nicht mehr auf eine äußere Welt, sondern immer auf andere literarische Texte, eben weil jedes Verständnis von Wirklichkeit textuell und narrativ vorgefiltert ist. Wie der amerikanische Historiker Hayden White zeitgleich in Metahistory (1973) argumentiert, betrifft das auch die Geschichtsschreibung, die damit als ein rhetorisches – eher denn wissenschaftliches – Genre sichtbar wird.

Zwei der wichtigsten amerikanischen Romanciers des späten 20. Jahrhunderts, Thomas Pynchon und Toni Morrison, arbeiten sich in unterschiedlicher Weise an dieser Frage ab. In *Gravity's Rainbow* (1973) antwortet Pynchon auf das Problem der Fiktionalität historischen Wissens mit der Konstruktion eines »enzyklopädischen Romans«, der alle irgendwie zugänglichen Informationen über ein bestimmtes Thema – in diesem Fall: die Herstellung der deutschen V2-Rakete als Nazi-»Wunderwaffe« im Zweiten Weltkrieg – in sich aufnimmt und in immer komplexer und skuriller werdenden Figurenkonstellationen und Handlungsnetzen miteinander verflicht. Das Ergebnis ist ein Kriegsroman, wie man ihn bis dahin noch nicht gesehen hatte: ein monumentales, weltumspannendes Panorama der Zerstörungsgeschichte des 20. Jahrhunderts, dem alle Beteiligten zwanghaft Sinn abzuringen versuchen, indem sie unerwartete Querverbindungen und mutmaßliche Kausalitäten aufspüren, ohne dass solch nervöses Interpretieren je an ein letztes Ziel gelangt, weil es immer weitere Spuren und Akteure ins Spiel bringt. Das Gefühl, dass alles miteinander verbunden sei, ohne dass sich eine verursachende Zentralinstanz identifizieren ließe – Paranoia –, wird auch in den anderen Romanen Pynchons, etwa *The Crying of Lot 49* (1965), zur kulturellen Schlüsselstimmung der amerikanischen Nachkriegszeit erhoben und in einem zweiten Meisterwerk, *Mason & Dixon* (1997), bis ins 18. Jahrhundert zurückverfolgt.

Toni Morrison befasst sich ebenfalls mit dem Problem der Erzählbarkeit von Geschichte. Als afroamerikanischer Autorin ist ihr dabei vor allem daran gelegen, Fragen ethnischer und geschlechtlicher Identität auf der Höhe poststrukturalistischer Theorie neu zu stellen (explizit in *Playing in the Dark*, 1992). Die späten Achtziger und Neunziger Jahre stehen ohnehin im Zeichen einer versuchten Re-Politisierung der Postmoderne; Morrisons Literatur richtet sich in diesem Zusammenhang spezifisch gegen die Vorstellung, historische Erfahrung sei ein bloßes Spiel von Zeichen und Fiktionen, über dessen ethische Relevanz man nicht entscheiden könne. Gegen solche Beliebigkeit beharrt ein Roman wie *Beloved* (1987) auf der nackten Faktizität der Unterdrückungsgeschichte afroamerikanischer Sklaverei – dies aber, ohne in ein objektivistisches Geschichtsverständnis zurückzufallen. Die Erzählhaltung von *Beloved* ist nicht mimetisch, sondern inszeniert die unvermeidliche Rückkehr und drückende Gegenwart historischer Erfahrung in Form einer Geistergeschichte, die ihre eigene Artifizialität deutlich ausstellt und dennoch

Verbindlichkeit beansprucht. Auch die späteren Romane Morrisons – besonders *Jazz* (1992), *Paradise* (1997) und *A Mercy* (2008) – verbinden identitätspolitische Anliegen auf diese Weise mit postmodernistischer Skepsis. Ein an Faulkner geschulter Multiperspektivismus geht hier mit penibler historischer Analyse einher, so dass sich das Selbstbewusstsein einer afroamerikanischen literarischen Tradition bei Morrison in betont anti-essentialistischer Ästhetik artikuliert.

Jahrtausendwende

Mit dem Begriff »postmodern« scheint die Moderne einen nicht mehr überbietbaren Ausdruck ihres eigenen Strebens nach Selbsttranszendenz gefunden zu haben. Weiterer Wandel wird hiernach zumeist durch Ausweitung der adjektivischen Domäne (»posthistorisch«, »posthuman« usw.) oder durch Doppelung der Vorsilbe (»post-postmodern«) markiert. Tatsächlich steht die Frage, was denn wohl nach dem Postmodernismus komme, im Zentrum zahlreicher selbsthistorisierender Debatten der amerikanischen Literatur um die Jahrtausendwende. Terminologische Angebote wie »Neorealismus« – die auch unter dem Druck institutioneller Innovationszwänge die Runde machen – können dabei nur bedingt überzeugen, zum einen, weil hiermit erfasste Werke wie Jonathan Franzens Bestseller *The Corrections* (2001) und *Freedom* (2010) einigermaßen bruchlos an Stile anschließen, die schon zur Hochphase metafiktionalen Schreibens präsent und erfolgreich waren; zum anderen, weil die damit einhergehende Polemik gegen experimentelle Literatur (im Falle Franzens bei gleichzeitiger hochliterarischer Selbstpositionierung) ihrerseits zur Profilierung ausdrücklicher Gegenpositionen beiträgt, etwa in der neoavantgardistischen Prosa von Ben Marcus und Diane Williams. Einer der außergewöhnlichsten Romane der Gegenwart, David Foster Wallaces *Infinite Jest* (1996), steht denn auch recht augenfällig in der Tradition postmodernistischer Fiktion, muss aber – zumindest in der kritischen und akademischen Würdigung – als »postironisch« beschreibbar sein, um (fragwürdigen) historischen Neuerungsansprüchen zu genügen. (Eigentlich stand schon Pynchons erster Roman *V.* 1963 unter dem ironiekritischen Slogan »Keep cool, but care«.) Darüber hinaus partizipiert *Infinite Jest* überdeutlich am lang laufenden Projekt einer kulturellen Selbstvergewisserung der Literatur gegenüber audiovisuellen Medien.

Tatsächlich wird die Frage nach der Medialität von Literatur mit dem Siegeszug des World Wide Web zu einem Hauptthema der literarischen Produktion zur Jahrtausendwende, oft getragen von der – nicht unbegründeten – Furcht vor dem eigenen Bedeutungsabstieg (»anxiety of obsolescence«, Kathleen Fitzpatrick). Die bislang selbstverständlich geltende Vorstellung von Literatur als einem *Buchmedium* wird im digitalen Zeitalter zunehmend fraglich. Wie der Amerikanist Alexander Starre gezeigt hat, führt dies im neuen Millennium zu einer ganzen Reihe von Werken, die literarische Selbstreflexion auf Ebene der Printgestaltung selbst betreiben. Herausragende Beispiele solcher »book fictions« – und damit eines Übergangs von Metafiktionalität zu Metamedialität – sind Mark Danielewskis *House of Leaves* (2000), die Romane Jonathan Safran Foers und Jennifer Egans, die bibliophilen Ausgaben des Literaturmagazins *Timothy McSweeney's Quarterly Concern* unter der Ägide von Dave Eggers (seit 1998) sowie zahlreiche weitere Publikationen aus dem McSweeney's Verlagshaus, darunter auch identitätspolitisch engagierte Texte wie Salvador Plascencias *The People of Paper* (2005).

Zugleich sind amerikanische literarische Texte im späten 20. und frühen 21. Jahrhundert enger mit den Institutionen ihrer kulturellen Reproduktion verflochten als je zuvor, sowohl hinsichtlich ihrer formalen Gestaltung als auch hinsichtlich ihrer edukativen Funktion. Der Literaturhistoriker Mark McGurl spricht in diesem Zusammenhang von der »Program Era«: Nach dem Zweiten Weltkrieg werden Creative Writing Programs an amerikanischen Universitäten zu einem Hauptakteur des Literaturbetriebs; thematische und formale Entwicklungen werden von diesen Einrichtungen in entscheidender Weise vorangetrieben und konsolidiert. Nach den »Culture Wars« der Achtziger Jahre tragen auch vielfach ausdifferenzierte »Studies«-Programme (American Studies, Postcolonial Studies, Gender Studies, diverse Ethnic Studies usw.) zur Akademisierung der amerikanischen Literatur bei: kaum eine kulturwissenschaftliche Theorie, die sich nicht in eigens hierfür curricularisierten literarischen Werken validiert; kaum ein Roman, der nicht (auch) mit Blick auf seine spätere Verarbeitung in Seminaren, Lehrplänen und Journals entsteht. Literatur ist hier nicht mehr unabhängig von den Medien und Institutionen ihrer Beobachtung, Nutzung und Reproduktion zu denken. Eigentlich war das schon immer so. Aber im 21. Jahrhundert verlangt die amerikanische Literatur mehr denn je nach kulturhistorischen und kultursystemischen Beschreibungen.

Theodore Dreiser

* 27. August 1871 in Terre Haute/Ind. (USA)
† 28. Dezember 1945 in Los Angeles/Calif. (USA)

1892–1899 journalistische Arbeiten; 1900 Debütroman *Sister Carrie*, revolutionäre Umkehrung der Erfolgsformel Horatio Algers durch Beschreibung des materiellen Erfolges einer scheinbar unmoralisch handelnden weiblichen Figur; anschließender Zensurskandal ausgelöst durch den Verlag, dadurch starke kulturelle Entfremdung; nach einer erneut von journalistischer Arbeit sowie u. a. von einem Sanatoriumsaufenthalt geprägten Dekade weitere Romane, überwältigender kommerzieller Erfolg; Klassiker des amerikanischen Naturalismus.

Weitere Werke: *Jennie Gerhardt* (Jennie Gerhardt, 1911), *Eine amerikanische Tragödie* (An American Tragedy, 1925), *Trilogie der Begierde* (Trilogy of Desire, 1912–1947).

Schwester Carrie / Sister Carrie

Von der Erstveröffentlichung 1900 bis ins Jahr 1981 hinein erlebte der Roman eine kontroverse Publikationshistorie. Die Kritik favorisiert heute überwiegend die 1900 bei Doubleday, Page erschienene Erstauflage als Textgrundlage. Für diese wurden unter Zustimmung Dreisers viele explanatorisch-ausschweifende Passagen des Manuskripts herausgekürzt. 1907 veröffentlichte B.W. Dodge eine Neuauflage, für die der Autor im ersten Kapitel eine Passage verändert hatte. 1981 schließlich erschien bei der University of Pennsylvania Press das ursprüngliche Manuskript ohne die für die Doubleday-Ausgabe vom Autor autorisierte Kürzung um etwa 36 000 Wörter.

Obwohl Doubleday Dreisers Roman veröffentlichte, weigerte sich der Verlag in der Folgezeit, für das Buch zu werben. Der Grund dieser Zurückhaltung lag in der erwarteten öffentlichen Reaktion auf die für damalige Zeiten anarchisch-feministisch wirkende Protagonistin Carrie Meeber. Für sie wie für die Mehrzahl der im Roman auftretenden Figuren zählt nur der Erfolg durch Schein und Solvenz, durch attraktive Kleidung und Schmuck – materielle Adjutanten geschickter Inszenierungen des öffentlichen Selbst im manipulativen Erscheinen und Verhalten. Ging, wie von Thorstein Veblen für die US-amerikanische ›leisure class‹ (die ›feinen Leute‹) beschrieben, eine solche Lebenseinstellung einher mit einer generellen Tendenz zu auffälligem Konsum – entsprechend derer sich das Individuum gerade durch die Nachahmung vorgelebter Verhaltensweisen zu individualisieren glaubte –, drohte diese Tendenz, von einer Frau repräsentiert, besonders unmoralisch zu wirken. Der US-amerikanischen Gesellschaft zu Beginn des 20. Jh.s. war die Vorstellung eher fremd, dass sich ausgerechnet eine Figur wie Carrie Meeber der neuen Mechanismen der Konsumgesellschaft derart erfolgreich bemächtigen konnte.

Die 18-jährige Carrie trifft Charles Drouet, einen Handlungsreisenden, im Zug auf dem Weg nach Chicago, wo sie der provinziellen Heimat Wisconsin entkommen und durch eigene Arbeit ein selbständiges Leben führen möchte. Die Arbeitssuche bzw. ihre schlecht bezahlten Jobs sind für sie entmutigend, genauso wie das Wohnen bei ihrer Schwester und ihrem Schwager, die keine Anstalten machen, dem monotonen Dasein der Arbeiterklasse zu entkommen. Doch bietet ihr Drouet im Austausch für eine Liaison mit ihm Wohnung, Unterhalt und neue Kleidung und damit die Möglichkeit, sich neu ausgestattet auf der gesellschaftlichen Bühne Chicagos zu präsentieren.

Bald trennt sich Carrie von Drouet zugunsten einer Beziehung mit George Hurstwood, einem Saloon-Manager, den sie pikanterweise durch Drouet kennengelernt hatte. In Hurstwood findet sie den Repräsentanten einer Lebensphilosophie, die attraktive Erscheinung und einnehmende Verhaltensmuster als (ver-)käufliche Waren inszeniert. Tatsächlich zieht Hurstwood seine Gäste durch sein strahlendes Auftreten, seine einstudierten Gesten sowie seinen Bekanntheitsgrad an und belebt allein damit das Geschäft. Dabei führt er Carrie in neue gesellschaftliche Kreise ein und lässt sie ahnen, dass sie selbst durch manipulatives Auftreten erfolgreich sein könnte. Hurstwood ermutigt sie auch zu ihrem ersten Auftritt als Schauspielerin.

Zusammen mit Carrie, die zunächst nur wenig von der Tatsache begeistert ist, dass er sich als Ehemann und Familienvater überhaupt auf die romantische Beziehung mit ihr einlässt, flieht Hurstwood bald mit gestohlenem Geld von Chicago nach New York. Dort lebt das Paar unter falschem Namen. Hurstwoods Versuche, in der neuen Stadt eine seinem Chicagoer Dasein analoge Identität aufzubauen, scheitern jedoch schnell. Weil außerdem sein Verbrechen entdeckt wird und er nunmehr gezwungen ist, die entwendete Summe zurückzuerstatten, steuert er dem finanziellen Ruin und damit dem Verlust seiner Identität entgegen. Carrie, deren Ausgaben er nicht mehr finanzieren kann, ist dagegen zunehmend in der Lage, sich durch Bühnenengagements selbst über Wasser zu halten. Von Hurstwoods Misserfolgen und seinem wachsenden Phlegma abgestoßen, zieht sie schließlich aus der gemeinsamen Wohnung aus und konzentriert sich ausschließlich auf ihre Bühnenkarriere. Diese setzt sie sehr gewinnbringend fort, während Hurstwood verarmt und krank stirbt. Bei ihr führt der Schauplatzwechsel von Chicago nach New York also zu enormem beruflichen Erfolg. Hurstwood aber, seiner gewohnten Umgebung im Mittleren Westen beraubt, geht daran zugrunde.

In der Schlussszene des Romans, die dem ursprünglichen Manuskript hinzugefügt wurde, adressiert die auktoriale Stimme Carrie überraschend direkt. Präsentierte sich der Erzähler zuvor noch als neutraler naturalistischer Kommentator, spricht er nun eindeutig moralisierend. Seine Botschaft, die er mit der Randfigur Bob Ames zu teilen scheint, ist, dass der von Carrie ersehnte und erreichte außengeleitete Erfolg nicht glücklich macht, da die Aussicht auf weitere Ziele das bisher Erreichte schnell verblassen und das Streben nach externer Genugtuung das innere Ich vereinsamen lässt.

Im naturalistischen Kontext des Romans erscheint Carrie weniger als kaltblütig berechnende denn als eine sich den Einflüssen sozialer Mächte taktisch hingebende Frau. Als solche ist sie sich bewusst, dass äußere Attraktivität im Umfeld der amerikanischen Großstadt eine (ver-)käufliche Ware auf dem Weg zur Verbesserung der eigenen sozialen Position ist. Die beschriebenen Ereignisse, die den Erfolg der Hauptfigur fortlaufend begünstigen, werden vom Autor jedoch auf Folgeerscheinungen reduziert, die sich aus natürlichen Mechanismen gewissermaßen zwangsläufig ergeben. Da Carrie, entsprechend den anderen Figuren, in der durchaus wirklichkeitsnahen Welt des Romans somit eher Nutznießerin als ursächlich Handelnde bleibt, ordnet sich Dreisers Debüt an einer Schnittstelle zwischen Realismus und Naturalismus ein.

UWE JURAS

Ezra Pound

* 30. Oktober 1885 in Hailey/Id. (USA)
† 1. November 1972 in Venedig (Italien)

(d. i. Ezra Weston Loomis Pound) – Literaturstudium an der University of Pennsylvania, Freundschaft mit W. C. Williams und H. D.; nach vergeblichen Bemühungen um eine Laufbahn als Universitätsprofessor 1908 Auswanderung nach Europa; in London Bekanntschaft mit W. B. Yeats, J. Joyce, W. Lewis, T. S. Eliot; erste Gedichtbände; Zentralfigur der Imagismus-Bewegung; unter Einfluss von Lewis Zuwendung zum Vortizismus, Herausgabe der Zeitschrift Blast; ging 1920 nach Paris, 1924 nach Italien; 1941–1943 Radioreden zugunsten des italienischen Faschismus, Anklage wegen Hochverrats, Inhaftierung in Pisa und Überführung in die USA; 1945 Internierung in Nervenheilanstalt in Washington, 1959 Entlassung, Rückkehr nach Italien; einer der Hauptinitiatoren und Mentoren der modernistischen Lyrik und selbst wichtiger modernistischer Dichter.

Weitere Werke: *Die Cantos* (Cantos, 1924–1968), *ABC des Lesens* (ABC of Reading, 1934).

Das lyrische Werk

Das lyrische Werk Ezra Pounds besteht neben seinem ›Opus magnum‹, den *Cantos* (1924–1968), aus Gedichten, die er vorher, während seines Aufenthalts in London 1909 bis 1920, geschrieben hatte. Diese Schaffensperiode wurde von seiner Überzeugung geprägt, dass Dichtung nicht aus der Imagination, sondern mittels Arbeit und Disziplin geschrieben werden solle. Er probierte eine Vielfalt von lyrischen Formen und Stilen aus, versuchte, durch Übersetzungen eine bessere Kontrolle über dichterische Ausdrucksweisen der Vergangenheit zu erlangen und folgte dem klassizistischen Ideal des Dichters als eines weltoffenen Intellektuellen, der auf der Suche nach dem Besten, das in der Tradition gedacht und geschrieben wurde, einsprachige, lokale Perspektiven überwindet.

Pounds erste Vorbilder waren Homer und Ovid, die Troubadours der Provence und italienische Dichter des Mittelalters wie Guido Cavalcanti und Dante Alighieri. Seine Imitationen mittelalterlicher Dichtung finden sich in den frühen Gedichtbänden: *A Lume Spento*, 1908 (Mit gelöschten Kerzen), *Ripostes*, 1912 (Entgegnungen), und *Lustra*, 1916 (Opfer für die Sünden der Menschen). Die Gedichte dieser Bände filtern das Mittelalter durch eine Sensibilität des späten 19. Jh.s und sind mit körperlosen

Geistern, magischen Metamorphosen, gebrochenem Licht, inspirierenden Winden und emblematischen Mineralien bestückt. Sie zeigen den Einfluss von zwei Vorbildern, die grundverschieden voneinander waren: einerseits Pounds Mentor William Butler Yeats, Mystiker und Visionär, andererseits Robert Browning, ein Dichter, der empirisch und historisch mit seinem Material umging. Der eine strebte nach einer Dichtung von zeitlosen Stimmungen, reinen Gemütsbewegungen und lyrischer Ekstase; der andere versuchte, mit seinen ›dramatischen Monologen‹ die Vergangenheit wieder lebendig zu machen. Pound schaffte seine eigene Synthese dieser Vorbilder in der Darstellung dramatisierter Figuren der Geschichte: Menschen in einem seltenen Augenblick intensiver Leidenschaft oder kontemplativer Klarheit. Mit dem Titel seines 1909 erschienenen Gedichtbandes nannte er sie *Personae* (Masken): Stimmen, Identitäten und Persönlichkeiten der Vergangenheit, in die er sich hinversetzte, um Analogien zu sich selbst und seiner Zeit zu finden. Solche ›personae‹ wie Bertran de Born, Peire Vidal, Cino da Pistoia oder Properz bevölkern seine frühe Dichtung; das Verfahren selbst blieb permanent und wurde in den Cantos weiter angewendet und verfeinert.

1912/13 verließ Pound diese spätromantische Perspektive, um die ersten Schritte in Richtung Modernisierung zu unternehmen. Er theoretisierte den ›Imagismus‹ und setzte die Grundsätze der neuen Bewegung fest. Die neue Ausdrucksweise sollte Bilder ohne Kommentar oder verbale Verzierung minimalistisch darstellen. Gleichzeitig sollte die Ausdrucksweise in freien Rhythmen fließen und nicht von ›unnatürlichen‹ Konventionen eingeengt werden. Zur etwa gleichen Zeit erhielt Pound die postumen Manuskripte Ernest Fenollosas, eines amerikanischen Philosophen, der in Japan unterrichtet und geforscht hatte. Die Manuskripte enthielten wörtliche Übersetzungen alter chinesischer Dichtung, Texte des japanischen Nō-Theaters und einen Aufsatz über Chinesisch als dichterische Sprache. Pound edierte die alten chinesischen Gedichte und veröffentlichte sie 1915 unter dem Titel *Cathay*. T. S. Eliot bemerkte dazu, dass Pound »China für unsere Zeit erfunden hat«. Das war eine im Kern zutreffende, aber insgesamt reduktionistische Aussage: *Cathay* war das erste Buch, in dem Pound konsequent die moderne dichterische Ausdrucksweise in die angloamerikanische Dichtung einführte. Imagismus und östliche Dichtung blieben für Pound immer verbunden. Alte chinesische Texte und japanische Haikus waren für ihn ideale Formen, um die neue Dichtung der Moderne zu veranschaulichen.

1917 versuchte Pound eine weitere Übersetzung, diesmal des lateinischen Dichters Properz. Die *Homage to Sextus Propertius* (Eine Huldigung an Properz) bestand aus zwölf Teilen und war eine Collage von Fragmenten aus den vier Büchern der Properz'schen Elegien. Der lateinische Dichter ist und bleibt die ›persona‹, die Pound am ausführlichsten entwickelte und mit der er sich eng identifizierte. Pound stellte Properz als einen Dichter am Scheideweg dar, der sich entscheiden musste, ob er weiter Lyrik schreiben oder eher zum groß angelegten Epos übergehen sollte. Pound hatte selbst eine ähnliche Entscheidung zu treffen: 1915 hatte er *Three Cantos* geschrieben in der Absicht, im Stil von Brownings *Sordello* (1840) ein langes Gedicht »über alles« zu schreiben. Diese Cantos stellten Pound aber nicht zufrieden: Er hatte Schwierigkeiten mit seiner lyrischen ›persona‹, mit der Organisation von Fakten und Kommentaren, mit Länge und Dichte der dichterischen Textur. Er schrieb weiter Cantos, aber konzipierte sie noch separat voneinander, nicht in einen Zyklus eingebunden. Die ersten drei Cantos verwarf er als gescheitertes Experiment.

1920 erschien *Hugh Selwyn Mauberley*, Pounds Abschied von London und implizit von seinem bisherigen Selbstverständnis als Dichter. Er war nun der Meinung, dass er in seiner Suche nach Schönheit unzeitgemäß gehandelt hatte. Die Moderne verlangte keinen edlen Marmor, sondern einen billigen Gipsabguss und eine beschleunigte ›Grimasse‹. Falsche Werte prägten eine gefälschte Zivilisation, deren Billigkeit, Kitsch und Mittelmäßigkeit den Krieg und seine Opfer umso grausamer machten. Somit präsentierte Pound eine Reihe zweitrangiger Dichter des 19. Jh.s bis zu seiner Zeit und reihte sich hinter der Maske eines obskuren Dichters namens Mauberley selbst ein. Die Künstler dieser Zeit waren gescheitert, weil sie die reale Welt ignoriert und Zuflucht zu einem hedonistischen Ästhetizismus genommen hatten. Indem er dieser Zivilisation und dieser Kunst den Rücken kehrte, machte sich Pound bereit für sein ›langes Gedicht‹ »The Cantos« – die ersten 17 Cantos veröffentlichte er 1924. ROXANA PREDA

Gertrude Stein

* 3. Februar 1874 in Allegheny/Pa. (USA)
† 27. Juli 1946 in Neuilly-sur-Seine (Frankreich)

Aus wohlhabender deutsch-jüdischer Kaufmannsfamilie; Kindheit in Europa, Studium bei W. James (Pragmatismus, Bewusstseinsstrom); ab 1903 meist in Paris, ›Mutter und Muse der Moderne‹, führte einen äußerst einflussreichen Salon für Künstler und Intellektuelle (u.a. Picasso, Matisse, Braque; E. Satie, P. Casals, B. Russell, G. Apollinaire, S. Anderson, E. Pound, E. Hemingway, F. Scott Fitzgerald, J. Dos Passos); anspruchsvoller Versuch, eine sprachliche Analogie zu Picassos Kubismus zu schaffen; verfasste auch avantgardistische Lyrik, Dramen und Essays; Neubewertung durch Feministinnen.

Weitere Werke: Zarte knöpft (*Tender Buttons*, 1914), The Making of Americans. Geschichte vom Werdegang einer Familie (*The Making of Americans. Being a History of a Family's Progress*, 1925), Autobiographie von Alice B. Toklas (*The Autobiography of Alice B. Toklas*, 1933).

Drei Leben / Three Lives

Kurz bevor die Autorin diese 1909 erschienene Sammlung von Erzählungen – biographische Porträts dreier ›einfacher‹ Frauen – schrieb, hatte sie als literarische Stilübung Gustave Flauberts *Trois Contes*, 1877 (*Drei Erzählungen*, 1927), ins Englische übersetzt. Der Einfluss der Erzählung »Un cœur simple« (»Ein schlichtes Herz«) auf *Three Lives* ist dabei besonders deutlich, sowohl im Sujet – dem grauen, eintönigen Leben von Dienstmädchen – als auch in der Sprache, die in ihrer Simplizität und ihrem Reichtum an Wiederholungen und schematischen Sätzen wie bei Flaubert dem undifferenzierten Bewusstsein der Hauptfiguren angepasst ist. Es sind drei Leidenswege, von denen Gertrude Stein erzählt: der der Haushälterin Anna, der ›guten Anna‹, wie sie stereotyp genannt wird, der der jungen Mulattin Melanctha Herbert und der der verschüchterten und depressiven Hausgehilfin Lena Mainz, der ›sanften Lena‹.

Anna, aus Deutschland in das Städtchen Bridgeport/Connecticut eingewandert und nach verschiedenen Anstellungen bei einer Miss Mathilda gelandet, ist eine sanfte Tyrannin, pedantisch, rechthaberisch, im Grunde gutherzig, aber mit altjüngferlich starren Begriffen von dem, was »sich schickt« und wie man »Dinge tut«. Sie geht ganz in ihrer Arbeit, ihrem beschränkten Kreis von Pflichten auf; Sorgen macht sie sich – bis zur Aufdringlichkeit – nur um die Angelegenheiten anderer, sei es ihrer Herrin oder der ihr unterstellten anderen Dienstmädchen des Hauses, die sie dauernd tadeln zu müssen glaubt. Als Miss Mathilda aus der Stadt wegzieht, eröffnet Anna eine Pension, aber aus lauter Schüchternheit verlangt sie zu wenig Geld von den Gästen, kommt wirtschaftlich nicht zurecht und stirbt schließlich, völlig abgearbeitet, durch eine Operation.

Die Mulattin Melanctha, aus ärmlichen Verhältnissen stammend, depressiv und unstet, seit ihrem 16. Lebensjahr auf der Suche nach etwas, das sie vage als »wirkliche Erfahrung, wirkliche Erlebnisse« bezeichnet, lernt schließlich den Arzt Campbell kennen, einen schwerblütigen und introvertierten jungen Afroamerikaner. Die zögernd aufkeimende Liebe der beiden wird ebenso langsam und schmerzhaft wieder zerstört, zum einen durch sein Misstrauen, zum andern durch ihr Ungestüm und ihre sprunghafte Aufgeregtheit: Er hasst an ihr die in seinen Augen unverantwortliche Leichtfertigkeit ihres bisherigen Lebens, die ihm überdies typisch erscheint für seine Rassegenossen; sie wiederum kann sich nicht an seine langsame, bedächtige Lebensweise gewöhnen. Nach endlosen Verständigungsversuchen trennen sie sich unter Qualen, und bald darauf stirbt Melanctha an Tuberkulose, nachdem auch ein zweiter Mann sie wegen ihrer hektisch-aufdringlichen Art, Gefühle zu äußern, verlassen hat.

Die gutmütige und stumpfe Lena schließlich, wie die ›gute Anna‹ der ersten Erzählung ein deutsches Dienstmädchen in Bridgeport, lässt sich willenlos mit einem Schneider verheiraten, der mit dieser Ehe ebenso nur dem Rat seiner Eltern folgt wie Lena dem ihrer Tante: Es gehört sich eben und ist gut und richtig, dass man heiratet. Doch in der Ehe wird sie immer depressiver und stirbt schließlich bei der Geburt ihres vierten Kindes.

Three Lives steht noch in der Tradition der französischen Romane und Erzählungen über Dienstmädchen-Schicksale im 19. Jh., z. B. Edmond und Jules de Goncourts *Germinie Lacerteux*, 1864 (*Roman eines Dienstmädchens*, 1920), und Guy de Maupassants *Histoire d'une fille de ferme*, 1889 (*Die Geschichte einer Magd*, 1924). Die teilweise Abkehr vom Naturalismus manifestiert sich in diesem ersten Werk Gertrude Steins in der weniger ausführlichen Schilderung der sozialen Umwelt der Protagonistinnen, vor allem aber in der sprachlichen Nachbildung des Milieus mittels primitiver, starrer, in fast mahlender Stetigkeit wiederholter und variierter Sätze, deren Wortarmut und schematische Syntax den unfreien, unreflektierten, fast dumpfen Gemütern der Protagonistinnen entspricht.

Die Zwänge, unter denen sie stehen, sind in einer Sprache konkretisiert, die fast ›basic English‹ ist, aber trotz aller Formelhaftigkeit Mitgefühl für das Schicksal der drei Frauen durchscheinen lässt. Lebens- und Erlebnisrhythmen werden wie die unkonventionellen Sprachrhythmen vom Streben der Autorin beherrscht, absolute Unmittelbarkeit zu erreichen. Das inhaltliche Interesse ist in *Three Lives* freilich noch nicht so weitgehend getilgt wie später in dem 1906 bis 1908 entstandenen Roman *The Making of Americans*, 1925 (The Making of Americans, 1989), oder in dem Prosagedichtband *Tender Buttons*, 1914 (Zarte knöpft, 2004).
JÖRG DREWS / HENNING THIES

Charlotte Perkins Gilman
* 3. Juli 1860 in Hartford/Conn. (USA)
† 17. August 1935 in Pasadena/Calif. (USA)

Autorin, Sozialökonomin, Publizistin; führende Intellektuelle der US-amerikanischen Frauenbewegung um 1900; gesellschaftskritischer Feminismus u. a. in der Kurzgeschichte *The Yellow Wallpaper*, 1892 (*Die gelbe Tapete*, 1978); 1898 Abhandlung *Women and Economics* (*Mann und Frau*, 1901); 1915 *Herland* (dtsch. 1980); 1935 Suizid nach Krebsdiagnose.

Herland / Herland

Der 1915 erstmals in *The Forerunner* publizierte utopische Roman ist das Werk einer bereits zu Lebzeiten in den USA und Übersee bekannten Feministin, die sich durch ihre Vortragstätigkeit in den sozialreformerischen ›nationalist clubs‹, durch ihre sozialkritischen Essays, aber auch durch Lyrik, Kurzgeschichten und Romane einen Namen gemacht hatte. Ihr Privatleben, insbesondere ihre Scheidung von ihrem ersten Ehemann Charles Stetson und der Verbleib der gemeinsamen Tochter beim Vater, hatten in der Öffentlichkeit einen Skandal ausgelöst, der durch Gilmans feministisches Engagement, ihr unermüdliches Eintreten für weibliche Gleichberechtigung und ihre schonungslose Gesellschaftsanalyse der spätviktorianischen Vereinigten Staaten zusätzlichen Zündstoff erhielt.

Die stringente Handlung der aus zwölf Kapiteln bestehenden feministischen Utopie *Herland* (wörtlich: ›Ihrland‹) erstreckt sich über einen Zeitraum von etwas mehr als einem Jahr. Berichtet wird von der dramatischen Konfrontation dreier junger Amerikaner, Terry O. Nicholson (Abenteurer und Frauenheld), Jeff Margrave (Dichter, Botaniker und Arzt) und Vandyck Jennings (Soziologe), die während einer Expeditionsreise auf eine kommunale Gemeinschaft von (arischen) Frauen in einem Land treffen, das die pastoralen Züge einer blühenden vorindustriellen Parklandschaft trägt. Erzählt wird diese über weite Strecken humorvoll dargebotene Utopie aus der männlichen Perspektive des Ich-Erzählers Vandyck, der seine Erlebnisse Jahre später aus der Erinnerung aufzeichnet. Er berichtet, dass die Frauen vor 2000 Jahren durch eine Naturkatastrophe von der Umwelt gänzlich abgeschnitten wurden, als sich ihre Männer außer Landes im Krieg befanden. Im Laufe der Zeit brachten sie durch umsichtige, auf Harmonie bedachte Kultivierung der Natur eine Hochzivilisation hervor, in der die spätviktorianischen Geschlechter-

und Individualitätsvorstellungen der drei Männer genauso wenig Platz haben wie sexuelle Leidenschaften, Gewalt und Verbrechen.

Die Begegnung mit der matriarchalischen, von schwesterlichen Werten geprägten Gemeinschaft, die ihren Nachwuchs durch parthenogenetische Geburten hervorbringt und Mutterschaft zum höchsten Wert erhoben hat, löst unter den Männern, aber auch zwischen ihnen und ihren Gastgeberinnen (insbesondere den drei jungen Frauen Celis, Alima und Elladar), umfangreiche Debatten über Weiblichkeit und Männlichkeit, biologische Determinierung, Natur und kulturelle Prägung aus, die auf beiden Seiten, vor allem aber bei den Männern Prozesse des Umdenkens auslösen. Zwei der drei jungen Amerikaner beginnen, das eigene Frauenbild ernsthaft zu hinterfragen – und der Roman lädt damit auch seine Leser und Leserinnen ein, über eine andere Welt jenseits des Patriarchats nachzudenken, in der Frauen nicht mehr abhängige, auf das Geschlecht reduzierte Wesen, sondern gleichberechtigte Gefährtinnen sind. Nur Terry, der Frauenheld unter den drei Freunden, kann den leitenden Idealen der Gemeinschaft, der Unabhängigkeit, dem Stolz und der Besonnenheit der Frauen sowie dem Fehlen geschlechtsspezifischer Arbeit nichts Gutes abgewinnen. Sein Glaube an sozialdarwinistische Werte wie Individualismus, Wettbewerb und Durchsetzungsvermögen widersteht allen Erfahrungen, die er in Herland macht. Entsprechend unverständlich bleiben ihm die Konsensentscheidungen, die Kooperationsbereitschaft, die gemeinschaftliche Kindererziehung und die Modellfunktion der Mutter-Kind-Beziehung für alle sozialen Institutionen. Terry reagiert darauf, indem er den Frauen von Herland ihre Weiblichkeit abspricht. Als er schließlich die mit ihm verheiratete Alima vergewaltigt, wird er des Landes verwiesen und von Vandyck und dessen Frau Elladar auf die Reise zurück in die Heimat begleitet. Von Elladors Aufenthalt in den USA berichtet die Fortsetzung der Utopie, *With Her in Ourland* (Mit ihr in Unserland), die 1916 veröffentlicht wurde.

Gilmans utopische Romane sind für das von Beschleunigung, technischem und sozialem Wandel gezeichnete 19. Jh. paradigmatisch. Die vorwiegend männlichen Verfasser viktorianischer Utopien haben sich zwar hin und wieder der Frauenfrage angenommen, aber außer Gilman verfasste nur noch Mary E. Bradley Lane mit *Mizora* (1890) eine explizit feministische Utopie. Gilmans Festhalten an realistischen Darstellungskonventionen und ihre Betonung der didaktischen Funktionen von Literatur trugen nach dem Aufkommen des Modernismus dazu bei, dass ihre

Werke und reformerischen Ideen bald in Vergessenheit gerieten. Erst im Zuge der Frauen- und Ökologiebewegung der 1970er Jahre wurde sie wieder entdeckt und *Herland* 1979 zum ersten Mal in Buchform publiziert. Gilmans Ablehnung des sozialdarwinistischen Gedankenguts zugunsten (öko-)feministischer Visionen kommunaler Gemeinschaft, in der Frauen als kollektive Kraft zur Reorganisation der Gesellschaft beitragen, haben bis in die Gegenwart trotz der zuweilen störenden ethnozentrischen und elitären Töne nichts an Attraktivität und Verve eingebüßt. Dazu tragen auch die einfache, rhetorisch überzeugende Sprache sowie die humorvolle und durch gedankliche Schärfe geprägte Darstellung des Kultur- und Geschlechterschocks in *Herland* bei. GABRIELE RIPPL

Willa Cather

* 7. Dezember 1873 in Back Creek Valley bei Winchester/Va. (USA)
† 24. April 1947 in New York/N. Y. (USA)

(auch: Wilella Cather) – Aufgewachsen im ländlichen Virginia und unter Einwanderern in Nebraska; ab 1896 Journalistin und Lehrerin in Pittsburgh; ab 1906 Zeitschriftenredakteurin in New York; ab 1912 freischaffend; 1922 persönliche Krise, Eintritt in die Episcopal Church; Europareisen; Freundschaft mit S. O. Jewett; Chronistin des gesellschaftlichen Umbruchs und Wertewandels im Südwesten der USA; Hauptvertreterin des Regionalismus.

Weitere Werke: *Neue Erde* (*O Pioneers*, 1913), *Der Tod holt den Erzbischof* (*Death Comes for the Archbishop*, 1927).

Meine Antonia / My Ántonia

In Form von Erinnerungen des Jugendfreunds der Titelfigur geschrieben, schildert dieser Roman aus dem Jahr 1918 das Leben böhmischer Einwanderer zur Zeit der Erschließung Nebraskas. Die Familie Shimerda erwirbt um 1890 ein Stück Land und führt im Kampf gegen die Prärie ein hartes Pionierdasein. Ántonia und ihr Bruder Ambrosch müssen schon als Kinder Männerarbeit verrichten, sich nach dem Freitod des sensiblen Vaters, der dem Leben im fremden Land nicht gewachsen war, unter armseligen Verhältnissen durchschlagen und für den Unterhalt der ewig nörgelnden Mutter und der Geschwister sorgen. Trotzdem verliert die vitale Ántonia nie den Mut und die Freude am Leben, auch dann nicht, als sie sich in dem Präriestädtchen Black Hawk als Dienstmädchen verdingen muss. Von einem jungen Einheimischen verführt und verlassen, kehrt sie schließlich aufs Land zurück, bringt ein Kind zur Welt, heiratet später einen böhmischen Landsmann und findet in der Arbeit für die Farm und für ihre große Familie das erfüllte Leben, das sie sich immer gewünscht hat.

Parallel zu Ántonias Lebensgeschichte berichtet der Ich-Erzähler Jim Burden, dessen Biographie und Gedankenwelt große Ähnlichkeit mit denen Willa Cathers aufweisen, über sein eigenes Leben. Nach dem Tod der Eltern verließ er Virginia im Alter von zehn Jahren und zog auf die großelterliche Farm in Nebraska – zur gleichen Zeit, als die Shimerdas dort ankamen. Jim freundet sich rasch mit Ántonia an, deren Ursprünglichkeit und Warmherzigkeit er zeit seines Lebens bewundert. Er verbringt seine Jugendjahre zunächst in der Prärie, dann in Black Hawk und studiert später an der Universität von Nebraska und in Harvard. Als er seine Erinnerungen an Ántonia erzählt, ist er ein erfolgreicher Anwalt in New York.

Die Entwicklung dieser beiden Menschen zeigt die Welt, in der sie gemeinsam aufgewachsen sind, aus zwei verschiedenen Perspektiven. Ántonia erlebt das Schicksal der aus einem traditionsreichen in ein traditionsloses Land verpflanzten Einwanderer; Jim gehört zu den Einheimischen, die den Neuankömmlingen mit einer Mischung aus Mitleid und Überlegenheit, Hilfsbereitschaft und Vorurteilen gegenüberstehen. Aber während er das Land an der Zivilisationsgrenze verlässt, um sein Glück in den großen Städten an der Ostküste zu suchen, und ihm Nebraska schließlich nur noch nostalgische Erinnerung an die Kindheit bedeutet, verwächst Ántonia so sehr mit dem der Wildnis abgerungenen Boden, dass in ihr jener Typ der Pionierfrau weiterlebt, den einst Jims alteingesessene Großmutter verkörperte.

Der Roman ist ein Buch der Rückschau. Es setzt mit einer Reise des Ich-Erzählers nach Nebraska ein, das er seit über 20 Jahren nicht mehr besucht hat. Der erste Teil, in dem sich Jim an seine und Ántonias Kindheit auf den Farmen in der Prärie erinnert, ist der umfangreichste. Hier geht es der Autorin um die Schilderung der vollkommenen Harmonie des Lebens in und mit der Natur, des Zusammenklangs von unschuldiger Kindheit und jungfräulicher Erde. Als Jim am Ende seiner Erzählung erneut im Land seiner Jugend angelangt ist und Ántonia ihm als lebendiges Symbol der Weite, Fruchtbarkeit und Lebenskraft dieses Landes erscheint, mischt sich in seine Bewunderung Trauer: Für ihn – und für Willa Cather – gehört die Pionierzeit, die Menschen wie Ántonia geprägt hat, unwiderruflich der Vergangenheit an. *My Ántonia* gilt als das gelungenste Werk der Autorin und zählt heute zu den Klassikern des US-amerikanischen Romans im 20. Jh. KLL / CATRIN GERSDORF

Edith Wharton

* 24. Januar 1862 in New York/N.Y. (USA)
† 11. August 1937 in Saint Brice-sous-Forêt bei Paris (Frankreich)

Private Erziehung in Europa und USA; ab 1906 fast ständig in Frankreich; geschult an Jane Austen; befreundet mit ihrem Mentor Henry James; ab 1890 gegen den Willen der Familie schriftstellerisch tätig; Gedichte, zahlreiche Kurzgeschichten, realistisch-ironische Gesellschaftsromane und Literaturkritik; bedeutende Stilistin; seit den 1980er Jahren neue, intensive Rezeption.

Weitere Werke: *Das Haus der Freude* (*The House of Mirth*, 1905), *Winter* (*Ethan Frome*, 1911).

Zeit der Unschuld / The Age of Innocence

Schauplatz des 1920 erschienenen Sitten- und Entwicklungsromans, der allgemein als das Meisterwerk seiner Autorin gilt, ist das New York der 1870er Jahre. Whartons Thema – in der US-amerikanischen Literatur häufig behandelt – ist die innere Zerstörung eines Menschen durch die Konventionen seiner Gesellschaftsschicht.

Newland Archer, ein junger Anwalt, ist intelligent genug, die lebensfremde Künstlichkeit eines sozialen Kodex zu erkennen, der von ihm die Fortführung einer unglücklichen Ehe verlangt, außereheliche Affären der beiden Ehepartner jedoch toleriert, wenn hierbei mit der nötigen Diskretion vorgegangen wird. Archer ist mit der aus seinen Kreisen stammenden, konventionell denkenden May Welland verlobt, verliebt sich aber in ihre Kusine Ellen Olenska, die nach gescheiterter Ehe mit einem polnischen Adligen aus Europa zurückkehrt und im Ruf steht, unorthodoxe Lebensansichten zu haben. Pflichtgemäß stellt sich die Familie hinter Ellen, pflichtgemäß verhindert Archer in seiner Eigenschaft als Anwalt ihre Scheidung, die beiden zwar die Ehe ermöglichen, aber auch zu einem Skandal führen würde. Pflichtgemäß heiratet er May, obwohl Ellen seine Liebe erwidert, und verzichtet endgültig auf Ellen, als May das erste Kind von ihm erwartet. Ellen zieht daraufhin nach Paris.

Das Schlusskapitel zeigt Archer etwa 25 Jahre später: Er ist ein liberaler Politiker und Philanthrop geworden und war mit der inzwischen verstorbenen May im bescheidenen Rahmen glücklich. Er hat erlebt, dass sich die gesellschaftlichen Spielregeln so weit geändert haben, dass sein eigener Sohn die illegitime Tochter eines Mannes heiraten kann, der wegen eines Finanzskandals von Archers Generation gesellschaftlich geächtet wurde. Gegen Ende des Romans blickt er auf ein Leben als guter Ehemann und Vater – als angesehenes Oberhaupt einer respektablen Familie – zurück. Aber all dies gelang auf Kosten eines möglicherweise erfüllteren Lebens, das ihm einst greifbar nahe war. Ob er freilich mit Ellen über eine romantische Liebesaffäre hinaus wirklich glücklich geworden wäre, bleibt fraglich. Am Schluss weicht er einem Wiedersehen in Paris aus.

Das aus Archers Perspektive erzählte Werk zeigt deutlich den gedanklichen Einfluss von Henry James, während die literarische Technik und die Akzentuierung eher an die US-amerikanischen Regionalschriftsteller des späten 19. und frühen 20. Jh.s erinnern. Als retrospektive Schilderung der New Yorker Gesellschaft nach dem Bürgerkrieg ist der Roman ebenso geglückt wie als Seelenporträt eines Menschen, der vergeblich versucht, sich aus den Fesseln seines Milieus zu befreien. Für *The Age of Innocence* gewann die Autorin 1921 als erste Frau den Pulitzerpreis. 1928 wurde der Roman von Margaret Ayer Barnes dramatisiert und mit Erfolg am Broadway aufgeführt. Berühmt wurde auch Martin Scorseses Verfilmung aus dem Jahr 1993 mit Michelle Pfeiffer und Winona Ryder in den weiblichen Hauptrollen und Daniel Day-Lewis als Newland Archer. Erkennbar wird Edith Whartons thematischer und erzähltechnischer Einfluss auf jüngere Romanautoren ihres Landes insbesondere bei James P. Marquand und F. Scott Fitzgerald.

JERÔME VON GEBSATTEL / HENNING THIES

Ernest Hemingway

* 21. Juli 1899 in Oak Park/Ill. (USA)
† 2. Juli 1961 in Ketchum/Id. (USA)

Mit 18 Jahren Zeitungsreporter, mit 19 Jahren Kriegsfreiwilliger, Sanitäter an der italienischen Front, Kriegsverwundung; Angehöriger der sogenannten ›Lost Generation‹ (wie seine Freunde F. Scott Fitzgerald und J. Dos Passos); 1921–1927 Korrespondent in Europa, vor allem in Paris, wo er von G. Stein und E. Pound gefördert wurde und u. a. Picasso kennenlernte; 1936/37 Kriegsberichterstatter im Spanischen Bürgerkrieg; betont männliche Ideale, existenzialistische Bewährungssituationen (u. a. Jagd, Stierkampf, Tod); vier gescheiterte Ehen; lebte u. a. in China, auf Kuba, in Florida und Wyoming; in letzter Lebensphase starke Depressionen und Alkoholismus, Freitod; neben W. Faulkner bedeutendster Autor der US-amerikanischen Erzählliteratur in der ersten Hälfte des 20. Jh.s; 1954 Nobelpreis; sein am journalistischen Schreibstil geschulter knapper, aussparender Prosastil, der Emotionen ins Ungesagte verdrängt, wirkte in der Literatur seines Landes stilbildend, aber auch in der deutschen Nachkriegsliteratur, vor allem in Kurzgeschichten (u. a. H. Böll).

Weitere Werke: *In einem andern Land* (A Farewell to Arms, 1929), *Wem die Stunde schlägt* (For Whom the Bell Tolls, 1940), *Der alte Mann und das Meer* (The Old Man and the Sea, 1952).

Die Erzählungen

Hemingway, der sich seit seiner Schulzeit als Prosaerzähler versuchte, erlebte bereits als junger Erwachsener einen schweren Verlust: Als er sich im Dezember 1922 auf dem Weg zur Friedenskonferenz in Lausanne befand, um als Reporter für den *Toronto Star* zu berichten, wurde ihm am Bahnhof von Lyon ein Koffer gestohlen, der alle seine bis dahin verfassten Erzählungen und Gedichte enthielt. Der Schock über den Verlust des nahezu gesamten Werks mit Ausnahme von »Up in Michigan« (»Oben in Michigan«) und »My Old Man« (»Mein Alter«) saß so tief, dass Hemingway mehrere Monate lang seine Schreibmaschine mied. Während dieser kreativen Pause reifte nach und nach seine Theorie des Weglassens, die sogenannte ›Eisbergtheorie‹: Wo der Text nur die Spitze des Eisbergs zeigt, bleibt es dem Leser überlassen, die Leerstellen zu füllen. Hemingways so gestaltete modernistische Kurzgeschichten der 1920er Jahre, veröffentlicht als *In Our Time*, 1925 (*In unserer Zeit*,

1932, A. Horschitz-Horst), markieren den künstlerischen Durchbruch des 25-Jährigen. Weitere Erzählbände folgen: *Men Without Women*, 1927 (*Männer ohne Frauen*, 1929, A. Horschitz-Horst), und *Winner Take Nothing*, 1933 (*Der Sieger geht leer aus*, 1933, A. Horschitz-Horst). Eine erste übergreifende Sammlung liefert *The Fifth Column and the First Forty-Nine Stories*, 1938 (dtsch. 1950, A. Horschitz-Horst), bevor 1987 zum ersten Mal eine Gesamtausgabe des Kurzgeschichtenwerks erscheint, *The Complete Short Stories of Ernest Hemingway*, die neben den ersten 49 auch die Erzählungen enthält, die zunächst in Zeitschriften oder als Teile von Romanen veröffentlicht wurden. Zusätzlich wurden mehrere Erzählungen dort erstmals abgedruckt.

Hemingways erzählerisches Werk reflektiert in seiner Gesamtheit das Weltbürgertum des Autors und ist in hohem Maße biographisch geprägt. Orte wie das nördliche Michigan, wo seine Eltern ein Ferienhaus besaßen, Norditalien, wo er während des Ersten Weltkriegs als Krankenwagenfahrer arbeitete, Spanien, wo er in den frühen 1920er Jahren seine Leidenschaft für den Stierkampf entdeckte, und Afrika, wo er 1933 seine erste Safari unternahm, stellen die geographischen Koordinaten des Kurzgeschichtenœuvres dar.

Die in *In Our Time* enthaltene Erzählung »Indian Camp« (»Indianerlager«) leitet eine Reihe von Momentaufnahmen aus dem Leben des Heranwachsenden Nick Adams ein, der als eine Art Alter-ego-Gestalt des Autors gelten kann. Der kleine Nick begleitet seinen Vater Dr. Adams in ein Indianerlager und beobachtet, wie dieser an einer seit Tagen mit den Wehen kämpfenden und völlig erschöpften Indianerin einen Kaiserschnitt durchführt. Während der Eingriff gelingt und Dr. Adams sich als medizinische Koryphäe aufspielt, durchtrennt sich der Ehemann der Indianerin im selben Raum unbemerkt die Halsschlagader. Letztlich hat Dr. Adams als Vorbildfigur für seinen Sohn versagt; Nick bleibt mit dem unverarbeiteten Trauma allein. Ein Blick auf den unterhalb der Textoberfläche liegenden Gehalt der Erzählung enthüllt die Zentralität der zunächst als Randfiguren wahrgenommenen Charaktere des indianischen Ehemannes und Uncle Georges, der Dr. Adams assistiert. Nimmt man aber an, dass Uncle George der Vater des Kindes ist – eine Annahme, auf deren Möglichkeit im Text durchaus angespielt wird –, so ergibt sich neben dem Grund, dass der Ehemann die Qualen seiner Ehefrau nicht länger ertragen konnte, eine tiefer greifende Motivation für den Selbstmord: die Demütigung durch den weißen Rivalen.

15 weitere Erzählungen aus *In Our Time*, *Men Without Women* und *Winner Take Nothing* zeigen Nick Adams' Entwicklung vom Kind zum jungen Erwachsenen, die keineswegs als Prozess linearer kontinuierlicher Reifung erscheint, sondern als parodistische Inversion des traditionellen Bildungsroman-Schemas (K. Müller). Psychische Verwundungen wie enttäuschte Liebe in »The End of Something« (»Das Ende von etwas«) und in »The Three-Day Blow« (»Drei Tage Sturm«) sowie das Leiden an einem nicht näher spezifizierten Kriegstrauma in »Big Two-Hearted River I &II« (»Großer doppelherziger Strom I & II«) prägen das Leben des Heranwachsenden ebenso wie die Konfrontation mit physischer Gewalt und Krieg in »The Battler« (»Der Kämpfer«), »In Another Country« (»In einem anderen Land«), »Now I Lay Me« (»Müde bin ich, geh' zur Ruh«) und »A Way You'll Never Be« (»So, wie du niemals sein wirst«). Selbst als Erwachsener wird Nick Adams noch von seinen unverarbeiteten Kindheitserlebnissen gepeinigt, wie in »Fathers and Sons« (»Väter und Söhne«) thematisiert. 1972 gab Philip Young diese Erzählungen chronologisiert und zusammen mit bisher unveröffentlichten Kurzgeschichten und Fragmenten sowie mit dem Romanfragment »The Last Good Country« als *The Nick Adams Stories* heraus.

Das Motiv des Krieges mitsamt den einhergehenden Verletzungen an Körper und Seele, die der Autor in Europa während der beiden Weltkriege und während des Spanischen Bürgerkriegs teils am eigenen Leib erlebte, wurde wiederholt zum Thema. »Che Ti Dice La Patria?« schildert die unmenschliche Atmosphäre des totalitären Regimes in Mussolinis Italien, »Old Man at the Bridge« (»Alter Mann an der Brücke«) das Schicksal eines Flüchtlings im Spanischen Bürgerkrieg.

Spanien bildet auch den geographischen Rahmen für »Hills Like White Elephants« (»Hügel wie weiße Elefanten«) aus *Men Without Women*. Mit der etwa 20-jährigen Jig erscheint eine Frauenfigur, die in der Forschung divergierende Deutungen hervorbrachte. Das Mädchen wartet gemeinsam mit einem älteren Amerikaner auf den Zug nach Madrid, wo sie sich einer im Text nicht näher spezifizierten Operation – gemeint ist eine Abtreibung – unterziehen soll. Einerseits kann die junge Frau als Opfer des die Situation und Kommunikation offenbar dominierenden Mannes interpretiert werden, für dessen Lebensweise ein Kind eine Belastung von elefantenähnlicher Größe darstellen würde. Die Hügel, die in Jigs Wahrnehmung wie weiße Elefanten aussehen, werden gleichzeitig zum Symbol für die schwangere Frau, die weiß-gräuliche

Färbung weist auf die Hautfarbe des totgeborenen Fötus hin. Neuere Forschungsansätze erkennen umgekehrt einen in der Hauptfigur angelegten Minderwertigkeitskomplex und deuten Jigs abschließende Äußerung »There's nothing wrong with me. I feel fine« (»Mir fehlt gar nichts, ich fühl' mich glänzend«) als Beweis ihrer eigentlichen Überlegenheit. In dieser Lesart erscheint es keineswegs zwingend, dass Jig tatsächlich einen Abbruch vornehmen lässt.

»A Clean, Well-Lighted Place« (»Ein sauberes, gut beleuchtetes Café«) aus dem Band *Winner Take Nothing* weist ebenfalls einen spanischen Handlungsort auf und thematisiert nahezu ohne Hervortreten eines Erzählers die menschliche Angst vor dem sinnleeren Nichts. Die äußere Handlung ist dementsprechend karg: In einem spanischen Café um 1930 warten zwei namenlose Kellner in den frühen Morgenstunden, bis der einzige Gast – ein ebenfalls namenloser alter Mann – seinen Brandy austrinkt, und schließen dann das Lokal. Während für den Jüngeren Geld die Lösung aller Probleme darstellt, kann der Ältere nachvollziehen, warum der alte Mann wohl kurz zuvor Selbstmord begehen wollte: aus Einsamkeit und Verzweiflung über das Gefühl eines allumspannenden Nichts. Zahlreiche Indefinitpronomina markieren im Text die Leerstellen, die der Leser zu füllen hat. Der im Titel genannte »clean, well-lighted place« stellt einen utopischen Ort weit über das Hier und Jetzt hinaus dar.

Die Erzählungen, zu denen Hemingway während seines Aufenthalts in Afrika inspiriert worden war, zählen zu seinen bekanntesten; der Autor selbst rechnete sie zu seinen besten. »The Snows of Kilimanjaro«, 1936 (»Schnee auf dem Kilimandscharo«), gilt als eine der am stärksten autobiographisch geprägten Erzählungen Hemingways. Der Schriftsteller Harry, dessen Bein bereits von Wundfäulnis befallen ist, wartet in einem Camp mit Blick auf den schneebedeckten Gipfel des Kilimandscharo gemeinsam mit seiner Frau Helen auf ein Rettungsflugzeug. Harry ahnt, dass keine Aussicht auf Bergung besteht und verbringt die Zeit vor seinem Tod damit, sich zu betrinken, Helen zu beleidigen und über seinen Misserfolg als Künstler zu sinnieren, für den er den ausschweifenden Lebensstil verantwortlich macht, der ihm durch seine Ehe mit der wohlhabenden Helen ermöglicht wurde. Während schon die Aasgeier über dem Lager kreisen, verschlimmert sich der Zustand von Harrys Bein. Der Prozess des physischen Verfalls dient als Symbol für seinen moralischen und künstlerischen Niedergang. Die Gegenwart einer Hyäne durchzieht die Erzählung als Metapher für Harrys Bewusstsein seines unmittelbar bevorstehenden Todes. Bereits im Epigraph wird das ausgedörrte, gefrorene, dicht unter dem Gipfel des Kilimandscharo liegende Gerippe eines Leoparden erwähnt: »No one has explained what the leopard was seeking at that altitude« (»Niemand weiß, was der Leopard in jener Höhe suchte«).

Das Bild des Leoparden stellt einen Kontrast zum Protagonisten dar. Während das Streben des Tiers nach dem unerreichbaren Gipfel ein mutiges, ja nobles Ansinnen ist, hat Harry seine Motivation verloren. Zwar glaubt er während seines letzten traumartigen Deliriums, vom Flugzeug aus den Gipfel des Kilimandscharo zu sehen, d. h. zu künstlerischer Schaffenskraft zurückzufinden, doch in Wirklichkeit befindet er sich im Prozess des Sterbens. Die Sehnsucht nach einem Neuanfang als Künstler – typisch für die Autoren der sogenannten ›Lost Generation‹ – bleibt am Ende Illusion. Obwohl Harry überwiegend als gefühlskalt und egozentrisch gezeichnet ist, gelingt es dem Text, Respekt für den Mann zu wecken, der innerlich dafür kämpft, seinem wahren Selbst auf die Spur zu kommen. Die von fast aufdringlicher Todesmetaphorik geprägte Ebene der Gegenwartshandlung wird durch eine Reihe von Rückblenden unterbrochen. Sie thematisieren Harrys Erlebnisse aus seiner Vergangenheit, die ihm als schriftstellerisches Material hätten dienen sollen. Das gemeinsame Motiv in allen kursiv erscheinenden Erinnerungsrückblenden ist das Todesmotiv, das gleichzeitig die Verbindung zum steil gedruckten Gegenwartsgeschehen herstellt. K. Müller beschrieb die Rückblenden als »metafiktionale Texteinschübe«, in denen »das scheiternde Bemühen der Künstlergestalt um Wiederannäherung an ein verloren gegangenes Ideal authentischer Wirklichkeitsdarstellung ›in actu‹ vorgeführt wird«.

Das Motiv der grotesken Physis, wie sie sich bei Harry darstellt, durchzieht einen Großteil von Hemingways Erzählungen, so etwa auch »A Pursuit Race« (»Eine Verfolgungsjagd«) aus *Men Without Women*, und »A Day's Wait« (»Ein Tag Warten«) sowie »A Natural History of the Dead« (»Eine Naturgeschichte der Toten«) aus *Winner Take Nothing*. Ein weiterer zentraler Symbolkreis in Hemingways erzählerischem Werk kreist um das Bild des Boxers, z. B. in Gestalt eines physisch deformierten, sich selbst als ›verrückt‹ bezeichnenden Ex-Champions in »The Battler« (»Der Kämpfer«) aus *In Our Time* oder eines trotz versuchter Warnungen schicksalsergeben auf seine Ermordung wartenden schwedischen Faustkämpfers in »The Killers« (»Die Killer«) aus *Men Without Women*.

Einen Monat nach »The Snows of Kilimanjaro« erschien »The Short Happy Life of Francis Macomber« (»Das kurze glückliche Leben des Francis Macomber«), eine kompaktere, weniger symbolschwangere Erzählung über einen beschämenden Tag im Leben der Titelfigur. Der Amerikaner Macomber und seine Frau befinden sich in Afrika auf ihrer ersten Großwildsafari. In einer Rückblende erfährt der Leser, dass Macomber in feiger Manier vor einem angeschossenen Löwen geflohen ist. Margot nimmt Anstoß an diesem unmännlichen Verhalten, verspottet ihren Ehemann und verbringt die Nacht mit Robert Wilson, dem Safariführer. Am nächsten Tag unternimmt Macomber einen Versuch, seine Männlichkeit wiederherzustellen und jagt einen Wasserbüffel. Margot jedoch realisiert, dass er sie, die nur Hohn und Spott für ihn übrig hatte, verlassen wird, sobald er sein Selbstwertgefühl wiedergefunden hat. Als Macomber dem Wasserbüffel schließlich Auge in Auge gegenübersteht und dieser schon ansetzt, ihn mit seinen Hörnern zu durchbohren, richtet Margot die Waffe auf ihren Mann und trifft ihn tödlich am Hinterkopf.

Ein zentrales Motiv dieser Erzählung ist das Jagdmotiv, nicht nur auf der Ebene Mensch-Tier, sondern auch auf der zwischenmenschlichen Ebene. Der ambitionierte Großwildjäger Macomber wird von seiner Frau dominiert und so selbst zum Gejagten und sexuellen Opfer. Macomber, der zwar als groß, sportlich und männlich geschildert wird, sich jedoch als Feigling erweist, steht im Kontrast zu dem unerschrockenen Berufsjäger Wilson, der nach einem Kodex des Mutes, der Todesverachtung und der männlichen Würde lebt. Während der zweiten Jagd bringt Macomber zwar den Mut auf, dem gefährlichen Tier ins Antlitz zu blicken, doch sein in diesem Augenblick glückliches Leben – wie im Titel formuliert – ist nur von kurzer Dauer.

Die detaillierte Analyse der raffinierten Perspektivierungstechnik Hemingways, die das Geschehen teils szenisch-dialogisch, teils aus Wilsons Perspektive und teils aus einer zwischen auktorialer und personaler Form oszillierenden Er-Erzählhaltung darstellt, führte in der jüngeren Forschung zu revisionistischen Lesarten der drei Hauptfiguren. So wird z. B. die Sprachrohrfunktion des Berufsjägers Wilson, der gesellschaftliche Regeln ablehnt, durch manche negative Eigenschaften, etwa sein Denken in Stereotypen oder seine Selbstgefälligkeit, in Frage gestellt. Macomber selbst kann neben der traditionellen Interpretation, die ihn als tragischen Helden beschreibt, auch als »pathetisches Opfer eines unechten, verlogenen Männlichkeitsmythos« gesehen werden (Müller).

Gegen Ende seines Lebens verfasste Hemingway 1950 in Venedig die beiden Fabeln »The Good Lion« (»Der gute Löwe«) und »The Faithful Bull« (»Der treue Stier«), offiziell für Kinder, doch die tatsächlichen Adressaten waren wohl seine Ehefrau und eine junge Venezianerin namens Adriana. Beide sollen mittels der Fabel »The Faithful Bull« davon überzeugt werden, dass der Autor nur seine Ehefrau liebe und das Verhältnis zu Adriana rein väterlicher und platonischer Natur sei.
SUSANNE AUFLITSCH

Fiesta / The Sun Also Rises
Der 1926 erschienene Roman gehört zu den besten Prosawerken seines Autors und ist einer der wichtigsten US-amerikanischen Romane des 20. Jh.s. Obwohl Hemingway schon seine kurz zuvor erschienene Satire auf zeitgenössische Schriftsteller der USA, The Torrents of Spring, 1926 (Die Sturmfluten des Frühlings, 1957), eine ›novel‹ genannt hatte, gab er mit The Sun Also Rises sein eigentliches Debüt als Romancier. Es ist ein Buch über den Krieg, obwohl es nicht vom Krieg handelt – und ein Buch über Amerika, obwohl es in Europa spielt. Schon F. Scott Fitzgerald (der eine Zeit lang zu dem im Pariser Exil lebenden Kreis von Schriftstellern gehörte, dessen Atmosphäre Hemingways Roman widerspiegelt) hatte über die Generation junger Amerikaner geschrieben, die durch den Ersten Weltkrieg entwurzelt nach Europa gezogen waren. Aber erst Hemingways Buch, dem der berühmte – und bald als modisches Schlagwort missbrauchte – Satz Gertrude Steins »Ihr seid eine verlorene Generation« vorangestellt ist, verschaffte diesem Thema weltweiten Widerhall.

Titel und Motto des Romans stammen aus dem Prediger Salomo und verweisen auf den zyklischen Kreislauf von Leben und Tod. Protagonist und Ich-Erzähler des Romans ist der amerikanische Journalist Jake Barnes: Als einzige Figur im Roman unternimmt er den ernsthaften Versuch, hinter dem scheinbar zu Eitelkeit und Nutzlosigkeit verdammten Tun der Nachkriegsjahre einen höheren Sinnzusammenhang zu entdecken. Durch eine Kriegsverletzung impotent geworden, ist er distanzierter Beobachter der sterilen Welt, in der er und sein Pariser Bekanntenkreis leben. Er hat sich dieser Gesellschaft, die sich vorwiegend in den Cafés und Bars am Montparnasse trifft, angeschlossen, um herauszufinden, wie man sich in der modernen Welt einrichten kann, nachdem alle überlieferten Werte der westlichen Zivilisation diskreditiert wurden. Dass sein Schutzschild aus Indifferenz und Zynismus seine Sensibilität nur notdürftig verbirgt, wird vor allem in seiner hoffnungslosen Liebe zu der Engländerin Lady Brett Ashley deutlich, die sich, ebenfalls durch den Krieg traumatisiert (ihr Verlobter ist gefallen), von einer Ausschweifung in die nächste stürzt, nirgends Befriedigung findet und immer wieder zu Jake und damit in die sexuelle Frustration zurückkehrt.

Der Gegenspieler Jakes und – wie sich im Verlauf der anscheinend beiläufig aneinandergereihten Ereignisse zeigt – seine Komplementärfigur ist Robert Cohn, der sich für einen begabten Schriftsteller hält, seit dem Studium in Princeton aber Komplexe wegen seiner jüdischen Herkunft hat und bemüht ist, sein Image als erfolgreicher Amateurboxer aufrechtzuerhalten. Von dem Kreis der Exilanten wird Cohn niemals wirklich akzeptiert und fühlt sich deshalb zu Jake hingezogen, dessen geistige Überlegenheit und Fähigkeit, Haltung zu bewahren, er bewundert. Für Jake ist auch Cohn vor allem ein Beobachtungsobjekt, doch kann seine halb mitleidige, halb spöttische Haltung gegenüber dem Außenseiter nicht darüber hinwegtäuschen, dass er ihn um seine sexuelle Potenz beneidet.

Um die drei Hauptgestalten bewegt sich eine Galerie plastisch gezeichneter, dem Bezugssystem des Romans genau eingepasster Nebenfiguren, unter ihnen der antisemitische Schotte Mike Campbell, ein Bankrotteur, den Brett nach der Scheidung von ihrem zweiten Ehemann, einem brutalen englischen Aristokraten, heiraten will; außerdem der erfolgreiche New Yorker Schriftsteller Bill Gorton, der eine Spritztour durch Europa macht und seinen Freund Jake besucht; und, nach dem Schauplatzwechsel nach Spanien, der Matador Pedro Romero.

Vor die Schilderung der lebhaften Fiesta in Pamplona hat Hemingway eine stille Episode gestellt, für deren gleichnishafte Idyllik sich zahlreiche Parallelen in seinen Kurzgeschichten, z. B. In Our Time, 1925 (In unserer Zeit, 1932), und späteren Romanen finden: Beim Forellenfang mit Bill Gorton in den Pyrenäen kehrt Jake für kurze Zeit in das verlorene Paradies seiner Jugend und in die verlässliche Welt der Männerfreundschaft zurück. Auf die folgende Lebensfreude der Fiesta und das Ritual des Stierkampfs reagieren die Figuren des Romans in unterschiedlicher Weise, doch immer wird dabei ihre Entfremdung von traditionellen Werten sichtbar. Jake, der einzige wahre ›aficionado‹, sieht im Stierkämpfer die Verkörperung einer ritualisierten Gewaltordnung und führt Brett mit dem Torero Romero zusammen. In wütender Eifersucht schimpft Cohn Jake einen Kuppler und greift ihn, Mike und schließlich Romero tätlich an, bricht aber schließlich unter der Last seiner Gefühle zusammen. Damit verstößt er in Jakes Augen endgültig gegen die ungeschriebene Regel, dass man in der Niederlage Haltung bewahren muss. Gedemütigt kehrt Cohn allein nach Paris zurück. Der Kreis schließt sich in Madrid: Jakes Versuch, Brett durch Romero jene Erfüllung zu verschaffen, die sie überall gesucht und nirgends gefunden hat, scheitert daran, dass Brett zum ersten Mal über sich selbst triumphiert und den jungen Stierkämpfer aufgibt, um ihn nicht zu verderben. Wieder ist es Jake, bei dem sie Zuflucht sucht. Beide wissen aber, dass sie nicht miteinander leben können.

Die Figur des Jake Barnes, des im Krieg verwundeten Hemingway'schen Anti-Helden, der zuerst in der Gestalt des Nick Adams (*In Our Time*, 1925) auftrat und später u. a. in Frederic Henry (*A Farewell to Arms*, 1929) wiederkehrte, hat zahlreiche Deutungen erfahren. Viele Interpreten betonten den engen Zusammenhang zwischen körperlicher Verletzung und seelischer Verwundung, andere meinten, Hemingways eigene, im Sommer 1918 bei Fossalta erlittene Verwundung habe einen Furchtkomplex bewirkt, von dem er sich durch diese Figur befreien wollte. Berühmt, wenngleich anfechtbar, ist die Parallele, die Malcolm Cowley zwischen dem Ich-Erzähler von *The Sun Also Rises* und dem verwundeten Fischerkönig aus T. S. Eliots *The Waste Land*, 1922 (*Das Wüste Land*, 2004), gezogen hat. Auf einen weiteren wichtigen Aspekt haben Interpreten wie G.-A. Astre hingewiesen, für die das Motiv der Impotenz den unbewussten Wunschtraum einer der Sexualität enthobenen Männlichkeit verkörpert.

Erst nach dem Erfolg von *The Sun Also Rises* begann Hemingway, eine öffentliche Rolle für sich zu entwerfen, sein Privatleben zu ›inszenieren‹ und die Legende vom männlichen Schriftstellerhelden zu fördern, die der Verletzlichkeit seiner frühen Erzählungen und Romane so eklatant widerspricht. Die Sprache seines Debütromans, der den danach immer wieder nachgeahmten Hemingway-Stil ins Bewusstsein der literarischen Welt rückte, lebt aus der Untertreibung und dem Verschweigen. Sie entspricht der Haltung des Ich-Erzählers, der Gefühlen ebenso misstraut wie literarischer Diktion und der, statt wie Robert Cohn in Geschwätzigkeit zu verfallen, seine Beobachtungen karg, direkt und präzise registriert. *The Sun Also Rises* kann in diesem Sinn als ein Meilenstein moderner Erzählprosa und als ein Schlüsselwerk der US-amerikanischen Literatur gelten. GERTRUD BARUCH / FRANK KELLETER

T. S. Eliot

* 26. September 1888 in St. Louis/Mo. (USA)
† 4. Januar 1965 in London (Großbritannien)

(d. i. Thomas Stearns Eliot) – 1906 Studium in Harvard; 1914 in Marburg und Oxford; 1916 Promotion in Harvard; Wohnsitz in London; 1917 Angestellter bei ›Lloyds Bank‹; 1922–1939 Herausgeber von *The Criterion*; 1927 Eintritt in die Church of England; britischer Staatsbürger; 1948 Nobelpreis; Dichter, Dramatiker, Essayist, Literatur- und Kulturkritiker; einflussreiche kulturelle Autorität.

Weitere Werke: J. Alfred Prufrocks Liebesgesang (*The Love Song of J. Alfred Prufrock*, 1915), Sweeney Agonistes (*Sweeney Agonistes. Fragments of an Aristophanic Melodrama*, 1927), Aschermittwoch (*Ash-Wednesday*, 1927–1930), Mord im Dom (*Murder in the Cathedral*, 1935), Der Familientag (*The Family Reunion*, 1939), Vier Quartette (*Four Quartets*, 1943), Die Cocktail Party (*The Cocktail Party*, 1950).

Das wüste Land / The Waste Land

Das Langgedicht erschien im Oktober 1922 in der ersten Nummer der vom Autor selbst in London herausgegebenen Kulturzeitschrift *The Criterion*. In Amerika wurde es einen Monat später in dem moderne Kunst fördernden Kulturjournal *The Dial* veröffentlicht. Der New Yorker Buchausgabe vom Dezember 1922 fügte der Verfasser einen Anhang mit »Anmerkungen« bei, die viele der zahlreichen Zitate und Anspielungen aus der Literatur- und Kulturgeschichte belegen. Ausdrücklich vermerkte Eliot den Einfluss der Darstellung von Vegetationskulten in James Frazers enzyklopädischem ethnographischem Werk *The Golden Bough* (1890–1915) und vor allem in Jessie L. Westons Buch über die Gralssage, *From Ritual to Romance* (1920), auf das, wie er sagte, auch der Titel, das Konzept und einige symbolische Passagen des Textes zurückgehen. Seit 1914 hatte Eliot Ideen und Entwürfe für das Werk notiert, es 1921 während eines Erholungsaufenthalts in Margate und Lausanne vollendet und das Manuskript Ende Dezember 1921 seinem Dichterkollegen Ezra Pound gezeigt, der Änderungen und radikale Kürzungen vorschlug. Eliot widmete das Gedicht seinem Förderer als dem »besseren Künstler« (»il miglior fabbro«).

Die 433 Zeilen des Werks sind in fünf Abschnitte gegliedert. Die an ein Drama oder an eine musikalische Suite erinnernde Struktur deutet darauf hin, dass den in Länge, Stil und Thematik ungleichen Teilen ein

Sinnzusammenhang innewohnt, den zu erschließen der Leser aufgefordert ist. Die Segmente tragen folgende Überschriften: »Das Begräbnis der Toten« (Zeilen 1–76), nach der Begräbnisordnung der Church of England; »Eine Schachpartie« (Zeilen 77–172), nach einem Dramentitel von Thomas Middleton; »Die Feuerpredigt« (Zeilen 178–311), nach einer zentralen Predigt Buddhas; »Tod durch Wasser« (Zeilen 312–321), nach einem von Jessie Weston belegten antiken Ritual; »Was der Donner sprach« (Zeilen 322–433), nach indischen Gottheiten, deren Stimme der Donner ist. Die ersten Zeilen des Gedichts spielen auf den berühmten Anfang der *Canterbury Tales* von Geoffrey Chaucer an und deuten ihn um. Während dort der April mit seinen »süßen Regenschauern« für das Erblühen der Natur und neues Leben steht, deutet ihn Eliots Sprecher – in außerordentlicher rhythmischer und klanglicher Eindringlichkeit – als »grausamsten Monat«, weil er die Natur wie auch »Erinnern und Begehren« aus dem tröstlichen Winterschlaf erwecke. Das Leitmotiv der Sinnlosigkeit der Existenz wandelt sich im Ablauf des Gedichts in einer collageartigen Folge von Szenen, Situationen, dargestellten Figuren und subjektiven Reflexionen ab. In ihnen wird variantenreich der Gegensatz von Wüste und Wasser, Dürre und Fruchtbarkeit, Sexualität und Tod, Wirklichkeit und Transzendenz ausgestaltet.

Das lyrische Ich, das am Anfang und in anderen Passagen mit Autorität den Zustand der Ödnis sprachlich verdichtet, wird in zahlreichen Metamorphosen von den Stimmen und Gedanken der Gedicht-Figuren abgelöst. Vulgäre Alltagssprache wechselt mit poetischer Überhöhung, ordinäre Lebenspraxis begegnet dem Mythos, menschliche Beziehungslosigkeit trifft auf vergebliche Hoffnung. Das Gedicht repräsentiert eine Welt allgemeiner Entwertung und eines katastrophalen Sinnverlusts. Das ›wüste Land‹ ist Metapher für die krisenhafte Verfassung des Subjekts, für den Zustand der westlichen Gesellschaft, für die Großstadt als Symbol der Vermassung. Ganzheitliche Welterklärungsmodelle sind verloren. Am Ende versucht das lyrische Ich einen Kontrapunkt zu setzen. Aus einer indischen Upanishad entnimmt es die vage Idee des Aufbruchs aus dem Ich-Gefängnis und der Erlangung von Kontrolle: »Datta«, »Dayadhvam«, »Damyata«, von Eliot übersetzt als »Give, sympathise, control«. Das lyrische Subjekt stellt die alternative Vorstellung allerdings alsbald wieder in Frage. Die »Trümmer« der Existenz vermag es nur durch zusammenhanglose Kulturzitate »zu stützen«. Die Schlussfloskel »Shantih shantih shantih« (»Der Friede, welcher höher ist als alle Vernunft«)

klingt tröstlich, bestätigt aber nur das tatsächliche Elend. Eine Flucht aus der Realität ist unmöglich.

Die Zerstörung von Wertesystemen bekundet sich im Fragmentarischen der künstlerischen Form im Ganzen sowie im Eklektizismus der Anspielungen auf ein weites Spektrum der Kultur- und Literaturgeschichte im Einzelnen. Der Text lebt mit und aus den Bezügen auf indische und antike Philosophie, Mythologie und Literatur, die mittelalterlichen Dichtungen der Troubadours, Dantes und Chaucers sowie einer neuzeitlichen Tradition von Shakespeare, Donne, Marvell über Blake, Baudelaire, Laforgue und Flaubert bis zu den französischen Symbolisten. Das Zitierte, das im konkreten Kontext sinnbildend wirkt, verweist umfassend auf das reiche Erbe der Menschheitskultur. Es bestätigt freilich auch die negative Differenz, in der das ›wüste Land‹ zu dieser Überlieferung steht. Gegen den Verfall formiert sich schließlich der expressive Stil der Dichtung selbst, ihr raffiniertes poetisches Gewebe aus Endreimen, Alliterationen und Assonanzen, Anaphern und Epiphern, Metaphern, rhythmischen Verschiebungen und typographisch auffälliger Versstruktur.

Die dichterische Form ist hochgradig innovativ und verzichtet auf die gängigen tradierten Dichtungsmuster samt dem in ihnen gestalteten subjektiven Gefühlsausdruck. Das Werk ist damit auch poetische Praxis zu Eliots dichtungstheoretischen Auffassungen. In Aufsätzen jener Zeit entwarf er das neuartige Konzept, dass im ästhetischen Gebilde das Subjektive einem Prozess der ›Depersonalisation‹ unterworfen sein müsse. Zwischen Repräsentation und Repräsentiertem erscheint der Dichter als ein Medium, das seine Funktion nicht darin hat, Subjektiv-Persönliches wiederzugeben, sondern vielmehr der Synthese einer breiten Wirklichkeitserfahrung zum Ausdruck verhilft. In seiner spezifischen Form muss sich das Werk in ›uninteressierter‹ Objektivität zu den Dingen, Subjekten und Ideen in der materiellen und sozialen Realität ins Verhältnis setzen.

Das Gedicht ist das zentrale Werk des literarischen Modernismus in der Lyrik, vergleichbar mit dem Pendant im Roman, dem im gleichen Jahr erschienenen *Ulysses* von James Joyce. Gegenstand und Form sind geprägt von der desillusionierten Wahrnehmung der Welt nach dem Ersten Weltkrieg, die keinen Zukunftsoptimismus mehr zuließ. Folgerichtig provozierte das Gedicht extrem unterschiedliche Reaktionen und heftige Kontroversen. In der Literaturwissenschaft diente es als Objekt differenter Interpretationspraktiken – der strikten Formanalyse (›New Criticism‹), der religiösen Deutung, der mythologischen Auslegung, der autobiographischen Erklärung, der ideologisierten Zurückweisung und auch zahlreichen Bemühungen um analytische und erklärende Genauigkeit. In Deutschland folgten auf Curtius' zuweilen ungenaue und glättende Übersetzung eine Prosawiedergabe von Karl Heinz Göller (1968) sowie eine ›Neuübertragung‹ von Eva Hesse (1972) und ein weiterer Versuch von Klaus Junkes-Kirchen (1988). Ein Hörbuch, gelesen von Bruno Ganz, erschien 2000. WOLFGANG WICHT

William Carlos Williams
* 17. September 1883 in Rutherford/N. J. (USA)
† 4. März 1963 in Rutherford/N. J. (USA)

Sohn eines englischen Vaters und einer Hispano-Amerikanerin; Internatsjahr in Genf; Studiensemester (Medizin) in Leipzig; ab 1915 Kontakte zur New Yorker Avantgarde, gleichzeitig niedergelassener Arzt in Rutherford; publizierte bis kurz vor seinem Tod Gedichte, Dramen und Prosawerke; Jugendfreund von Ezra Pound; gilt als einer der wichtigsten Erneuerer der US-amerikanischen Dichtung im 20. Jh.

Weitere Werke: *Die Autobiographie von William Carlos Williams* (*The Autobiography of William Carlos Williams*, 1948), *Paterson* (*Paterson*, 1946–1958).

Das lyrische Werk
Der Autor gilt als einer der einflussreichsten Lyriker des US-amerikanischen Modernismus. Bisweilen wird sein Spätwerk auch der Postmoderne zugerechnet. Sein literarischer Ruf wuchs zu seinen Lebzeiten zwar stetig, aber nur langsam, und erst mit dem postum zuerkannten Pulitzerpreis für den Gedichtband *Pictures from Brueghel*, 1962 (Bilder nach Brueghel), wurde seine prominente Stellung im Kanon US-amerikanischer Dichtung endgültig bestätigt. Nach einer ersten Rezeptionsphase (etwa bis 1960), die die Empirie, pragmatische Direktheit und radikale Ungekünsteltheit seines Stils betonte, wird er inzwischen auch wegen seiner sprachlichen und poetologischen Versiertheit als herausragender Dichter und Theoretiker wahrgenommen. Seine Entscheidung, sein gesamtes Leben in einer Industriestadt in New Jersey vor den Toren New Yorks zu verbringen, ist nicht nur von biographischem Interesse, sondern zeugt auch von seiner Überzeugung, die er u. a. mit dem Philosophen John Dewey teilte: »The only universal is in the local« (»Das Universale ist nur in der unmittelbaren Nähe zu finden«).

Das lyrische Werk, ohne das Langgedicht *Paterson* (1946–1958), liegt seit 1986 in einer zweibändigen Werkausgabe vor. Williams selbst hatte zu seinen Lebzeiten keine Gesamtausgabe seiner Werke vorbereitet. Neben einzelnen, in Abständen von zwei bis sechs Jahren erschienenen Gedichtbänden veröffentlichte er Auswahl- und Sammelbände, die jedoch jeweils auf eine bestimmte Schaffensperiode beschränkt blieben und meist seine zuvor in Zeitschriften publizierten Werke versammelten. Seine dichterische Tätigkeit wurde zeitlebens durch das Verfassen von Essays, Dramen und Prosawerken der unterschiedlichsten Art ergänzt: Übersetzungen, historische Porträts, Romane und autobiographisch inspirierte Texte. Die mittlere und späte Periode seines Werkes sind eng mit dem New Yorker Verleger und Dichter John Laughlin verbunden, der 1936 den Literaturverlag New Directions gründete und Williams auf den Rat des gemeinsamen Freundes Ezra Pound als einen der ersten Autoren verpflichtete.

Williams' früheste Gedichte aus der Zeit zwischen 1909 und 1913 orientierten sich noch hauptsächlich an der viktorianischen Dichtung des 19. Jh.s, obwohl bereits die ersten Versuche erkennbar wurden, eine neue poetische Diktion jenseits des Reimzwangs und der traditionellen Strophenformen zu finden. Besonders zu erwähnen ist das längere Gedicht *The Wanderer. A Rococo Study*, 1913 (Der Wanderer. Eine Rokokostudie), da Williams hier in Anlehnung an Walt Whitman mit der Form eines längeren, zwar rhythmischen, aber reimlosen Textes experimentierte, und dabei für die revolutionäre Ästhetik des Modernismus eine originelle Bildersprache fand. Der Wanderer ist der Dichter mit junger Seele (»young soul«), der von seiner ›Muse‹, einer alten, hässlichen, hexenartigen Großmutter, und von dem schmutzigen Wasser des Flusses Passaic als Dichter initiiert wird und seine neue Wanderung (»new wandering«) aufnimmt. Williams bricht hier in drastischer Weise mit Konventionen der traditionellen Idylle, wobei sein Ikonoklasmus weder zynisch noch pessimistisch ist, sondern im Glauben an die erkenntnisfördernde Kraft der ästhetischen Erfahrung das Neue begrüßt, wo er es findet.

Ab 1914 entstanden Gedichte, die als typisch für Williams gelten: kurze Zeilen, unregelmäßig lange Strophen, knappe, oft nicht eindeutig nachvollziehbare Situationsbeschreibungen, vielfach mit direkten Zitaten aus der Alltagssprache, abschließend mit lakonischen Kommentaren des lyrischen Ichs. Paradebeispiel ist das Gedicht »Pastoral«, in dem der Dichter scheinbar naiv und rein beobachtend eine Szene aus seiner Umwelt beschreibt, die als eine ›städtische‹ oder ›vorstädtische‹ pastorale Idylle erscheint. Auf den zweiten Blick und mit besonderer Aufmerksamkeit für sprachliche Mehrdeutigkeit erweist sich das Gedicht aber auch als eine philosophische Reflexion über Erfahrung und deren Stellenwert im kreativen Prozess.

Mit den Gedichtbänden *Al Que Quiere*, 1917 (Für den, der es haben möchte), und *Sour Grapes*, 1921 (Die Trauben sind sauer), gelang Williams der literarische Durchbruch, zunächst in den Kreisen der New Yorker Avantgarde. Dabei wurde er auch von bildenden Künstlern beeinflusst, und seine Texte wurden ihrerseits zur Inspiration für Maler, wie etwa für Charles Demuths The Great Figure, 1928 (Die große Figur), eines der frühesten Pop-Art Bilder. Spring and All, 1923 (Frühling und alles), ein hybrider Text, der Gedichte mit poetologischen Reflexionen verbindet, wurde in Dijon (Frankreich) gedruckt und fand auch in Paris einige Aufmerksamkeit. Während die theoretischen Zwischentexte dieses Bandes bis zur 1986er Gesamtausgabe nur schwer zugänglich blieben, erlangten einzelne Gedichte daraus durch ihre sukzessive Anthologisierung in anderen Ausgaben einen großen Bekanntheitsgrad, wie etwa »on the way to the contagious hospital« (auf dem Weg zur Seuchenklinik), »the rose is obsolete« (die Rose ist obsolet), oder »so much depends / upon / a red wheel / barrow« (»Der rote Handkarren«, 1960, H. M. Enzensberger).

Die folgenden Bände bauten Williams' Position in der US-amerikanischen Literatur weiter aus und sicherten ihm einen Einfluss auf die nachfolgende Dichtergeneration, so etwa auf Denise Levertov, Allan Ginsberg, Charles Olson, Robert Creeley, Frank O'Hara und John Ashbery. Realistische Detailbeobachtungen und direkte Zitate aus der gesprochenen Sprache des Alltags blieben charakteristisch für ihn, wobei die frühere, auch freundlich gesinnte Literaturkritik wiederholt übersah, dass dies keinesfalls mit dem Verzicht auf Symbolik und kontrollierte Mehrdeutigkeit verwechselt werden darf. Auch seine Maxime »No ideas but in things« (»Gedanken sind nur in Dingen«, 1962, H. M. Enzensberger) wurde fälschlicherweise lange Zeit als eine Absage an ›Ideen‹ oder ›Reflexion‹ gelesen. Williams betrachtete die Sentenz jedoch als wesensverwandt mit dem neu-aristotelischen Motto ›Nihil in intellectu quod non prius in sensu‹ (›Nichts ist im Intellekt, was nicht vorher in den Sinnen war‹) und definierte damit die intellektuelle Reflexion als einen Prozess, der zwar in der unmittelbaren Erfahrung und gefühlten Anschauung beginnen muss, dort aber keinesfalls endet. In einem weiteren zentralen poetologischen Bild verglich er ein Gedicht mit einer Maschine, deren wichtigste Gemeinsamkeit in ihrer Funktionalität besteht: Ohne überflüssige Ornamente oder sentimentale Elemente, mit reibungslos untereinander funktionierenden Bestandteilen, seien dies nun Kolben oder Worte.

Durch seine Arbeit als praktischer Arzt und Geburtshelfer hatte er auch Einblick in die Lebenswirklichkeit sozial benachteiligter Gesellschaftsschichten. Dabei blieb seine grundsätzlich humanitäre Einstellung frei von jeglicher moralischen Wertung und lässt sich auch nicht eindeutig politisch einordnen. Sexualität, Geburt, Krankheit und Tod werden völlig unsentimental und ohne Scheu oder Prüderie als Teil des Lebens akzeptiert und dargestellt. Die Beziehung seiner Gedichte zu diesen existenziellen Extremen ist dabei nicht nur eine realistisch-abbildende, sondern oft eine suggestive, psychologisierende, die zugleich den meist gestörten Umgang der modernen Gesellschaft mit solchen Tabus thematisiert. So ist zum Beispiel »Choral: the Pink Church«, 1946 (»Die rote kirche«, 1949, R. M. Gerhardt), eine vom Surrealismus beeinflusste Vision, die die Zwänge von Institutionen anprangert. Ironischerweise wurde dieses Gedicht zur Zeit des ›red scare‹ (d.h. der Angst vor sowjetischer Infiltration) als eine Lobeshymne auf den Kommunismus missverstanden und verhinderte eine Ernennung des Autors zum dichterischen Berater der Washingtoner Kongressbibliothek.

Mit der Veröffentlichung von *Desert Music*, 1954 (Wüstenmusik), erarbeitete sich Williams ein neues Versmaß mit flexibler Betonung und mit jeweils versetzt gedruckten Dreizeilern (›triadic line‹). Die Betonung soll sich am Atem orientieren und somit eine organische Struktur reproduzieren. »The Descent«, 1954 (Der Untergang), gehört zu den herausragenden Repräsentanten dieser Form, ebenso wie das ungewöhnliche Liebesgedicht »Asphodel, That Greeny Flower«, 1955 (Asphodele, jene grüne Blume), seiner langjährigen Ehefrau Florence gewidmet. Das Gedicht handelt vom herannahenden Tod und der Frage, wie die Liebe diesem Tod trotzen kann. Der Literatur wird dabei eine große Rolle zugeschrieben, wobei gilt: »It is difficult / to get the news from poems / yet men die miserably every day / for lack / of what is found there.« (»Es ist schwierig / Neues aus Gedichten zu ziehen, / doch sterben täglich viele Menschen elendig / weil sie ermangeln / was dort gefunden wird«, 1991, J. Sartorius).

Williams letzter vollendeter Gedichtband *Pictures from Brueghel*, 1962 (Bilder nach Brueghel), den er nach mehreren Schlaganfällen verfasste, beinhaltet Texte in der Tradition der Ekphrase (der dichterischen Bildbeschreibung) und schlägt den Bogen zurück zu seinem Studienjahr in Europa, als er 1923 mehrere dieser Bilder in Wien im Original gesehen hatte. Diese letzten Gedichte sind zugleich kondensierte Reflexionen über die produktive Kraft der Dichtung, selbst angesichts des Todes, und lassen Williams am Höhepunkt seiner dichterischen Laufbahn als sowohl stilistischen wie auch thematischen Erneuerer der US-amerikanischen Lyrik erscheinen. MARGIT PETERFY

Wallace Stevens

* 2. Oktober 1879 in Reading/Pa. (USA)
† 2. August 1955 in Hartford/Conn. (USA)

1898–1901 Studium am Harvard College; beeinflusst durch den Philosophen und Dichter G. Santayana (ein bewegender Tribut ist das Gedicht »To an Old Philosopher in Rome«, 1952); kurze Journalistentätigkeit und Jurastudium in New York; 1916 Anwalt einer der größten Versicherungsgesellschaften der USA in Hartford/Connecticut, 1934 Vizepräsident der Versicherungsgesellschaft; zeitlebens an europäischer Kunst und Kultur interessiert, doch keine persönliche Kenntnis Europas; einer der bedeutendsten und einflussreichsten US-amerikanischen Dichter des 20. Jh.s.

Das lyrische Werk

Obwohl er als Lyriker erst spät hervortrat, hinterließ der Autor ein bedeutendes Œuvre und gehört zu den wichtigsten US-amerikanischen Lyrikern des 20. Jh.s, dessen Nachwirkung unvermittelt anhält. Zugleich übte seine Dichtungstheorie, niedergelegt in zahlreichen poetologischen Gedichten sowie Aufsätzen und Aphorismen – Letztere gesammelt in *The Necessary Angel*, 1951 (Der notwendige Engel), und *Opus Posthumous*, 1957 (Das nachgelassene Werk) – einen kaum zu überschätzenden Einfluss auf US-amerikanische Literaturkritiker und -theoretiker aus. Stevens' Sprache und Begrifflichkeit wurde in einer großen Zahl direkter, kaum noch als Zitat kenntlich gemachter Übernahmen zu einem wesentlichen Bestandteil des US-amerikanischen kritischen Idioms (etwa bei Harold Bloom). Damit wird – man mag das beklagen oder nicht – auch die Kenntnis der Stevens'schen Kontexte stillschweigend vorausgesetzt, obwohl sie in jedem Fall der erneuten Interpretation bedürfen.

Stevens war – trotz früher Gedichte in der Studentenzeitschrift *The Harvard Advocate* – ein Spätproduzierender, der erst 1923 mit seinem Gedichtband *Harmonium* an die Öffentlichkeit trat. Die Tatsache, dass das Buch zunächst im Schatten von T. S. Eliots 1922 erschienenem *The Waste Land* blieb, könnte darauf zurückzuführen sein, dass Stevens keiner ›Gruppe‹ oder ›Schule‹ angehörte, keinem Publikationsorgan nahe stand und auch nicht – wie Eliot mit Ezra Pound – einen energischen Förderer besaß, obwohl er seit 1914 schon einzelne Gedichte u.a. in *Poetry*, Harriet Monroes angesehener Lyrikzeitschrift, veröffentlicht hatte. Zu diesen Veröffentlichungen zählt (in einer verkürzten Fassung) sein wohl berühmtestes, seither auch international oft anthologisiertes und vielfach übersetztes Gedicht »Sunday Morning« (Sonntagmorgen). Diese brillante ›tour de force‹ erweckte den Anschein, als sei ein reifer und seiner Mittel sicherer Dichter quasi aus dem Nichts aufgetaucht. Stevens' Beruf, sein eifersüchtig verteidigtes Privatleben in einer Provinzhauptstadt und seine Weigerung, ein komfortables bürgerliches Leben für eine armselige Künstlerexistenz in »violetten Dachkammern« einzutauschen, etwa in Paris, trugen zu solcher Legendenbildung bei. »Sunday Morning« zeigt jedoch klar Stevens' genaues und tief gehendes Studium der US-amerikanischen (Ralph Waldo Emerson, Walt Whitman) und englischen poetischen Tradition (John Milton), vor allem der englischen Romantik (Samuel Taylor Coleridge, John Keats, Percy Bysshe Shelley, William Wordsworth) sowie französischer Symbolisten und Impressionisten (Stéphane Mallarmé, Paul Valéry, Jules Laforgue).

Wie Bloom äußerte, begann Stevens gedanklich dort, wo auch Keats begann, nämlich nach dem ›Tod der Götter‹ mit der entleerten Welt als Prämisse, in der das Ich und seine Schöpfungskräfte aktiv werden müssen, um neue Glaubensmöglichkeiten zu schaffen. Zugleich ist »Sunday Morning« ein Gedicht der persönlichen Krise, in dem Stevens über seine Protagonistin (die durchaus als Muse gesehen werden kann) seinen eigenen, fast vergessenen frühen poetischen Ambitionen in der Mitte seines Lebens neue Kraft einhaucht. Es geht um eine (nicht christlich verstandene) Neugeburt durch einen Akt des Willens, nämlich darum, die Welt neu – in ihrer »first idea«, ihrem »ersten Entwurf« – mit unverstelltem Blick zu sehen und den unvermeidlichen Tod sowie den unabänderlichen Wandel, den jeder vergehende Moment mit sich bringt, als »mother of beauty« (Mutter der Schönheit) zu erkennen. Damit kündigt sich programmatisch eine Lyrik an, die der Sentimentalität entsagt und die ex negativo Schönheit in ihrer Ambivalenz als durch das Vergehen bedingt feiert – eine meditative Gedankenlyrik, in der die dichterische Sprache als Instrument zur Entdeckung dessen verstanden wird, was angesichts der Leere und der Zerstörungen der Welt »genügen« kann, wie es später in dem Gedicht »Of Modern Poetry« (Von moderner Lyrik) heißt.

›Modern‹ schien den Zeitgenossen zunächst jedoch weniger Stevens' als Eliots Lyrik zu sein, die gleichfalls eine abschreckende Diagnose der Verwüstungen der Welt anbot. Den frühen Lesern entging, dass Stevens' *Harmonium* diese Diagnose teilte, ja voraussetzte, darüber hinaus aber bereits die Therapie anbot. So wurden Stevens' Texte als Äußerungen eines spätromantischen Hedonisten gesehen, dessen große Meisterschaft im Umgang mit seiner oft gesuchten, weil immer präzisen Sprache zwar gewürdigt, dessen zeitgenössische Relevanz aber nicht erkannt wurde. Ein kleines Gedicht wie »The Snow Man« (»Der Schnee-Mann«, 1987, K. Martens) zeigt sowohl seine sprachliche Virtuosität als auch sein Verfahren situationsangemessener Empathie der Imagination, bis hin zur äußersten Reduktion des Selbst angesichts der negativen Realität: »Man muss des Winters sein, / Um den Frost zu sehen und die Zweige / Der schneeverkrusteten Fichten // Und lange kalt gewesen sein, / Um die eisbeladenen Wacholder zu schauen, / Und die Fichten, hart im fernen Funkeln // Der Januarsonne; und nicht an irgendein / Elend im Laut des Windes zu denken, / Im Laut einiger Blätter, // Der der Klang des Landes ist, / Voll desselben Windes, / Der am selben kahlen Ort // Für den Lauschenden bläst, der lauscht im Schnee, / Und, selber nichts, nichts erschaut, / Das nicht da ist, und das Nichts, das ist.«

Dieses Gedicht kann als exemplarisch für zwei wichtige Aspekte der Stevens'schen Poetologie gelten: Inhaltlich steht es im Zusammenhang des Begriffs von der jahreszeitlichen Bindung der Imagination, die sich zu verschiedenen Zeiten der Realität auf andere Weise annimmt, sich also wandelt. Dieser jahreszeitliche Rhythmus hat – bei Stevens und anderen US-amerikanischen Dichtern, etwa Elizabeth Bishop – auch eine geographische Analogie: In Stevens' Gedichten ist die Spannung zwischen Nord und Süd ablesbar – und sie hat angesichts seines nördlichen Wohnorts und seiner Aufenthalte in Florida auch autobiographische Quellen. Eindrucksvolle Beispiele für diese Spannungsbeziehung bieten die Gedichte »Sea Surface Full of Clouds« (Meeresoberfläche voller Wolken), »Farewell to Florida« (Abschied von Florida) und »Arrival at the Waldorf« (Ankunft im Waldorf). Zweitens ist »The Snow Man« mit seiner Reflexion über die Funktion der winterlichen Imagination ein gutes Beispiel für Stevens' Schreiben gegen die (von John Ruskin so genannte) ›pathetic fallacy‹, den affektiven Trugschluss im Sinne einer Vermenschlichung der Natur.

Äußert sich das nicht-anthropomorphe Denken des Autors – zumindest im winterlich-reduktiven Gewand – in der Farbenpracht und Überfülle südlicher Landschaften und Themen in *Harmonium* noch vergleichsweise selten, so tritt dieser Aspekt der Imagination in den folgenden drei Gedichtbänden zunehmend hervor, die nach einer Neuauflage des ersten Bandes (1931) in kurzen Abständen erschienen. »Let be be finale of seem« (Lasst Sein sein das Finale von Schein), heißt es programmatisch in dem Gedicht »The Emperor of Ice Cream« (Der Eiskrem-Kaiser) in *Harmonium*. Diese Zeile hat doppelte Aussagekraft für Stevens' Gedichte in den Jahren nach der Weltwirtschaftskrise von 1929 und während der zunehmenden sozialen Auseinandersetzung in den USA: Zum einen sah er die dichterische Imagination als Kraft, die der zerstörerischen äußeren Realität fiktionsschaffend entgegenwirkt. Die Imagination, so heißt es in Stevens' Aufsatz »The Noble Rider and the Sound of Words«, 1942 (Der edle Reiter und der Klang der Wörter), »ist eine innere Gewalt, die uns vor einer äußeren Gewalt schützt«. Die Dichtung hat deshalb die Aufgabe, Ordnung im Sinne des gedanklich-sprachlichen Entwurfs möglichen Seins zu projizieren. Zum anderen aber muss sie sich der Realität stellen, um eine lebendige Kraft zu bleiben. Drittens hat die Imagination auch eine ›destruktive‹ Funktion, indem sie verkrustete Strukturen auflöst, ehe es zu einer Neuschöpfung kommen kann. Stevens sprach in diesem Zusammenhang (mit einem Wort Simone Weils) von ›decreation‹.

Ideas of Order, 1935 (Ordnungsvorstellungen), Stevens' zweiter Band, sondiert zusammen mit der 1937 folgenden Sammlung *The Man with the Blue Guitar* (*Der Mann mit der blauen Gitarre*, 1995, K. Graf, H. M. Enzensberger) in deutlich kühlerer, weniger farbenprächtiger, dafür abstrakterer Diktion das Geben und Nehmen von Realität und Imagination. Diese Bände arbeiten auf den Entwurf einer poetisch gesehenen Realität hin. In Schlüsselversen des aus dieser Periode stammenden Gedichts »The Idea of Order at Key West« (Die Idee der Ordnung bei Key West) ist deshalb die Rede von dichterischem Gesang in »ghostlier demarcations keener sounds« (»in geisterhaften Grenzen, dringlicheren Lauten«) – bei diesem Entwurf ging es um ein im Ansatz ebenso an Whitman wie an Mallarmé erinnerndes Projekt der Sprachauffrischung.

Die nächste Stufe dieses Entwurfs sind die Gedichte des 1942 veröffentlichten Bandes *Parts of a World* (Teile einer Welt). In »The Poems of Our Climate« (»Die Gedichte unseres Klimas«, 1987, K. Martens) etwa wird eine andere Seite des Sprachthemas aus »Key West« beleuchtet: »Das Unvollkommene ist unser Paradies. / Seht, in dieser Bitternis, die Freude, / Weil das Unvollkommene so heiß in uns ist, / In brüchigen Worten, in störrischen Lauten«. Das Verlangen nach der unvollkommenen Alltagssprache ist positiv zu sehen, da es menschlicher Unvollkommenheit entspricht, sie ausspricht. Diese Verse stellen den dialektischen Gegenpol zu den magischen Sommerlauten von »Key West« dar. Inzwischen war der Zweite Weltkrieg ausgebrochen, doch Stevens wurde trotz der proklamierten Nähe zur rauen Realität kein Vertreter einer ›littérature engagée‹. Zwar fühlte er sich aufgerufen, die kämpferische Imagination in der Personifizierung als ›Held‹ der Zeit anzupassen, doch schlug dieser Versuch in ein eher peinliches Pathos um, so in dem Gedicht »Examination of the Hero in a Time of War« (Prüfung des Helden in einer Zeit des Krieges). Wie schon einmal zuvor – anlässlich des 1936 erschienenen und in dieser Form nicht wieder aufgelegten Bandes *Owl's Clover* (Weisheitskraut) – trugen ihm solche Konzessionen an den Zeitgeist herbe Kritik ein. Stevens ist in diesem Zusammenhang mit Gottfried Benn vergleichbar, der darauf bestand, »Autonomien« zu schreiben, allein der dichterischen »schweifenden Freiheit am Bande der Notwendigkeit« zu folgen, die bei Stevens gleichfalls ausschließlich geistiger Natur war.

Einer derartig ›amerikaseitigen‹ Notwendigkeit (›necessity‹) – Stevens griff hier auf einen zentralen Begriff von Emerson zurück – entsprang der große Entwurf einer poetisch-sprachlichen Utopie in dem langen Gedicht *Notes Toward a Supreme Fiction*, 1942 (Anmerkungen zu einer höchsten Fiktion). Dieses Langgedicht ist seine eigentliche poetische Reaktion auf die Weltkriegssituation, denn es erschien bereits 1942 als Einzelveröffentlichung, bevor es Teil der 1947 veröffentlichten Sammlung *Transport to Summer* (Aufbruch zum Sommer) wurde. Hier entwickelte Stevens Annäherungen an ein (nie zu vollendendes) Projekt der poetischen Gestaltung einer »Welt« (›mundo‹) der Imagination, deren Konstituenten – so auch die Titel der drei Teile des Gedichts – Gedanklichkeit (»It Must Be Abstract«), Wandel (»It Must Change«) und ästhetischer Genuss (»It Must Give Pleasure«) bereits durch Einzelgedichte in früheren Sammlungen vorbereitet worden waren. Das Konzept dieses übergreifenden poetischen Weltentwurfs ist schon in dem vom Verleger verworfenen ersten Titel von *Harmonium* enthalten: »The Grand Poem: Preliminary Minutiae« (Das große Gedicht: Erste Kleinigkeiten). Stevens entwickelte sein Konzept in diesem nichtepischen Langgedicht meditativ, in langer, parataktisch strukturierter Gedanklichkeit weiter. Die einander entgegengesetzten Reflexionen über die Art wirkungsvoller zeitgenössischer Dichtungssprache, begonnen in »Key West« und »The Poems of Our Climate«, fanden in *Notes* eine Lösung in der Forderung, dass es darum gehe, »das Latein der Imagination mit der lingua franca et jocundissima«, der allgemeinverständlichen, äußerst angenehmen Sprache, zu vermischen. Die dichterische Sprache, die als »besondere Sprache die eigenartige Potenzialität des Ganzen« aussprechen kann, ist nach Stevens selbst ein Kompositum. Diese Einsicht wurde – neben dem Postulat des permanenten Wandels – späterhin fruchtbar in eklektischen Sprachverschmelzungen etwa der langen Gedichte von John Ashbery.

Wenn *Notes* und »Credences of Summer« (Glaubenssätze im Sommer) – auch dieses ein Gedicht der Erfüllung eines utopischen Gegenentwurfs als Gegenstand des Glaubens – Produkte der sommerlichen Imagination in *Transport to Summer* sind, so bringen die beiden letzten Bände des Autors erneut seine der ›necessity‹ verhaftete, winterliche Imagination zum Ausdruck. Hervorzuheben ist das Titelgedicht des Bandes *The Auroras of Autumn*, 1950 (Die Nordlichter im Herbst), vielleicht das gelungenste Gedicht des alten Stevens. Hier ist – wie auch in »An Ordinary Evening in New Haven« (Ein gewöhnlicher Abend in New Haven), dem zweiten großen Langgedicht des Bandes – in äußerster Kargheit, ja Trockenheit der Sprache thematisch eine Bestandsaufnahme des Erreichten, ein Prüfen und Wägen bisheriger gedanklicher Positionen zu finden. Mit schonungsloser Selbstkritik wird dem Wunschdenken und den Illusionen vergangener Entwürfe in diesem bewegenden Abschiedsgedicht der Spiegel vorgehalten. In geradezu polarer Einsamkeit und ›clairvoyance‹ bestätigt der alte Dichter dennoch mit großer Tapferkeit angesichts des eigenen bevorstehenden Endes das Vertrauen in die Machbarkeit der ›supreme fiction‹, gemäß seinem früheren Diktum, dass es lebensnotwendig sei, an eine Fiktion zu glauben und dennoch zu wissen, dass sie nicht wahr sei. Die folgenden Gedichte in der Sammlung *The Rock* (Der Fels), die 1954 zuerst in den (1955 mit dem Pulitzerpreis ausgezeichneten) *Collected Poems* (Gesammelte Gedichte) erschienen und die diesen Band beschließen, entwickeln die neu gewonnene Kargheit unter Einschluss einer beispiellosen Nähe des Dichters zu seinen Personae, als ob es ihm darum gegangen wäre, die ursprünglich als vierten Teil der *Notes* geplante Abteilung »It Must be Human« (Es muss menschlich sein) nachzutragen, denn zweifellos ist sie nichts, die ›mundo‹ der Imagination, die ›supreme fiction‹, »bis sie in einem einzelnen Menschen enthalten ist«. Insofern gilt für Stevens selbst, wie er einmal schrieb, dass »Dichtung Leben ist«.

»Das Gedicht ist der Schrei seines Anlasses, / Teil der Sache selbst, es handelt nicht darüber« – diese Verse aus Canto XII von »New Haven« sind die Botschaft von der Möglichkeit einer Unvermitteltheit des Gedichts. Als Äußerung seines Anlasses drückt es – wie der Schrei eines Neugeborenen – Leben als einen Moment aus, der in fortgesetztem Wechsel weiterlebt und zugleich, um weiterzuleben, des Verlöschens vergangener Momente bedarf. Die »Worte der (und von) der Welt sind das Leben der Welt«, fährt das Gedicht fort. Die Alltagssprache, das meditative Umkreisen eines Gegenstandes, die Aufhebung einer Perspektive durch eine andere, das Zurücktreten der Dichter-Persona hinter die Sprache – dies sind Elemente der Stevens'schen Lyrik, ohne die die zeitgenössische US-amerikanische Dichtung nicht denkbar ist, so dass der Hinweis auf einen Einfluss Stevens' auf diesen oder jenen Dichter geradezu eine kritische Plattitüde geworden ist. Stevens' Projekt der dichterischen Wissensermittlung in und mit der Sprache wurde ein notwendiger Teil der zeitgenössischen dichterischen Projekte zur Freischreibung aus der in der Informationsgesellschaft vorherrschenden Kakophonie der Sprache »über etwas«, der die Sache selbst zu entgleiten droht. KLAUS MARTENS

Jean Toomer
* 26. Dezember 1894 in Washington/D.C. (USA)
† 30. März 1967 in Bucks County/Pa. (USA)

Erfolgloses Universitätsstudium in Wisconsin und New York, danach freier Schriftsteller; bedeutender Erneuerer der afroamerikanischen Literatur im Zuge der ›Harlem Renaissance‹.

Zuckerrohr / Cane
Die 1923 erschienene Sammlung von Kurzgeschichten, lyrischen Einschüben und dialogischer Prosa ist nicht nur eines der ersten Werke der ›Harlem Renaissance‹ – zuvor war lediglich Claude McKays Gedichtband *Harlem Shadows*, 1922 (Schatten über Harlem), erschienen –, sondern zugleich ihr experimentellstes Produkt, die erste literarästhetische Verarbeitung der schwarzen Volkskultur des US-Südens durch einen afroamerikanischen Autor. Der Einfluss, den *Cane* in den 1920er Jahren insbesondere auf schwarze Lyriker wie Countee Cullen (1903–1946) oder James Mercer Langston Hughes (1902–1967), aber auch auf weiße Schriftsteller wie Sherwood Anderson, z. B. in *Dark Laughter*, 1925 (*Dunkles Lachen*, 1963), ausübte, war beträchtlich. *Cane* ist seinerseits Andersons *Winesburg, Ohio*, 1919 (*Winesburg, Ohio*, 1958), zumindest in dem Sinne verpflichtet, dass die experimentelle, mosaikartige Kompositionsweise ohne diesen Kurzgeschichtenzyklus als Vorläufer wohl kaum denkbar gewesen wäre.

Trotz des Aufsehens, das *Cane* während der ›Harlem-Renaissance‹ unter Intellektuellen und Literaten erregte, geriet das Werk ab den 1930er Jahren in Vergessenheit. Die Politisierung der Literatur in der ›Red Decade‹ und das spätere mystische Außenseitertum des Autors standen der Rezeption einer primär ästhetischen Sichtweise sozialer Probleme entgegen. Zu Toomers Lebzeiten wurde *Cane* nur einmal (1951) nachgedruckt. Erst im Zuge der ›Black Power‹-Bewegung und des wachsenden akademischen Interesses an afroamerikanischer Kultur wurde das Werk seit Ende der 1960er wieder als jene avantgardistische Leistung anerkannt, die es als frühes Meisterwerk der afroamerikanischen Literatur darstellt.

Das Werk gliedert sich in drei Teile und umfasst insgesamt 14 Kurzgeschichten, elf Gedichte und vier Folksongs. Die Gedichte und Songs verbinden die Geschichten untereinander und leiten sie thematisch ein, indem sie z. B. Arbeit, Liebe, Träume, die Schönheit der Natur, die Zerstörung der natürlichen Harmonie durch den Menschen oder die Unfähigkeit des Menschen, Körper, Seele und Geist in Einklang zu bringen, in den Vordergrund rücken.

Der erste Abschnitt spielt im ländlichen Georgia und schildert die Schicksale von Frauen, deren Gefühle und Verhalten im Gegensatz zu den Normen und Erwartungen der Gesellschaft stehen (»Karintha«, »Becky«, »Carma«, »Fern«, »Esther«). Der zweite Abschnitt, der mit einer lyrischen Beschreibung der Hauptstraße von Washingtons Schwarzenviertel beginnt, stellt den Identitätsverlust ins Zentrum, den die Afroamerikaner nach der Migrationswelle in die Industriezentren in den Gettos des Nordens erlitten (»Rhobert«, »Avey«, »Theater«, »Jesus kommt«, »Logenplatz«, »Bona und Paul«). Der dritte Abschnitt besteht nur aus der langen Kurzgeschichte »Kabnis«, in die der Autor Stilelemente des Dramas eingearbeitet hat. Mit dieser Erzählung kehrt Toomer in den amerikanischen Süden zurück und beschreibt am Beispiel des gebildeten Ralph Kabnis das Gefühl der Entfremdung vom Leben in den Südstaaten, das Afroamerikaner nach ihrer Rückkehr aus dem Norden erleben. Die kulturelle Desorientierung führt zur Desintegration der Persönlichkeit: Kabnis wird alkoholabhängig.

Toomer geht es nicht um eine Idealisierung oder Ästhetisierung der Lebensbedingungen von Schwarzen im ländlichen Süden der USA. Die Präsentation einer afroamerikanischen Variante des ›edlen Wilden‹ liegt nicht in seiner Absicht. Vom Primitivismuskult der 1920er Jahre ist das Werk denkbar weit entfernt: Es bietet keine exotische Welt schwarzer Primitiver, die trotz ihres Elends glücklich sind. Die Frauen- und Männergestalten der Kurzgeschichten vermitteln vielmehr starke Zweifel am Glamour des von F. Scott Fitzgerald so apostrophierten ›Jazz Age‹. Es sind Frauen, die früh desillusioniert wurden (»Karintha«), von den moralischen Zwängen der bürgerlichen Gesellschaft verkrüppelt wurden, wie die Lehrerin Muriel in »Logenplatz«, oder neurotisiert sind von der Unterdrückung ihrer sexuellen Wünsche. Auch die Männer sind traumatisiert, zerstört von Bigotterie (»Becky«, »Blut-Brenner-Mond«) und Materialismus (»Rhobert«), unfähig, ihre Träume zu leben (»Theater«, »Logenplatz«, »Avey«). Vor ihrer Angst flüchten sie in Sex und Alkohol (»Kabnis«). In diesen Gestalten vermittelt sich eine außenseiterische Kulturkritik an den ›Golden Twenties‹.

Auch stilistisch gehört Toomer zur künstlerischen Avantgarde seiner Generation. Seine impressionistische Prosa und seine bilderreiche Lyrik verweisen auf den Einfluss des Imagismus. Wie den Imagisten geht es ihm um harte, klare Bilder des Alltags, die eine jähe Einsicht in das Wesen der Welt ermöglichen sollen. Insbesondere die Gedichte, von denen einige surrealistische Tendenzen aufweisen, sind übervoll von Sinneseindrücken, Naturmetaphern und Anspielungen auf Afrika.

Biblische Bezüge sind nicht zu übersehen. Bereits die Namen der Frauen- und Männergestalten sind meist der Bibel entlehnt. Da das Wort ›cane‹ nicht nur ›Zuckerrohr‹, sondern auch ›Stock, Prügel‹ bedeutet und darüber hinaus homonym ist mit ›Cain‹ (Kain), weckt es in der Originalsprache weit stärkere Assoziationen als in der deutschen Übersetzung. Toomer nutzt dies auf eigenwillige Weise und macht das Wort zur leitmotivisch wiederkehrenden, zentralen Metapher des Werkes. Wie Abels Bruder Kain sind die Afroamerikaner für ihn von Geburt an gezeichnet, in der Welt der Weißen mit einem Kainsmal versehen, vergeblich auf der Flucht vor der ›weißen‹ Kultur und der eigenen Stigmatisierung. Die erzählerische Fragmentierung von Cane reflektiert diese Zersplitterung schwarzer Existenz, die dem Kreislauf von Gewalt und Unterdrückung nicht entrinnen kann. Die Struktur der Komposition von Cane (Süden – Norden – Süden) verdeutlicht dies ebenso wie das Schicksal von Toomers Protagonisten. Was ihnen bleibt, ist die nicht auszulöschende Hoffnung auf Erlösung, die jedoch eher dem Beckett'schen ›Warten auf Godot‹ gleicht.

In der afroamerikanischen Literatur blieb Cane eine singuläre Erscheinung. 1924 wandte sich der zeitlebens unstete Toomer von afroamerikanischen Themen ab, wurde Anhänger des Mystikers Georges Gurdjieff (1877–1949) und später Quäker. Er negierte seine ethnische Herkunft und vertrat die Auffassung, dass Amerika eine neue Rasse hervorgebracht habe, in der die alten Identitäten eingeschmolzen seien. Zwar schrieb er weiterhin Kurzgeschichten, Romane, Dramen und Gedichte, doch diese Werke ähnelten eher weltanschaulichen Traktaten. Mit Ausnahme der Aphorismensammlung Essentials, 1931 (Unabdingbarkeiten), und des Gedichts »Blue Meridian«, 1936 (Blauer Meridian), fand er nach Cane für seine Werke keinen Verleger mehr. PETER HAMMANS

F. Scott Fitzgerald
* 24. September 1896 in St. Paul/Minn. (USA)
† 21. Dezember 1940 in Hollywood/Calif. (USA)

(d.i. Francis Scott Fitzgerald) – 1913–1917 Studium an der Princeton University; ohne Abschluss freiwillig zur Armee; 1920 literarischer und finanzieller Durchbruch mit This Side of Paradise; Anerkennung als ›Stimme einer neuen Generation‹ und herausragender Chronist des von ihm so benannten ›Jazz Age‹; Kontakt zu G. Stein, E. Hemingway; Karrieretief während der Weltwirtschaftskrise; Scheitern des Versuchs, sich als Drehbuchautor in Hollywood zu etablieren; Alkoholismus; sein literarisches Werk zählt zu den Klassikern der Moderne; auch das Spätwerk und letzte Erzählfragmente werden hoch geschätzt.

Weitere Werke: *Diesseits vom Paradies* (This Side of Paradise, 1920), *Die Schönen und Verdammten* (The Beautiful and Damned, 1922), *Wiedersehen mit Babylon* (Babylon Revisited, 1931), *Zärtlich ist die Nacht* (Tender Ist the Night, 1934), *Der letzte Taikun* (The Love of the Last Tycoon. A Western, 1993).

Der große Gatsby / The Great Gatsby

Der 1925 erschienene dritte Roman des Autors, der zu den Klassikern der US-amerikanischen Literatur zählt, stand im Lauf der Jahre wiederholt im Rampenlicht. Mehrfach wurde er zum internationalen Bestseller, doch lenkte der Medienrummel, etwa im Umfeld der dritten Verfilmung im Jahre 1974 (mit Robert Redford und Mia Farrow in den Hauptrollen), die Aufmerksamkeit des Publikums häufig in die falsche Richtung. Fitzgerald war zwar der Chronist der ›goldenen zwanziger Jahre‹, doch im Gegensatz zu seinen beiden ersten Romanen *This Side of Paradise*, 1920 (*Diesseits vom Paradies*, 1988) und *The Beautiful and Damned*, 1922 (*Die Schönen und die Verdammten*, 1998), die zur Gesellschaftsreportage tendieren und von den zeitgenössischen Lesern auch so rezipiert wurden, wird in *The Great Gatsby* auf knappem Raum und in symbolischer Verdichtung eine exemplarische Geschichte erzählt, die zum festen Bestandteil der amerikanischen Imagination geworden ist.

Die Glamourwelt der Reichen bildet den Hintergrund für die Tragödie eines irregeleiteten Romantikers; das Schicksal weniger Figuren repräsentiert zugleich den Zeitgeist und das Scheitern der Suche nach materiellem Glück und Erfolg. Der 27-jährige Autor hatte den Roman 1924 in Frankreich in kurzer Zeit niedergeschrieben und erhoffte sich eine Wiederholung des finanziellen Erfolgs von *This Side of Paradise*. Stattdessen blieben die Verkaufszahlen mager, doch Kritiker und Schriftsteller, unter ihnen Edith Wharton, T.S. Eliot, Gertrude Stein und Ernest Hemingway, überhäuften den Roman mit höchstem Lob.

Die Hauptfiguren des Buches kommen aus dem Süden, dem Mittelwesten und dem Westen der USA, doch die Handlung spielt in New York und auf Long Island, in den Villenvororten der Reichen. James Gatz aus Dakota, dessen Herkunft und Wege zum Reichtum zum Teil im Dunkeln bleiben, erkennt eines Tages als junger Mann intuitiv, dass gesellschaftlicher Aufstieg auch eine Frage des Images ist. Aus dem mittellosen James Gatz wird der dynamische Jay Gatsby, der den Erfolgreichen bereits spielt, als der Erfolg noch in weiter Ferne ist. Dass er dabei im richtigen Augenblick einen Millionär trifft, der ihn als Privatsekretär engagiert, mit ihm um die Welt segelt und ihm Manieren beibringt, erinnert an die Erfolgsstorys Horatio Algers. Als junger Offizier begegnet Gatsby in Louisville/Kentucky Daisy Fay, einer Tochter aus reichem Hause, und verliebt sich in sie. Durch den Kriegseinsatz 1917 von ihr getrennt (zum Heiraten fehlt ihm noch das Geld), verliert er Daisy an den reichen, unsensiblen »Sporthelden« Tom Buchanan aus Chicago, der nun – die Ereignisse des Romans spielen im Sommer 1922 – mit Daisy und der dreijährigen Tochter in East Egg auf Long Island wohnt. Am anderen Ende der Bucht, in West Egg, hat sich Gatsby ein märchenhaftes Anwesen erworben, in dem er nach Art des Neureichen Trimalchio – aus Petronius' *Satyricon*, ca. 60 n. Chr. (*Satyricon*, 2004) – ständig rauschende Partys feiert (ein Arbeitstitel des Romans lautete »Trimalchio in West Egg«). Nachts steht er allein am Ufer und blickt zu der grünen Laterne hinüber, die das Anwesen der Buchanans markiert und die ihm die Hoffnung symbolisiert, er könne die letzten fünf Jahre rückgängig machen und nun, da er selbst reich ist, Daisy zurückgewinnen.

Die zweite Zentralgestalt neben Gatsby ist der Erzähler Nick Carraway, der die Ereignisse nach der Heimkehr aus New York in den mittleren Westen 1924 aufzeichnet. Der 30-jährige Yale-Absolvent, Buchanans Studienkamerad und Daisys Cousin, kommt 1922 als angehender Börsenmakler nach New York und wird Gatsbys Nachbar in West Egg. Der mysteriöse, dandyhafte und demonstrativ reiche Gatsby fasziniert ihn von Anfang an. Im Laufe des Romans erfährt er immer mehr Einzelheiten aus Gatsbys Leben. Durch die analytische Struktur des Romans haben die Leser an diesem Erkenntnisfortschritt teil. Da Nick der Faszination

Gatsbys nicht in gleicher Weise erliegt wie dieser dem Zauber Daisys (genauer: des Bildes, das er sich von Daisy gemacht hat) und weil Nick sich mit Werturteilen meist zurückhält, ist er der ideale, wiewohl stellenweise unzuverlässige Erzähler dieses Romans und dessen zentrale ambivalente Mittlerfigur (ähnlich Joseph Conrads Erzählerfigur Marlow, mit dem Nick strukturelle Gemeinsamkeiten aufweist).

Auf Gatsbys Bitten hin arrangiert Nick ein Treffen mit Daisy, und die beiden verlieben sich erneut. Tom Buchanan, der selbst seit langem eine sexuelle Beziehung mit der unkultivierten, aber vitalen Myrtle Wilson, der Frau eines Tankwarts, hat, gesteht Daisy jedoch die Freiheit, die er für sich in Anspruch nimmt, nicht zu. Nach einem Streit zwischen Tom, Daisy und Gatsby anlässlich eines Ausflugs in die Stadt kommt es zu tragischen Komplikationen. In ihrer Erregung überfährt Daisy auf dem Rückweg nach West Egg unwissentlich vor der Tankstelle ihre Nebenbuhlerin Myrtle Wilson und begeht Unfallflucht. Myrtle war ihrerseits auf der Flucht vor ihrem Mann, der ihrem Doppelleben auf die Spur gekommen war. Aus dem Haus stürzend, war sie Daisy vor das Auto gelaufen. Der mit Nick folgende Tom entdeckt die tote Myrtle und lenkt (da der Tankwart Wilson noch nicht weiß, dass Tom der Geliebte seiner Frau war) den Verdacht skrupellos und geschickt auf Gatsby, um sich des Nebenbuhlers zu entledigen. Daisy weicht der Entscheidung zwischen Tom und Gatsby feige aus. Nick sieht das Verhängnis kommen, kann Gatsby aber nicht mehr rechtzeitig warnen. Wilson erschießt Gatsby in dessen Garten und begeht Selbstmord.

Nach der Katastrophe verlassen Tom und Daisy, die sich arrangiert haben, West Egg zu einer Ferienreise, und Nick fallen die ›Aufräumarbeiten‹ bei Gatsby zu. Während sich auf Gatsbys Partys Hunderte von Gästen tummelten, bleibt der tote Gatsby allein. Nur der eigens aus Dakota angereiste Vater und zwei versprengte Trauergäste finden sich neben Nick zur Beerdigung ein. Nick, nach diesen Erlebnissen von der Ostküstengesellschaft enttäuscht und zu der Erkenntnis gekommen, dass Leute wie die Buchanans »gedankenlos zerschlugen, was ihnen unter die Finger kam, totes und lebendiges Inventar, und [...] es dann anderen überließen, den Aufwasch zu besorgen«, verlässt New York, denn für das Leben im Osten ist er so untauglich wie Gatsby, der legendäre Alkoholschmuggler und Spekulant aus dem Westen, der seine platonische Vision von der idealen Liebe mit einer Metaphysik wirtschaftlichen Erfolges verband und dabei scheiterte. Gatsby personifiziert in dieser

Hinsicht auch eines von Fitzgeralds Lieblingsthemen, die Suche nach der ›zweiten Chance‹.

Der Erfolgsmythos und die Ost-West-Süd-Gegensätze geben dem Romangeschehen eine spezifisch amerikanische kulturhistorische Dimension. Die Frage nach dem besten und schnellsten Weg zu Reichtum und Erfolg war bereits ein Thema beim frühen Benjamin Franklin, und so ist es kein Zufall, dass Gatsbys Vater im Schlusskapitel, im naiven Glauben, der Sohn habe sich den Reichtum hart erarbeitet, Nick eine Seite aus dem Tagebuch des jungen James Gatz zeigt, die Franklins Tagebuch imitiert.

Horatio Algers Erfolgsgeschichten stehen bei Gatsbys Aufstieg »from rags to riches« (aus Lumpen zum Millionär) ebenso Pate wie populäre Westernerzählungen und die Biographien dubioser Spekulanten aus den 1920er Jahren. Auch der aus Henry James' und Edith Whartons Gesellschaftsromanen bekannte Gegensatz zwischen Pastoralismus und optimistischer Naivität (Westen) einerseits und korrumpierter wie korrumpierender Zivilisation (Ostküste bzw. Europa) andererseits ist in der Struktur von *The Great Gatsby* verankert. Leitmotivisch wird diese Opposition auch in der Landschaftssymbolik deutlich: Auf halben Weg zwischen West Egg und Manhattan liegt das »waste land« des »Tals der Aschen«, wo Wilson mit seiner Frau unter einer gigantischen, verfallenen Augenarzt-Reklametafel wohnt (die überdimensionalen Augen erscheinen ihm als das Auge Gottes). Dieser Szenerie, die sich u.a. auf T.S. Eliots *The Waste Land*, 1922 (*Das wüste Land*, 1957), beruft, steht die trügerische Idylle Long Islands gegenüber. Im berühmten Schlusstableau des Romans hat Nick am Abend vor der Abreise eine Vision von der noch unberührten Natur Long Islands im Moment der Besiedlung durch die Niederländer. Nick weiß, dass das paradiesische Ideal Amerikas der historischen Entwicklung ebenso wenig standhielt wie Gatsbys ›Grals-Suche‹ der Realität. Dennoch fühlt er sich zu dem Moment der Entdeckung neuer Möglichkeiten hingezogen, den er in der Besiedlung Amerikas und in Gatsbys tragischer Lebensgeschichte findet: dem Moment, wie er sagt, an dem die Menschheit vielleicht zum letzten Mal in ihrer Geschichte etwas erblickte, das ihrer Fähigkeit zum Staunen gerecht wurde.

HENNING THIES

James Mercer Langston Hughes
* 1. Februar 1902 in Joplin/Mo. (USA)
† 22. Mai 1967 in New York/N.Y. (USA)

Lyriker, Erzähler, Dramatiker, Herausgeber; 1923–1924 Reisen nach Afrika und Europa; 1932–1933 Arbeit als Übersetzer und Journalist in Russland; einer der wichtigsten Vertreter der ›Harlem Renaissance‹; 1937 Berichterstatter im Spanischen Bürgerkrieg; 1942–1965 Kolumnist für *The Chicago Defender*, später *The New York Post*; 1960er Jahre ›Black Arts Movement‹.

Weitere Werke: Nicht ohne Lachen (*Not Without Laughter*, 1930), *Ich werfe meine Netze aus* (*The Big Sea*, 1940), *Lachen, um nicht zu weinen* (*Laughing to Keep from Crying*, 1952), *Trommeln zur Seligkeit* (*Tambourines to Glory*, 1958).

Das lyrische Werk

Am Anfang der 1940 erschienenen Autobiographie *The Big Sea* (*Ich werfe meine Netze aus*, 1963) verweist Langston Hughes auf ein für seine gesamte spätere Entwicklung entscheidendes Erlebnis. Wohl kaum eine andere Geste charakterisiert die künstlerisch eigenwillige und gänzlich unintellektuelle Persönlichkeit dieses Autors besser als die des 21-Jährigen, der, nachdem er New York und der Columbia Universität den Rücken gekehrt hat, auf einem Frachter mit Kurs auf Afrika anheuert und sich in einer symbolischen Befreiungshandlung – er wirft seine sämtlichen Schul- und Universitätsbücher weit hinaus in den Atlantik – vom Einfluss des an sozialem und wirtschaftlichem Erfolg orientierten Vaters lossagt. Trotz dieser scheinbar antiliterarischen Haltung wurde Hughes zu einem der einflussreichsten und produktivsten Autoren der afroamerikanischen Literatur des 20. Jh.s. Sein umfangreiches Werk umfasst neben zahlreichen Gedichtbänden u. a. zwei Romane, Kurzprosa, neun Dramen (darunter das äußerst erfolgreiche *Mulatto*, 1935), verschiedene Einakter, Musicals und Opernlibretti, die zweibändige Autobiographie sowie Übersetzungen von Werken Jacques Roumains, Nicolás Guilléns und Federico García Lorcas. Aber auch als Herausgeber mehrerer Anthologien, darunter das bis heute beachtete *The Book of Negro Folklore* (1958), machte sich der Autor einen Namen.

Anders als bei der jüngeren Gwendolyn Brooks, deren Mentor er zeitweise war und auf deren dichterische Entwicklung er großen Einfluss ausübte, kam es in seiner Dichtung weder inhaltlich noch stilistisch zu entscheidenden Brüchen. Hughes besaß, wie es der Kritiker Arthur

P. Davis einmal beschrieb, ein großes Talent für einen einfachen und prägnanten Stil. Obwohl er gelegentlich auch traditionelle metrische Formen verwendete, entsprach der freie, überwiegend ungereimte Vers seiner spontanen, situationsabhängigen Arbeitsweise am besten. Seine Vorbilder hierfür waren nach eigenem Bekunden neben Walt Whitman vor allem Carl Sandburg, Vachel Lindsay und Edgar Lee Masters. Weitaus prägender als die zeitgenössische Avantgarde war jedoch seine lebenslange Verbundenheit mit der Sprache und Kultur Afroamerikas. Hughes hat sich nicht nur konsequent einem symbolisch verrätselten, an der einflussreichen Schule des ›New Criticism‹ orientierten Stil verweigert, er trat auch nachdrücklich für eine Dichtung ein, die sich an den Belangen und der Sprechweise der schwarzen Arbeiterklasse orientierte. Besonders die Form und das Lebensgefühl des Blues, zentrales Element schwarzer städtischer Kultur, bestimmen immer wieder seine Gedichte.

Wie er im Vorwort zu seinem zweiten Gedichtband, *Fine Clothes to the Jew*, 1927 (Feine Kleider für den Juden), anmerkt, sind insgesamt 17 Gedichte des Bandes nach Art des afroamerikanischen Blues komponiert. Damit ist auch die metrische Struktur dieser Verse weitgehend vorgegeben. Wie im Blues wird die thematisch wichtigste erste Zeile der dreizeiligen Strophe zunächst wiederholt, wobei die folgende dritte Zeile wiederum mit den beiden ersten über einen Endreim verbunden ist. In seinem späteren Werk weitete Hughes das starre Modell des Blues aus und lehnte sich formal an die freiere, synkopische Struktur zeitgenössischer Jazzmusik an, insbesondere an die des ›Cool Jazz‹ und ›Be-Bop‹. Erste Anzeichen dieser Entwicklung finden sich schon in *Montage of a Dream Deferred*, 1951 (Titelgedicht: »Was wird mit dem vertagten Traum?«, 2002, E. Hesse, Hg. N. Elrod). Zwischen dem einleitenden »Dream Boogie« und der letzten Strophe des Bandes, die den anfänglichen Refrain (»a dream deferred«) wieder aufnimmt, wird in immer neuen Variationen des Leitmotivs vom ›uneingelösten Traum‹ ein eindrucksvolles Bild der oft verzweifelten, aber unverzagten Menschen Harlems gezeichnet, deren Lebensphilosophie – »laughing to keep from crying« (lachen, um nicht weinen zu müssen) – mit viel Gespür für das tragikomische Element afroamerikanischer Kultur eingefangen ist. In *Ask Your Mama. 12 Moods for Jazz*, 1961 (Frag deine Mama. 12 Stimmungen für Jazzmusik), versah Hughes jedes Gedicht zusätzlich mit ausführlichen Anleitungen zur musikalischen Begleitung, weshalb ihn einige Kritiker auch für den Vater der ›Poetry-to-Jazz‹-Bewegung halten.

Hinsichtlich ihrer Thematik lässt sich Hughes' Lyrik grob in die folgende Kategorien unterteilen: Gedichte über Harlem; Gedichte, die sich mit den afrikanischen Wurzeln der amerikanischen Schwarzen auseinandersetzen; Protestgedichte mit einer sozialkritischen Perspektive; ›Blues Poetry‹. Diese Themen sind mit unterschiedlichem Akzent in allen seinen Veröffentlichungen gemeinsam vertreten, sieht man einmal von den Bänden *Fine Clothes to a Jew*, *Montage of a Dream Deferred* und *Ask Your Mama* ab, die sich vorrangig auf Harlem bzw. den Blues konzentrieren.

Wie auch in seiner Autobiographie deutlich wird, war Hughes' Sichtweise trotz der engen Bindung an afroamerikanische Kultur eher humanistisch-universell als ethno-politisch. So konnte er sich weder zu einer generellen Verurteilung der schwarzen Mittelklasse und ihrer Integrationsbestrebungen – vgl. »Low to High« (Von Unten nach Oben) und »High to Low« (Von Oben nach Unten) – noch zur vorbehaltlosen Anklage der gesellschaftlich dominanten weißen Bevölkerung durchringen. Sein Standpunkt war durch eine Parteinahme für die Unterdrückten gekennzeichnet, aber auch durch ein hohes Maß an Fairness und Einsicht in die Abgründe menschlicher Existenz. In dem frühen Gedicht »Cross« wird sogar Verständnis und die Bereitschaft zum Verzeihen der ›Urschuld‹ des weißen Amerikas, der Sklaverei und der damit einhergehenden rassischen Vermischung, angedeutet. Aus dieser Haltung erklärt sich auch Hughes' Geistesverwandtschaft mit dem großen Lyriker der US-amerikanischen Demokratie, Walt Whitman. Hughes, der trotz seiner Sympathien für die Sowjetunion nie ein radikaler Kommunist war, glaubte an die Grundsätze der amerikanischen Verfassung, die es für ein freiheitliches Zusammenleben von Schwarzen und Weißen in der Zukunft einzulösen gelte. So evoziert das beinahe unauffällige »but not too long ago« der letzten Strophe von »Freedom's Plow«, 1943 (»Der Freiheit Pflugscharren«, 2002, N. Elrod), unverkennbar die Vision eines besseren, gerechteren Amerika, wie sie auch in Martin Luther Kings berühmter Rede *I Have a Dream*, 1963 (*Ich habe einen Traum*), zum Ausdruck kommt. Unter den Gedichten, die sich mit Afrika und den spirituellen Bindungen des Afroamerikaners an das ›Mutterland‹ auseinandersetzen, findet sich das berühmte »The Negro Speaks of Rivers«, 1921 (Der Schwarze spricht von Strömen), das in der ersten Gedichtsammlung, *The Weary Blues*, 1926 (Der müde Blues), erschienen ist. Hier wird in Analogie zur mythischen, Zeiten überdauernden Geduld und Weisheit der geschichtsträchtigen

Ströme Nil, Kongo und Mississippi das gemeinsam erfahrene Leid und die menschliche Größe aller Schwarzen beschworen.

Das Konzept einer teilweise vagen, spirituellen ›négritude‹, wie es in vielen dieser Gedichte spürbar wird – z. B. in »Sun Song«, »Danse Africaine« und »Negro« (»Das Lied der Sonne«, »Afrikanischer Tanz«, »Neger«, 2002, N. Elrod) – wurde von Kritikern gelegentlich als ›Ethno-Romantik‹ abgetan. Doch in Anbetracht der Tatsache, dass der schwarzen Minderheit in den USA lange Zeit die Teilhabe an der amerikanischen Nationalgeschichte verweigert wurde, erscheint eine Rückbesinnung auf die eigenen Ursprünge, die in den 1920er Jahren nicht zuletzt durch die schillernde Figur Marcus Garveys und seiner afrozentrischen ›Back-to-Africa‹-Bewegung angeregt wurde, durchaus verständlich.

Erwähnenswert ist auch *One-Way Ticket*, 1949 (Reise ohne Rückfahrschein), der Gedichtzyklus um Alberta K. Johnson, das weibliche Gegenstück zu Hughes' populärer Erzählfigur Jesse B. Simple. Ebenso wie in den meist kürzeren, pointierten Geschichten des schwarzen Alltagshelden Simple gelang es Hughes hier, aus der Perspektive einer durchschnittlichen Bewohnerin Harlems nicht nur die widrigen Lebensumstände des Gettos, sondern auch den Witz, die Schläue und den Mut zum Widerstand der schwarzen Bevölkerung in einfachen, gereimten Versen festzuhalten. Bis hin zu seinem letzten Gedichtband *The Panther & the Lash*, 1967 (Der Panther & die Peitsche), bewahrte sich Hughes einen oft beißend-selbstironischen Sinn für die Stärken und Schwächen der Afroamerikaner ebenso wie den schlichten, aber nur bei oberflächlicher Betrachtung ›simplen‹ Versstil. Sein Motto war, so ein gleichnamiges Gedicht aus *Montage of a Dream Deferred*: »I play it cool / And dig all jive. / That's the reason / I stay alive. / My motto. / As I live and learn, / is: / Dig And Be Dug / In Return.« (»Ich bleibe cool und liebe jeden Swing. / Das ist der Grund / Warum ich am Leben bleibe. / Mein Motto. / Während ich lebe und lerne, / ist: / Lieben und geliebt werden.«) Der große Einfluss, den Hughes auf so unterschiedliche Autorinnen und Autoren wie Margaret Walker, Gwendolyn Brooks, Ted Joans, Alice Walker und Mari Evans ausübte, zeugt dabei von der herausragenden Rolle, die ihm innerhalb der afroamerikanischen Lyrik des 20. Jh.s zukommt. KLAUS BENESCH

William Faulkner
* 25. September 1897 in New Albany/Miss. (USA)
† 6. Juli 1962 in Oxford/Miss. (USA)

1918 Kadett in der Royal Air Force; 1919 Student an der Universität von Mississippi; Freundschaft mit Sherwood Anderson; 1926–1950 zurückgezogenes Leben in Oxford/Mississippi, unterbrochen durch Tätigkeit als Drehbuchautor in Hollywood; 1949 Nobelpreis; 1957/58 ›Writer in Residence‹ an der Universität von Virginia; einer der innovativsten Hauptvertreter des US-amerikanischen Modernismus, Chronist und bedeutendster Erzähler der amerikanischen Südstaaten (häufiger Schauplatz ist das fiktive Yoknapatawpha County); wiederkehrende Themen sind der Rassenkonflikt, das Leiden an der Geschichte, eine belastete Sexualität sowie die kulturelle Identität des amerikanischen Südens.

Weitere Werke: *Sartoris* (Sartoris, 1929), *Als ich im Sterben lag* (As I Lay Dying, 1930), *Licht im August* (Light in August, 1935), *Griff in den Staub* (Intruder in the Dust, 1948), *Requiem für eine Nonne* (Requiem for a Nun, 1951), *Snopes Trilogie* (The Snopes Trilogy, 1940–1959).

Schall und Wahn / The Sound and the Fury

Der 1929 erschienene Roman steht im Zentrum von Faulkners Erzählwerk und ist einer der großen Texte der amerikanischen Moderne. Am Beispiel einer Familie – der Compsons aus Jefferson, Mississippi – stellt Faulkner den Zerfall der traditionsgebundenen Welt des alten Südens dar. In jedem der vier Teile des Romans setzt er eine andere begrenzte Erzählperspektive ein, die das Thema des Buches jeweils nur partiell beleuchtet. Den Anstoß zu diesem multiperspektivischen Experiment gab der Einfall, die Kinder der Familie ein für sie unverständliches Ereignis beobachten zu lassen: die Einsargung ihrer Großmutter, deren Tod man vor ihnen geheim gehalten hat. Jedes der Kinder nimmt dieses Ereignis anders wahr und reflektiert es später auf unterschiedliche Weise in seiner Erzählung.

Das Buch umfasst Geschehnisse aus drei Jahrzehnten, vom Tod der Großmutter (»Damuddy«) Compson im Jahr 1898 über Candaces (»Caddys«) erste Affäre im April 1909 – bald von andern Liebschaften und im Juli 1910 von einer Ehe gefolgt, die nach der Geburt der außerehelichen Tochter Quentin aufgelöst wird –, den Selbstmord des Bruders – ebenfalls mit Namen Quentin – in Harvard (Juni 1910) und den Tod des Vaters

(1913) bis zur Flucht der jungen Quentin, die mit einem Zirkusarbeiter durchbrennt und von ihrem Onkel Jason, dessen gesamte Ersparnisse sie mitgenommen hat, vergeblich verfolgt wird (Ostern 1928). Die ersten drei Teile des Buches sind jeweils auf einen einzigen Tag fixiert und an das Bewusstsein eines der drei Brüder Compson gebunden, im letzten Teil führt Faulkner einen auktorialen Erzähler ein; der Fokus liegt hierbei auf der Perspektive der schwarzen Hausangestellten Dilsey. Ein wesentliches Moment in Faulkners Konzeption war es, die Schlüsselfigur Caddy stets nur im Spiegel eines anderen Bewusstseins zu zeigen.

Mit der Perspektive des geistesgestörten jüngsten Bruders Benjamin (»Benjy«) hat Faulkner ein ›unschuldiges‹, chaotisches Bewusstsein an den Anfang gestellt. »Twilight« (Zwielicht) lautete der Arbeitstitel des Romans, dann jedoch griff Faulkner auf ein beziehungsreiches Zitat aus William Shakespeares *Macbeth*, 1611 (*Macbeth*, 1762–1766), zurück: »[...] it is a tale / Told by an idiot, full of sound and fury, / Signifying nothing« (»eine Geschichte, von einem Idioten erzählt, voller Schall und Wut, ohne Bedeutung«). Für Benjy existieren nur sinnliche Wahrnehmungen, die sein Bewusstsein willkürlich assoziiert. Am Ostersamstag 1928, seinem 33. Geburtstag, sind ihm alle Eindrücke seines Lebens gegenwärtig, überlagern und durchdringen einander, formen sich, von äußeren Impulsen ausgelöst, zu kleinen dramatischen Einheiten. (Den Wechsel der Zeitebenen in diesem synchronen Bewusstseinsstrom hat Faulkner durch Kursivdruck signalisiert.) Ganz auf seinen Instinkt angewiesen, wird Benjy zum Gradmesser der Liebesfähigkeit und Menschlichkeit der andern. Nicht die hypochondrische, dem verlorenen gesellschaftlichen Status der Compsons nachtrauernde Mutter in ihrem kampfergeschwängerten, verdunkelten Zimmer, sondern die Schwester, Caddy, wird durch Benjy als das Gefühlszentrum der Familie ausgewiesen. Instinktiv erfühlt Benjy auch die Geduld und Mütterlichkeit der schwarzen Haushälterin Dilsey, die versucht, die Familie zusammenzuhalten. Dieser Teil, der, Benjys Geisteszustand entsprechend, nur Splitter des eigentlichen Geschehens enthält und dessen Sprache konkret, konzis und lyrisch verdichtet bleibt, fordert dem Leser ab, sich schrittweise aus einem kausalitätsfernen Chaos an die Zusammenhänge heranzutasten.

Stellt der Benjy-Teil eine hochoriginelle Abwandlung von James Joyce' ›stream of consciousness‹-Technik dar, so lehnt sich der folgende Quentin-Teil eng an diese an. Quentin, der Erstgeborene, ist durch Vater und Schwester zweifach an die Familie gefesselt und zweifach im Kampf mit ihr. Dem idealistischen Romantiker Quentin, der nach verlässlichen Leitwerten sucht, hat der Vater – resigniert, ziellos, dem Alkohol verfallen – nichts zu bieten als bittere Erfahrung und die kalte, oft zynische Logik des Gescheiterten. So klammert sich Quentin immer verbissener an seine eigene Vorstellung von Familienehre und steigert sich zunehmend in die Rolle des Wächters über die Unberührtheit der Schwester hinein. Aber gerade Caddy, Symbol der ihm fehlenden Lebenskraft, trägt entscheidend zu seiner Entfremdung von der Realität und seiner geistigen Erstarrung bei. Gegen die erotische Anziehungskraft der Schwester hat Quentin ein Tabu errichtet; ihre Sexualität (die sie voll auslebt, um so gegen das Gefängnis der Familie zu rebellieren) verstärkt letztlich seinen Lebensekel. Doch während er Caddys Liebhaber hasst, begeht er in Gedanken Inzest, um die ewige Verdammnis mit ihr zu teilen, und in allen weiblichen Wesen, die ihm begegnen, erblickt er die Schwester. Am letzten Tag seines Lebens, während eines Ausflugs in die Umgebung von Harvard am Charles River, wird sein ständig reflektierendes, rückwärtsgewandtes Bewusstsein zum Zerrspiegel der Gegenwart. Bedroht von seinem großen Feind, der unaufhaltsamen Zeit (vgl. die Uhr- und Flusssymbole), und unfähig, aus den Schatten der Vergangenheit herauszutreten (vgl. das rekurrente Motivpaar Schatten vs. Sonne), sucht er im Wasser, das ihm seit einem Kindheitserlebnis ein Symbol für Caddy ist, Erlösung durch den Tod.

Jason Compsons innerer Monolog, der den dritten Teil des Romans bildet, ist die Selbstentlarvung eines materialistischen, ressentimentgeladenen Charakters, wie sie ähnlich von Sinclair Lewis in *Babbitt*, 1922 (dtsch. 1925), versucht wurde. Nach Quentins literarischer, fast preziöser Diktion bringt Jasons idiomatisch harte und oft sarkastische Ausdrucksweise einen neuen, realistischen Ton in den Roman. Wie die Snopes-Sippe in *The Hamlet*, 1940 (*Das Dorf*, 1957), ein Repräsentant des neuen, kommerziellen Südens, folgt der von Kind an geschäftstüchtige Jason als kleiner Ladenangestellter seinem Erwerbstrieb. Selbst impotent, hat er Benjy kastrieren lassen und hasst Caddy und die junge Quentin wegen ihrer sexuellen Großzügigkeit, aber auch, weil er durch Caddys Scheidung um den Bankjob gebracht wurde, den ihm ihr Ehemann versprochen hatte. Er benutzt seine Nichte Quentin als Pfand, um die Schwester zu erpressen, und behält das Pflegegeld, das diese monatlich überweist. Caddys Tochter aber wiederholt deren Rebellion. Sie schlägt Jason mit seinen eigenen Waffen, als sie sich gewaltsam nicht nur das veruntreute Geld, sondern auch seine persönlichen Ersparnisse aneignet.

Im vierten Teil werden die Compsons, ihr Haus und ihr schwarzes Personal zum ersten Mal direkt beschrieben. Im Mittelpunkt steht der österliche Kirchgang Dilseys, die von Benjy und ihren eigenen Kindern begleitet wird. Ähnlich wie Lena Grove in *Light in August*, 1932 (*Licht im August*, 1935), steht Dilsey für überdauernde ethische Normen und ein geduldiges Ertragen des Schicksals – eine stereotypverdächtige Festlegung der dominanten schwarzen Figur des Romans auf subalterne Passivität. (In einigen schwarzen Nebenfiguren schließt der Text eher verhaltene widerständige Akzente ein.) Eine Hoffnung im Sinn der österlichen Auferstehung ist eventuell im gelungenen Ausbruch der jungen Quentin zu sehen, die aus den Trümmern einer aristokratischen Familientradition ihre ungebrochene Vitalität rettet. In einem 1946 erschienenen »Anhang« klärte Faulkner im Rahmen einer Genealogie der Compsons einige Zusammenhänge auf und umriss die Rolle dieser Familie innerhalb des gesellschaftlichen Gefüges seines fiktiven Yoknapatawpha County.

Das in seiner Gesamtstruktur so originelle wie komplizierte Werk sollte nicht nur als ›tour de force‹ aus experimentellen, die Lesererwartung durchbrechenden Erzähltechniken verstanden werden, sondern als dichterische Bemühung um totale Durchdringung und Erfassung einer sozialen Welt und damit auch als erkenntnistheoretischer Versuch. Thematisch dramatisiert die Bewusstseinsstrom-Technik einen über private Schicksale drastisch greifbaren Prozess: den unaufhaltsamen Verfall einer Gesellschaft, in der »die Gegenwart nicht mehr eine mögliche Projektion in die Zukunft, sondern nur noch Bedrückung durch die Macht der Vergangenheit bedeutet« (Jean-Paul Sartre). Zusammen mit dem Roman *Absalom, Absalom!*, 1936 (dtsch. 1938), in dem der Student Quentin Compson die Ursprünge und Existenzberechtigung seiner Welt ergründen will, gehört *The Sound and the Fury* zu Faulkners gelungensten Darstellungen des amerikanischen Südens und zu den gewagtesten Herausforderungen der modernen Erzählliteratur für Leser und Kritiker.

KLAUS ENSSLEN

Absalom, Absalom! / Absalom, Absalom!

Schauplatz des 1936 erschienenen Romans, der zu Faulkners umfangreichsten, komplexesten und bedeutendsten Werken gehört, ist seine fiktive Landschaft Yoknapatawpha County im Staat Mississippi. Insgesamt umfasst der Roman, der als parabelhafte Darstellung der Geschichte des amerikanischen Südens gelesen werden kann, den Zeitraum von 1807 bis 1910. Es geht um den Aufstieg und Fall des Außenseiters Thomas Sutpen (1807–1869) und um die Rekonstruktion dieses Geschehens durch mehrere Erzähler in den Monaten von September 1909 bis Januar 1910.

Sutpen erscheint 1833 mit dem Plan, eine aristokratische Dynastie zu gründen, mit einem französischen Architekten und einer Wagenladung schwarzer Sklaven in Jefferson, der Kreisstadt von Yoknapatawpha, wo er 100 Quadratmeilen Land ankauft, ein Herrenhaus (»Sutpen's Hundred«) errichtet und – inmitten einer Umgebung, die ihm misstraut und ihn insgeheim fürchtet – durch Einheirat in die geachtete Familie der Coldfields gesellschaftliche Anerkennung findet. Aus seiner Ehe mit Ellen Coldfield gehen die Tochter Judith und der Sohn Henry hervor. Dieser wird unwissentlich zum Initiator unheilvoller Verstrickungen, als er 1860 Charles Bon, einen Studienfreund, nach Hause einlädt. Als Bon und Judith sich ineinander verlieben, klärt der alte Sutpen Henry darüber auf, dass Bon seiner ersten Ehe mit einer Plantagenerbin aus Haiti entstammt, die er verließ, obwohl er ihr sein Vermögen verdankte.

Bevor es zu einer entscheidenden Aussprache kommt, bricht der Bürgerkrieg aus. Henry und Bon ziehen gemeinsam in den Kampf. Nach der Niederlage der Südstaaten kehren Sutpens Söhne – und einige Monate später auch er selbst – zurück, doch bevor Bon sich Judith erneut nähern kann, erschießt Henry den Halbbruder. Nicht die Gefahr des Inzests, sondern die ihm vermutlich kurz vor der Rückkehr bekannt gewordene Tatsache, dass in Bons Adern »Negerblut« fließt, veranlassten ihn zu dieser Tat. Nach dem Mord ist der Verfall unaufhaltsam: Henry verschwindet, und der alte Sutpen, der sich plötzlich ohne männlichen Nachkommen sieht, verführt die Enkelin des Gelegenheitsfarmers Wash Jones, den er, als dem »weißen Pack« zugehörig, noch tiefer verachtet als die Schwarzen. Als das Mädchen keinen Sohn, sondern eine Tochter gebiert, verstößt er sie und wird daraufhin von Jones getötet. Nach dem Tod des heimlich zurückgekehrten Henry, der alt und krank 1909 im Sutpen-Herrenhaus verbrennt, ist von der ganzen Sippe nur noch der debile Jim Bond, ein Mulatte und illegitimer Nachkomme Charles Bons, übrig.

Diese Geschichte vom Aufstieg und Fall der Familie Sutpen muss der Leser sich allerdings aus verschiedenen Bruchstücken mühsam erschließen. Es geht dabei vor allem um die Frage: Warum tötete Henry Sutpen Charles Bon? Den größten Teil der Ereignisse teilt der junge Quentin

Compson mit, dessen Großvater ein Freund Sutpens war und der selbst Augenzeuge des letzten Abschnitts der Tragödie wurde. Quentin, ebenfalls vom Südstaatenerbe belastet – er ist eine Hauptfigur in Faulkners *The Sound and the Fury*, 1929 (*Schall und Wahn*, 1956) –, rekonstruiert als Harvard-Student in nächtlichen Gesprächen mit Shreve, einem kanadischen Kommilitonen, aus bruchstückhaften Berichten seines eigenen Vaters und Rosa Coldfields, der Schwester von Sutpens zweiter Frau, sowie aus Briefen die Geschichte der Familie. Vieles bleibt dabei Vermutung.

Rosa Coldfield, die Erzählerin der Kapitel 1 und 5 (sie stellte dem jungen Quentin im September 1909 in Jefferson ihre Version und den von ihr erlebten Ausschnitt des Geschehens dar), neigt zu Hysterie und dazu, Sutpen zu dämonisieren. Sutpen, der ihr nach dem Ende des Bürgerkriegs einen – entrüstet abgelehnten – Antrag machte, um einen männlichen Erben zu zeugen, ist für sie die Verkörperung des Fluchs, der auf der ganzen Region lastet. Quentins Vater bringt in den Kapiteln 2 bis 4 Ordnung in einige Teile von Rosas wirrer Erzählung. Quentin selbst ringt dann im Januar 1910 (in den Kapiteln 6 bis 9) seinerseits mit Rekonstruktion und Deutung des Geschehens (Shreve ist der Erzähler von Kapitel 8). Dabei wird Sutpens Lebensplan (»design«) deutlich: sein Wunsch, zum Plantagenherrn aufzusteigen und auf diese Weise soziale Kränkungen aus seiner Jugendzeit in Virginia zu kompensieren. Es zeigt sich aber auch, dass die Rassenproblematik bei allem Unglück den Ausschlag gab. Wie ein Schauerroman schließt das Werk mit der Erinnerung an den Brand des Herrenhauses.

Wie andere große Romane Faulkners rechtfertigt auch *Absalom, Absalom!* die Forderung des Autors nach einer persönlichen Anstrengung des Lesers, denn die Komplexität der Darbietung ist vor allem erkenntnistheoretisch fundiert: Faulkner weigerte sich, den allwissenden Romancier zu spielen, sondern bezog den mehrfach gebrochenen Erkenntnisprozess seiner Figuren in die Struktur des Romans ein. So wird eine eindimensional-allegorische Darstellung der Geschichte der Südstaaten vermieden. Für Faulkner war das Schicksal des amerikanischen Südens von den Beziehungen zwischen Schwarzen und Weißen geprägt, von dem Schuldkomplex der Weißen, eine Lebensform auf der würdelosen Grundlage der Sklaverei aufgebaut zu haben, von der unvermeidlichen Niederlage im Bürgerkrieg und von der Unfähigkeit, diese Niederlage zu verwinden. Eine Atmosphäre des unabwendbaren Untergangs, der Verdammnis, prägt die Handlung und Quentins Bewusstsein. Sutpen selbst, eine Figur von fast mythischen Ausmaßen, ist hingegen kein typischer Südstaatler; er ist besessen von einem bösen Stolz, einem Drang nach Macht und Selbstbestätigung jenseits von moralischen Bedenken, die für diesen in einer eigentümlichen Art von ›Unschuld‹ lebenden Mann tatsächlich nicht existieren.

Der Titel des Romans, der auf König David und seine Söhne anspielt (vgl. 2. Samuel 18–19), unterstreicht das Inzest-Motiv und gibt auch Sutpens Söhnen mythische Statur. *Absalom, Absalom!* wurde so zum symbolträchtigsten Roman der großen Yoknapatawpha-Chronik – jenes Lebenswerks, mit dem sich sein Schöpfer einen Platz unter den großen Romanciers der Weltliteratur sicherte.

JERÔME VON GEBSATTEL / HENNING THIES

Nella Larsen
* 13. April 1891 in Chicago/Ill. (USA)
† 30. März 1964 in New York/N. Y. (USA)

1909–1912 Studienaufenthalt in Dänemark; ab 1912 in New York; ab 1921 Bibliothekarin in der New York Public Library; zentrale Rolle in der Kulturbewegung der Harlem Renaissance; in den 1930er Jahren nach unbegründeten Plagiat-Vorwürfen Abkehr von der Literatur; ab 1944 Krankenschwester.

Seitenwechsel / Passing
Das vieldeutige Wort ›passing‹ aus dem Titel des 1929 erschienenen Romans hat im kulturhistorischen Kontext der USA eine sehr spezielle Bedeutung: Larsen spielt gezielt auf das ›passing for white‹ – das Sich-für-weiß-ausgeben – an. Die ›color line‹ zwischen schwarz und weiß, von W. E. B. Du Bois zum größten Problem des 20. Jh.s erklärt, ist der zentrale Dreh- und Angelpunkt der Handlung des Romans.

Die Protagonistin Clare Kendry hat sich für den heiklen Weg des ›passing‹ entschieden. Der Leser verfolgt die Ereignisse allerdings aus der Sicht ihrer ebenfalls sehr hellhäutigen Jugendfreundin Irene Redfield, die sich selbstbewusst zur schwarzen Kultur bekennt. Der Roman teilt sich in zwei Abschnitte. Schauplatz ist zunächst Chicago (wo Irene zum ersten Mal seit der gemeinsamen Schulzeit wieder auf Clare trifft) und später New York. Clare entstammt ähnlich wie die Protagonistin in Larsens einzigem anderen Roman *Quicksand*, 1928 (Treibsand), einer gemischten Ehe. Sie ist verheiratet mit dem weißen John Bellew, der nicht ahnt, dass sie sich die weiße Identität selbst erschaffen hat. So gerät er im ersten Teil ahnungslos in eine Teestunde der beiden Freundinnen und ergeht sich unwissend in rassistischen Tiraden. Tief verletzt von dieser Begegnung, bricht Irene zunächst den Kontakt wieder ab.

Der zweite Teil des Romans spielt zwei Jahre später und zeigt Irene noch wirkungsvoller als Gegenpol zu Clare. Sie lebt nun in Harlem und unterstützt zusammen mit ihrem Mann Brian, einem angesehenen schwarzen Arzt, aktiv die politische Bewegung des ›racial uplift‹, in der die afroamerikanische Mittelklasse für mehr Macht und Möglichkeiten kämpfte. Obwohl Clare die Zugehörigkeit zur gut situierten weißen Gesellschaft New Yorks genießt, vermisst sie doch die – stereotype – Ausgelassenheit der schwarzen städtischen Kultur. Durch die wiederbelebte

Freundschaft mit Irene bekommt sie Zugang zu Veranstaltungen der weltoffenen und ethnisch gemischten Gesellschaft Harlems. Den tragischen Ausgang des Romans leiten zwei Wendungen der Handlung ein. Zunächst findet Irene heraus, dass ihr Mann Brian sie mit Clare betrogen hat. Fast zeitgleich durchschaut John Bellew Clares ›passing‹. Bei einer Feier in Harlem stellt er sie schließlich zur Rede. Die Erzählung wird hier bruchstückhaft, so dass offen bleibt, ob Clare sich aus Verzweiflung selbst aus dem Fenster stürzt oder ob Irene sie absichtlich hinausstößt: »What happened next, Irene Redfield never afterwards allowed herself to remember.« (»Irene Redfield erlaubte sich später niemals, an das zu denken, was als nächstes geschah.«)

Das programmatische Ziel der auch als ›New Negro Movement‹ (Alain Locke) bezeichneten Bewegung der Harlem Renaissance, in der Larsen eine zentrale Rolle spielte, war eine Umdeutung des unterwürfigen, sich seiner eigenen Minderwertigkeit bewussten ›Old Negro‹ (manifest in der Figur des ›Onkel Tom‹) zu einem offensiven, positiven ethnischen Selbstverständnis. Solche Bemühungen waren allerdings noch auf die finanzielle Förderung durch weiße Gönner – wie dem Fotografen und Autor Carl van Vechten, der auch Larsen zur Seite stand – angewiesen und wendeten sich an ein hauptsächlich weißes, gebildetes Publikum. In der Kritik wurde daher Larsens simplifizierende Gegenüberstellung der schwarzen Spontaneität und Lebensfreude und der weißen Disziplin und Langeweile oftmals hinterfragt. Afroamerikanische Autoren der Nachkriegszeit, darunter Ralph Ellison und James Baldwin, lehnten solche Gegenüberstellungen als rückwärtsgewandten Primitivismus ab. Neuere Studien diskutieren Larsen hingegen vor allem wegen ihrer gleichzeitigen Behandlung der Themen ›Rasse‹ und ›Geschlecht‹. ALEXANDER STARRE

Eugene O'Neill
* 16. Oktober 1888 in New York/N.Y. (USA)
† 27. November 1953 in Boston/Mass. (USA)

Schauspielersohn; unstete Kindheit und Jugend voller familiärer Konflikte; Student, Gelegenheitsarbeiter, Goldsucher, Matrose, Reporter, Schauspieler, Bühnenautor; nach Suizidversuch 1912 Sanatoriumsaufenthalt wegen Tuberkulose; ab 1916 beim Avantgardetheater ›Provincetown Players‹ in Greenwich Village, dort Zusammenarbeit u.a. mit S. Glaspell; Drogenabhängigkeit seiner Mutter und des jüngeren Sohnes, Freitod des ältesten Sohnes, lange Krankheit; über drei Jahrzehnte hinweg innovative Bühnenexperimente auf der Grundlage realistischer, naturalistischer und expressionistischer Dramen gilt als Mitbegründer des modernen US-amerikanischen Dramas; 1936 Nobelpreis.

Weitere Werke: *Kaiser Jones* (The Emperor Jones, 1920), *Alle Kinder Gottes haben Flügel* (All God's Chillun Got Wings, 1924), *Gier unter Ulmen* (Desire Under Elmes, 1924), *Der Eismann kommt* (The Iceman Cometh, 1940), *Eines langen Tages Reise in die Nacht* (Long Day's Journey into Night, 1956).

Trauer muß Elektra tragen / Mourning Becomes Electra. A Trilogy

Mit dem 1931 erschienenen Stück erreichte der Autor den Höhepunkt seiner produktiven ersten Schaffensperiode. In einem Werktagebuch notierte er im Frühjahr 1926 seine Überlegungen zu einem modernen Drama mit einer alten Sagenhandlung der griechischen Tragödie als Hauptthema und fragte sich, ob es möglich sei, in einem solchen Schauspiel eine moderne psychologische Entsprechung zur griechischen Schicksalsauffassung zu schaffen, die ein aufgeklärtes Publikum, das weder an Götter noch übernatürliche Vergeltung glaubt, akzeptieren könne und von der es sich ergreifen ließe. Im November 1928 entschied er sich für den Elektra-Stoff und transponierte schließlich – mit gelegentlichen Rückgriffen auf Sophokles und Euripides – die Archetypen der *Orestie* des Aischylos in eine Handlung, die im April 1865 am Ende des amerikanischen Bürgerkriegs einsetzt und in der Umgebung einer kleinen Hafenstadt Neuenglands spielt. Aufgrund der puritanischen Überzeugung, der Mensch sei zur Sünde und Buße geboren, erschien dieser neuenglische Hintergrund O'Neill als der dramatisch bestmögliche für die griechische Handlung von Frevel und Vergeltung.

Zu Beginn des ersten Teils der Trilogie, »Homecoming« (»Heimkehr«), werden Ezra Mannon (Agamemnon), angesehener Reeder, Brigadegeneral der Nordstaatenarmee, und sein Sohn Orin (Orest) von Christine Mannon (Klytämnestra) und ihrer Tochter Lavinia (Elektra) vom Kriegsschauplatz im Süden zurückerwartet. Handlungsort ist, mit Ausnahme einer im Bostoner Hafen spielenden Szene im zweiten Teil, der weiträumige Wohnsitz der Familie – eine im Kolonialstil erbaute weiße Holzsäulenveranda, die wie eine griechische Tempelfassade anmutet. Ezra Mannons Vater hatte diesen Wohnsitz einst als Haus des Hasses anstelle jenes Gebäudes errichten lassen, in dem er seiner Leidenschaft für eine Frankokanadierin nachgab, die in seinen Diensten stand und die ihn dann aus Liebe zu seinem Bruder verließ.

Die 23-jährige Lavinia, nonnenhaft, harsch und reizlos, entdeckt, dass ihre Mutter den ungeliebten Ehemann mit Kapitän Adam Brant betrügt, dem Sohn jener Kanadierin und des von der Familie um sein Erbteil gebrachten und in den Tod getriebenen Onkels Ezra Mannons. Dem männlichen Charme Brants (Ägisths), der Ezra sehr ähnlich sieht, kann sich auch Lavinia nicht entziehen. Sie hat bisher nur einen Menschen, ihren Vater, geliebt und die Familie erwartet von ihr eine Heirat mit dem jungen Peter Niles (Pylades), dessen Schwester Hazel wiederum Orin liebt und sehnsüchtig auf seine Rückkehr wartet. Als Lavinia, außer sich vor Hass und Eifersucht, der Mutter ins Gesicht sagt, dass sie von ihrem Ehebruch weiß, beschließt diese, ihren Mann umzubringen. Der herzkranke Ezra, über dessen Ankunft allein die Tochter glücklich ist, erleidet am Morgen nach seiner Heimkehr, als ihn Christine unbarmherzig mit der Wahrheit konfrontiert, einen Anfall. Die ›Medizin‹, die seine Frau ihm verabreicht, ist das Gift, das Brant auf ihr Drängen besorgt hat. Die ins Zimmer tretende Lavinia durchschaut, durch die letzten Worte des Vaters misstrauisch geworden, die Zusammenhänge.

Der zweite Teil der Trilogie, »The Hunted« (»Die Gehetzten«), beginnt mit Orins Rückkehr. Bevor er erneut dem Einfluss der Mutter erliegt, die ihn, wie Ezra Mannon es nannte, stets in ein Baby zurückverwandeln wollte, stachelt Lavinia ihn zur Rache auf, indem sie ihm Christines Schuld beweist und ihn auf den Liebhaber der Mutter eifersüchtig macht. Als Adam Brant, gequält von dem Zwiespalt zwischen seiner Liebe zu Christine und der Abscheu vor der gemeinsamen Tat, auf seinem Segler abermals mit der von Furcht und Entsetzen gejagten Frau zusammentrifft, wird er von Orin erschossen. Den Geschwistern gelingt es, die

Öffentlichkeit an einen Überfall unbekannter Räuber glauben zu lassen. In die Enge getrieben, begeht Christine in Ezras Arbeitszimmer Selbstmord. Um ihren von Zweifeln und Schuldgefühlen gepeinigten Bruder auf andere Gedanken zu bringen, überredet Lavinia ihn zu einer langen Auslandsreise.

Zu Beginn des dritten Teils der Trilogie, »The Haunted« (»Die Heimgesuchten«), kehren Lavinia und Orin nach einjähriger Abwesenheit aus der Südsee zurück. Während Orin dort (im Bann von Herman Melvilles *Typee*, 1846) vergebens Vergessen gesucht hat, ist Lavinia zum Ebenbild ihrer schönen Mutter aufgeblüht: Trauer steht Elektra gut (so eine der möglichen Übersetzungen des Originaltitels). Sie ist nun bereit, mit ihrem Verlobten Peter ein neues Leben zu beginnen. Doch die Schicksalskette fesselt auch sie. Orin stellt sich zwischen die Schwester und Peter; Lavinia wiederum hält den von Furien gehetzten Bruder von einem Geständnis seiner Tat ab, indem sie das kaum verhüllte Versprechen gibt, mit ihm im Inzest zu leben. Aber Orin erträgt es nicht länger, unter dem Fluch seiner Bluttat und der Herrschaft der Schwester zu leben. Dem Wahnsinn nahe, sieht er in Lavinia nur noch die Mutter und bittet sie um Vergebung. Danach erschießt er sich im Arbeitszimmer des Vaters. Lavinia wirft sich am Tag von Orins Begräbnis Peter an den Hals, doch ihr eigener selbstvergessener Aufschrei »Take me, Adam!« (»Nimm mich, Adam!«) lässt sie blitzartig erkennen, dass die Toten wieder um sie sind und dass es kein Entrinnen gibt. Sie stößt Peter zurück und verurteilt sich dazu, hinter den vernagelten Fensterläden des öden Hauses verbittert weiterzuleben. »It takes the Mannons to punish themselves for being born« (»Nur die Mannons können sich dafür bestrafen, dass sie geboren wurden«): Es geziemt Elektra, Trauer zu tragen (so eine weitere Übersetzungsmöglichkeit des amerikanischen Titels).

O'Neills Absicht, den antiken Stoff auf gänzlich realistische, unmythische Weise in eine moderne Tragödie umzuformen, entsprechen der geradlinige Handlungsverlauf und die ausschließlich von der Aktion bestimmten und von jeder Archaisierung freien Dialoge. Der Verzicht auf die ursprünglich eingeplanten psychologisierenden Monologe und auf das ›Beiseitesprechen‹ – zwei dramatische Mittel, die O'Neill später in *Strange Interlude*, 1928 (*Intermezzo*, 1993), zur Anwendung brachte – erforderte umfangreiche szenische Kommentare, die viel von O'Neills dichterischer Imagination vermitteln, bei der Aufführung allerdings nur bedingt wirksam werden können. Allein einige neugierige und skandallüsterne Ortsbewohner kommentieren, in Analogie zum griechischen Chor, das Geschehen.

Die innere Motivation des Geschehens vollzieht sich nach psychoanalytischen ›Gesetzmäßigkeiten‹ (Elektrakomplex, Ödipuskomplex). Szenisch wird der Generationenfluch durch zwanghaft-symbolische Handlungswiederholungen unterstrichen (z. B. die Szenen in Ezra Mannons Arbeitszimmer). Bei O'Neill ›waltet‹ das Schicksal nicht, sondern entwickelt sich aus der Persönlichkeit der Figuren selbst. Indem sie ihren Trieben folgen oder sie zu unterdrücken versuchen, diktieren sie sich ihre eigene Schuld und ihre eigene Strafe. Aber der Fluch wirkt über den Tod hinaus, er trennt die Mannons von der übrigen Welt, löst sie aus jedem sozialen Zusammenhang und macht eine immanente Entsühnung unmöglich. Die Vereinzelung dieser Familie war von Anfang an eine wesentliche Komponente in der Anlage der Dramentrilogie; O'Neill stellt hier das schicksalhafte Gefangensein des Menschen in seinen eigenen Leidenschaften noch hoffnungsloser dar als Henrik Ibsen, dessen *Gengangere*, 1882 (*Gespenster*, 1886), dieses Stück stark beeinflusste.

Dass es O'Neill gelang, einen antiken Mythos in die Wirklichkeit einer krisenhaften Periode der amerikanischen Geschichte im 19. Jh. zu transponieren und mit der im 20. Jh. selbstverständlich werdenden Einwirkung des Unbewussten auf das Handeln des Menschen neu zu beleben, ist eine der großen Leistungen der modernen Dramatik überhaupt. ROLF GEISLER / HARALD KITTEL

Zora Neale Hurston

* 7. Januar 1891 in Notasulga/Ala. (USA)
† 28. Januar 1960 in Fort Pierce/Fla. (USA)

Erzählerin; Autobiographin; Dramatikerin; 1927–1932 Studienreisen durch die Südstaaten und anthropologische Feldstudien; umstrittene Vertreterin der ›Harlem Renaissance‹; 1935 Folkloresammlung; Veröffentlichungen kürzerer Magazin- und Zeitschriftenartikel; literarisches Interesse an der mündlichen Erzähltradition in der afroamerikanischen Kultur; Vorläuferin der späteren ›call-and-response aesthetics‹.

Und ihre Augen schauten Gott / Their Eyes Were Watching God

Vor diesem 1937 erschienenen Roman hatte die Autorin bereits in zwei früheren Büchern ihr Interesse an schwarzer Folklore bekundet: in dem 1935 erschienenen *Mules and Men* (Von Mulis und Männern), einer Sammlung mündlich tradierter Geschichten, Volkslieder, Spruchweisheiten, Naturheilverfahren, Zauberformeln und Voodoo-Rituale, die nach zweijähriger Feldforschung in Florida unter der Leitung von Franz Boas, dem damals führenden amerikanischen Anthropologen, entstand, sowie in dem Roman *Jonah's Gourd Vine*, 1934 (Jonahs Kürbis), einer stark autobiographisch gefärbten ›folk romance‹, die ebenfalls im schwarzen ländlichen Milieu des Südens angesiedelt ist. Der relative Erfolg dieses fiktionalen Erstlingswerks, der die Veröffentlichung von *Mules and Men* erst ermöglichte, steht im Zusammenhang mit der erhöhten Aufmerksamkeit, die den verschiedenen Formen afroamerikanischer Kultur ab Anfang der 1920er Jahre, während der sogenannten ›Harlem Renaissance‹, zuteil wurde.

Janie, die Protagonistin von *Their Eyes Were Watching God*, wird von ihrer Großmutter Nanny, bei der sie aufgewachsen ist, dabei ertappt, wie sie über den Zaun einen fremden Jungen küsst. Nanny, deren Erwartungen für die Enkelin noch ganz von den Erfahrungen der Sklaverei geprägt sind, drängt sie daraufhin, Logan Killicks zu heiraten. Killicks, der 60 Morgen Land, ein eigenes Haus und einen Maulesel besitzt, ist zwar kein ›Traummann‹, verspricht aber materielle Sicherheit. Trotz anfänglichen heftigen Widerstands willigt Janie schließlich ein. Sie erkennt jedoch bald, dass sich ihre anfängliche Hoffnung, Killicks nach der Heirat doch noch emotional näher zu kommen, als trügerisch erweist. Als sie wenig später auf Joe Starks, einen attraktiven und ambitionierten jungen Schwarzen trifft, entschließt sie sich deshalb kurzerhand, Killicks zu verlassen. Doch auch als »Misses Starks« kann sie ihre vagen Vorstellungen von Liebe und Partnerschaft nicht verwirklichen. Starks, der in der neu gegründeten schwarzen Gemeinde Eatonville in Florida – Hurstons Geburtsort – durch unternehmerischen Elan schnell zum Bürgermeister und allseits geachteten wie auch gefürchteten Geschäftsmann avanciert, hat seine eigenen Vorstellungen von der Rolle der ›ersten‹ Frau im Ort. Janie begreift, dass seine Absicht, aus ihr »uh big woman« zu machen, für sie den Ausschluss aus Eatonvilles weitgehend durch mündliche Kommunikation geprägtem Gesellschaftsleben bedeutet. Die Veranda ihres gemeinsamen Krämerladens, wo Wettbewerbe im Geschichtenerzählen ausgetragen werden, ist für die Frau des Bürgermeisters tabu. Janie leistet nun zunehmend Widerstand. Trotzig und voller Selbstbewusstsein widerspricht sie Starks Zurechtweisungen in aller Öffentlichkeit. Schließlich stirbt Starks, zermürbt von ihrer Unnachgiebigkeit, an den Folgen eines falsch angewandten Voodoo-Zaubers.

Von den Erfahrungen ihrer beiden Ehen ernüchtert und durch Starks Hinterlassenschaft finanziell unabhängig, begibt sich Janie auf die Suche nach einer neuen, selbstbestimmten Identität. Sie verliebt sich in den 15 Jahre jüngeren Tea Cake, der sie in traditionellen Werbungsritualen umwirbt und mit seiner scheinbar unbekümmerten Verspieltheit Janies Jugendträumen entspricht. Tea Cake verkörpert das kulturelle Erbe und die mündlichen Traditionen Afro-Amerikas. Er beherrscht den Blues, und anders als Killicks und Starks interessiert er sich für ›people‹ (Menschen), nicht für ›things‹ (Dinge). Janie heiratet zum dritten Mal und verzichtet auf die Bequemlichkeit des eigenen Hauses in Eatonville, um mit Tea Cake in den Everglades Seite an Seite im Zuckerrohranbau zu arbeiten. Nach einer erfüllten Zeit voller »fun and foolishness« (»Spaß und Närrischkeit«) wird Tea Cake auf ihrer gemeinsamen Flucht vor einem Hurrikan von einem tollwütigen Hund gebissen. Als die Folgen der Krankheit ihn unberechenbar machen und er Janie mit einer Pistole bedroht, ist sie gezwungen, ihn in Notwehr zu erschießen. Angeklagt und von einer weißen Jury freigesprochen, kehrt sie ungebrochen nach Eatonville zurück, wo sie ihrer früheren Freundin Phoeby ihre Lebensgeschichte erzählt.

Their Eyes Were Watching God besticht vor allem durch die kreative Spannung zwischen moderner literarischer Form und afroamerikanischer ›oral culture‹. Im Gegensatz zur Praxis weißer Autoren der sogenannten ›Plantation School‹ (Thomas Nelson Page und andere) setzt Hurston die Sprache der Schwarzen nicht als Lokalkolorit zur dekorativen Ausgestaltung einer vermeintlichen Provinzidylle ein, sondern als unverzichtbaren Bestandteil der narrativen Strategie des Romans, als ein kompliziertes System der Steuerung und Ausdeutung einzelner Handlungsabläufe. Die Fusion zweier teilweise gegenläufiger Erzähltraditionen, die gelungene Wiedergabe des poetisch-lautmalerischen ›Black English‹ sowie die kritische Auseinandersetzung mit der Rolle der Frau innerhalb der afroamerikanischen Kultur sichern diesem sprachlich-kraftvollen Text sowohl unter den vier Romanen der Autorin als auch in der Geschichte der amerikanischen Literatur einen herausragenden Platz. KLAUS BENESCH

Richard Wright
* 4. September 1908 in Roxie/Miss. (USA)
† 28. November 1960 in Paris (Frankreich)

1931 durch die Weltwirtschaftskrise arbeitslos; Kontakt zur Kommunistischen Partei; sein erster Roman (Native Son, 1940) wurde zu einem Meilenstein der afroamerikanischen Literatur; 1937 Herausgeber des kommunistischen Daily Worker in New York; 1942 Austritt aus der Kommunistischen Partei; 1947 Übersiedlung nach Frankreich, Kontakt zu Sartre, Camus, Chester Himes, James Baldwin; einer der bedeutendsten und einflussreichsten afroamerikanischen Schriftsteller des 20. Jh.s.

Weitere Werke: Onkel Toms Kinder (Uncle Tom's Children, 1938), Black Boy. Bericht einer Kindheit und Jugend (Black Boy, 1945), Schwarzer Hunger (American Hunger, 1977), Der Mörder und die Schuldigen (The Outsider, 1953).

Sohn dieses Landes / Native Son

Der Autor nimmt in seinem ersten, 1940 erschienenen Roman das Thema wieder auf, das schon im Mittelpunkt seiner Erzählsammlung Uncle Tom's Children, 1938 (Onkel Toms Kinder, 1949), stand und das auch sein späteres Werk immer wieder bestimmt: Der Mensch wird von einer durch Hass und Vorurteile unmenschlich gewordenen Gesellschaft gehetzt und muss, wenn er menschlich handeln will, unschuldig schuldig werden.

Der Protagonist des Romans, Bigger Thomas, ist ein schwarzer Junge aus den Slums von Chicago, die Wright aus eigener Anschauung kannte. Hass, Angst und Misstrauen sind die Instinkte, die ein Überleben in dieser Welt möglich machen, und Bigger Thomas scheitert erst in einer Situation, auf die diese Regeln nicht mehr anwendbar scheinen. Als Chauffeur bei der reichen und auf patriarchalische Art ›negrophilen‹ Familie Dalton wird er zum Objekt der exaltierten Gleichheitsvorstellungen der Tochter des Hauses, Mary. Sie nimmt ihn zu einem Zechgelage mit ihren Freunden von der Universität mit, und Bigger muss die vollkommen Betrunkene später in ihr Zimmer tragen. Dort hat Mary eine nervöse Krise; sie schreit und singt, während Bigger – aus Angst, im Zimmer einer Weißen ertappt zu werden – versucht, sie zum Schweigen zu bringen. Durch einen unglücklichen Zufall erstickt Mary.

Schlagartig ändert sich nun das Bild: Der Begriff ›Gerechtigkeit‹ ist in Biggers Weltbild nicht enthalten, er kennt nur Angst und Gewalt. Nachdem er Marys Leiche verstümmelt hat, tötet er auch seine Freundin Bessie, die ihn überreden will, sich zu stellen. In diesen und den folgenden Szenen erreicht die dramatisch-naturalistische Schilderung ihren drastischen Höhepunkt. Nach einer atemberaubenden Jagd über die Dächer Südchicagos wird Bigger gefangen genommen und, nachdem er mit Mühe der Lynchjustiz der Menge entkommen ist, vom Richter Buckley zu Tode verurteilt.

Bis zu diesem Punkt liegt die sozialkritische Tendenz des Romans in der reinen, oft brutal ungeschmückten Darstellung von Situationen und Personen: Es gibt keine persönliche Schuld; Bigger ist genauso den Zwängen des Milieus unterworfen wie Richter Buckley, der hofft, ein hartes Urteil in dem spektakulären Prozess werde seine Wiederwahl sichern.

Die in Hass und Feindseligkeit erstarrten Fronten durchbricht lediglich der kommunistische Rechtsanwalt Max. Mit dessen – freilich vergeblichem – Versuch, die Zusammenhänge zwischen Biggers Tat und den ihn prägenden sozialen Umständen aufzudecken, reflektiert der Autor auch seine eigene Auseinandersetzung mit dem Kommunismus. Max vermag die sozialen Barrieren zu überwinden, und sein menschliches Verständnis führt dazu, dass zwischen ihm und dem Verurteilten eine herzliche Freundschaft entsteht. Biggers stolzer Hass gegen die Weißen löst sich allmählich, bis er endlich zur Erkenntnis seiner Schuld gelangt. In der Figur des Anwalts kommt bereits Wrights spätere Tendenz zum Ausdruck, die Macht der sozialen Zwänge, denen er selbst als Afroamerikaner aus den Südstaaten ausgesetzt war, durch eine individuelle, menschliche Einzelleistung zu überwinden. Das ist auch der Weg Biggers, der am Ende aus der Anonymität des sozial determinierten ›Negers‹ herauswächst und zu einer eigenen, geläuterten Identität findet. In der auf Achtung gegründeten Beziehung zu Max erkennt er sich selbst als Individuum.

Native Son hat seinen Platz in der Tradition des US-amerikanischen sozialkritischen Romans der 1930er Jahre und steht hier vor allem Theodore Dreisers *An American Tragedy*, 1925 (*Eine amerikanische Tragödie*, 1927), und James T. Farrells *Studs Lonigan* (1932–1935) nahe. Mit diesen Werken verbindet den Roman nicht nur die schicksalhafte Rolle, die dem Milieu beigemessen wird, sondern auch der autobiographische Ansatz, der dem Autor als Mittel zur Bewältigung eigener Erlebnisse dient. Indem Wright jedoch die für den afroamerikanischen Roman typische Problematik der Identitätsfindung innerhalb einer von Weißen dominierten Gesellschaft in seine Sozialkritik hineinnahm, betrat er Neuland. Die Reaktionen der (auch afroamerikanischen) Öffentlichkeit auf diesen gleichermaßen drastischen wie differenzierten Roman waren gespalten; er beeinflusste jedoch zahlreiche spätere Texte über die Situation der Afroamerikaner und eroberte Wright einen festen Platz neben den Klassikern der US-amerikanischen Erzählliteratur des 20. Jh.s. KLAUS BENESCH

Robert Lowell
* 1. März 1917 in Boston/Mass. (USA)
† 12. September 1977 in New York/N.Y. (USA)

Aus namhafter Neuengland-Familie; Studium der Altphilologie; Freundschaft mit A. Tate, R. Jarrell, E. Bishop; 1940 Konversion zum Katholizismus; 1943 Kriegsdienstverweigerung und Gefängnis; ab den 1950er Jahren manisch-depressiv; in den 1960er Jahren Politisierung; bedeutender US-amerikanischer Lyriker der Nachkriegszeit; auch Dramen und Übersetzungen.

Das lyrische Werk

Der Autor gehört mit seiner ab den frühen 1940er Jahren entstandenen Dichtung zu den wichtigsten Erneuerern der US-amerikanischen Nachkriegslyrik. Die neue Offenheit einer schonungslosen Selbstdarstellung brachte seinem Werk das Etikett ›Confessional Poetry‹ ein. Darunter ist eine bekenntnishafte Dichtung zu verstehen, die vom modernen Stilideal der Unpersönlichkeit abrückt, ohne bei der vormodernen Erlebnislyrik wiederanzuknüpfen. Charakteristisch für Lowells Texte sind die von der Psychoanalyse hergeleitete Befragung des eigenen Gefühlslebens und die Aufarbeitung der die Persönlichkeit prägenden Vergangenheit in einer lyrischen Sprache, die zugleich an den modernen Prinzipien ironischer Ambiguität und formaler Komplexität festhält.

Die ausgeprägte Zusammenschau von Privatleben und öffentlichem Leben, Individuum und Geschichte machte Lowell zu einem politischen Dichter, der in den 1960er Jahren von vielen als der Sprecher seiner Generation angesehen wurde. Schon seine Herkunft aus dem Bildungsbürgertum Neuenglands motivierte ihn, sich einheimischen wie europäischen Traditionen zuzuwenden – nicht nur in literarischer Hinsicht. Als Lyriker vereinte er gleichermaßen Tendenzen der kosmopolitischen Klassiker der anglo-amerikanischen Moderne und der Vertreter einer bodenständigeren zeitgenössischen Lyrik (William Carlos Williams). Er beeinflusste seinerseits amerikanische Lyriker der jüngeren Generation, ohne eine ›Schule‹ zu begründen: Auch die als ›Confessional Poets‹ gruppierten amerikanischen Lyriker weisen neben der Gemeinsamkeit einer besonders weitgehenden Bekenntnishaftigkeit unverkennbare Unterschiede und Idiosynkrasien auf.

Lowells zweiter Gedichtband, *Lord Weary's Castle*, 1946 (Lord Wearys

Schloss), der ihn schlagartig bekannt machte, zeigt in thematischen Vorlieben und formalen Prinzipien bereits charakteristische Ansätze. Gedichte wie »The Quaker Graveyard in Nantucket« (»Der Quäkerfriedhof in Nantucket«, 1982, M. Pfister), »At the Indian Killer's Grave« (Am Grab des Indianermörders) oder »Mr. Edwards and the Spider« (»Mr. Edwards und die Spinne«, 1982, M. Pfister) werfen anhand konkreter Schauplätze und historischer Vorkommnisse in Neuengland Sinn- und Existenzfragen um Leben und Tod, Schuld und Unschuld, Verdammnis und Erlösung sowie moralische Probleme menschlicher Zivilisation und Gewalttätigkeit auf und verknüpfen sie mit dem kulturgeschichtlichen Erbe der Region, der Reihe repräsentativer Ahnen und den Erfahrungen und Erinnerungen der eigenen Person.

Der Autor vertritt die Außenseiterwarte des konvertierten Katholiken mit zeitgemäßer Verhaltenheit, kann aber zugleich seine puritanische Herkunft nicht verleugnen. Die skrupulöse Erörterung der vorwiegend religiösen Themen wendet sich kritisch sowohl gegen die bigotte Starrheit früherer Zeiten als auch gegen den Materialismus der säkularisierten Gegenwart. Die Auseinandersetzung mit der Vergangenheit bezieht die literarische Überlieferung der Region in Anspielungen, Zitaten und Sprecherrollen mit ein. Formal verwendet Lowell diverse Gedichttypen von der Elegie bis zum Bild-Gedicht in vorzugsweise jambischen Metren, mit klangvollen Wortverbindungen und bei Zugrundelegung einer den Rhythmus stauenden komplexen Syntax. Er zeigt gleichermaßen eine Vorliebe für die Veranschaulichung von Sinneseindrücken und die Andeutung von biblischen oder mythischen Parallelen und tendiert zur harten Nebeneinanderstellung oder spannungsvollen Verbindung disparater Details, die den Texten eine teils barock, teils symbolistisch strukturierte Bildlichkeit und einen Grundzug demonstrativer Mehrdeutigkeit verleihen.

Nach einer eher unproduktiven Phase während der ›ruhiggestellten‹ 1950er Jahre veröffentlichte Lowell mit *Life Studies*, 1959 (Lebensstudien), ein aufsehenerregendes Hauptwerk, das neue Wege beschritt. Er rückte vom christlichen Standpunkt und der angestrengten Symbolik des Frühwerks ab und wandte sich skeptischeren weltanschaulichen Positionen und einer direkteren, prosanah kolloquialen Ausdrucksweise zu. Die Selbstergründung eines von manisch-depressiven Phasen geplagten Individuums rückte in den Vordergrund, und die Determinanten von Umwelt und Geschichte wurden expliziter nach politischen Gesichtspunkten betrachtet. Der Stilwandel zielte auf eine flexible Lockerung der Formprinzipien, nicht deren Auflösung. Schon der strenge Aufbau der Sammlung in vier Teilen verdeutlicht das Bemühen um eine systematische Organisation der Texte. Der erste Teil bietet mit Gedichten über historische Entfremdungsprozesse und Verfallserscheinungen einen kontextuellen Rahmen. Der zweite Teil entwirft in einer autobiographischen Prosaskizze ein Bild der unglücklichen Bostoner Kindheit. Der dritte Teil porträtiert Ford Madox Ford, George Santayana, Delmore Schwartz und Hart Crane mit ihren Konflikten als maßgebliche Orientierungsfiguren im Leben und in der Kunst des Autors.

Der vierte Teil, das Kernstück der ›Lebensstudien‹, enthält Gedichte, die Kindheitserinnerungen im Zeichen des Todes verarbeiten (»My Last Afternoon with Uncle Devereux Winslow«, Mein letzter Nachmittag mit Onkel Devereux Winslow), Eindrücke vom Gefängnisaufenthalt als Kriegsdienstverweigerer (»Memories of West Street and Lepke«, »Erinnerungen an West Street und Lepke«, 1982, M. Pfister) und vom Anstaltsaufenthalt als psychisch Kranker (»Waking in the Blue«, Erwachen im Blauen) festhalten oder monologisch die Erfahrung des Auseinanderlebens in der Ehe zum Ausdruck bringen (»Man and Wife«, Mann und Frau). Die dialektische Thematik von Leben und Tod, Wahn und Vernunft, Liebe und Hass, Bewahrung und Zerstörung beherrscht auch das Schlussgedicht des Bandes, »Skunk Hour« (»Skunk-Stunde«, 1982, M. Pfister), ein vielschichtiges Selbstporträt, das die Vereinsamung und Verzweiflung des Autors, seine latente psychische Störung und verlorene Selbstachtung beschreibt und mit groteskem Humor eine ambivalente Überwindung dieser Situation im elementaren Bild einer Nahrung suchenden Stinktier-Familie andeutet. Die Mischung von Pathos und Lakonie ist nicht nur für dieses Gedicht charakteristisch, und der freie Vers, der nur mehr rudimentär metrische Muster erkennen lässt, erweitert Lowells Repertoire der Ausdrucksmöglichkeiten.

Komplementär zu diesem Hauptwerk setzte Lowell verstärkt die seit langem geübte Praxis der Übersetzung oder Bearbeitung literarischer Vorlagen fort. In *Imitations*, 1961 (Nachahmungen), präsentierte er recht freie Übertragungen von François Villon, Charles Baudelaire, Arthur Rimbaud, Heinrich Heine, Rainer Maria Rilke, Eugenio Montale, Boris Pasternak und anderen europäischen Dichtern mit verwandten Themen (Schmerz, Gewalt, Machtmissbrauch, Künstlerdasein) in komprimierter Form. Mit *The Old Glory*, 1964 (Der alte Ruhm), brachte er eine Dramentrilogie auf die Bühne, die Klassiker US-amerikanischer Kurzprosa wie Nathaniel Hawthornes »Endicott and the Red Cross«, 1837 (»Endicott und das rote Kreuz«), und »My Kinsman, Major Molineux«, 1831 (»Mein Verwandter Major Molineux«), sowie Herman Melvilles »Benito Cereno«, 1855 (»Benito Cereno«), dramatisierte, um an exemplarischen Fällen der kolonialen und frühreplublikanischen Geschichte der USA die aktuellen Fragen ambivalenten Individualverhaltens zwischen einem repressiven Gesellschaftssystem und gewalttätiger Auflehnung aufzuwerfen. Gleichzeitig erschien der Gedichtband *For the Union Dead*, 1964 (*Für die Toten der Union*, 1969, C. Meyer-Clason), der ebenfalls thematische Parallelen zwischen Geschichte und Gegenwart aufweist. Vor allem das Titelgedicht, das den Bostoner Opfern des Bürgerkriegs (1861–1865) gewidmet ist und vieldeutige Beziehungen zur gegenwärtigen Szene der Umweltzerstörung, Atombedrohung und Bürgerrechtsbewegung herstellt, zielt aus persönlicher Sicht auf solche Zusammenhänge. Andere Gedichte der Sammlung setzen die Selbstanalyse von der belasteten Kindheit bis zur Gegenwart schmerzlicher Krisen und eines Entfremdung und Vereinsamung trotzenden Überlebens in psychologischer Vertiefung und kompakter Gestaltung fort.

Nach dem Band *Near the Ocean*, 1967 (In der Nähe des Ozeans), der die private Thematik (etwa im Titelgedicht) und die politische Thematik (in »Waking Early Sunday Morning«; »Früh Erwachen am Sonntagmorgen«, 1982, M. Pfister) variiert, indem er sie in den Rahmen eines wiederkehrenden Vergleichs zwischen dem antiken Rom und den zeitgenössischen USA stellt, unternahm Lowell mit dem *Notebook 1967–68*, 1969 (Notizbuch 1967–68), revidiert als *Notebook* (1970), einen neuen Vorstoß vor allem in der formalen Konzeption. Es handelt sich um eine groß angelegte Folge von ungereimten ›Sonetten‹ (Vierzehnzeiler in lockeren Blankversen), die in den Traditionen der europäischen Sonettsequenz und des amerikanischen Langgedichts stehen. Die Texte kreisen erneut um die beiden Themenbereiche der Privatsphäre und des Zeitgeschehens, doch diesmal in der losen Reihung tagebuchartiger oder chronikalischer Versnotizen, die einen stärker partikularisierten Charakter haben und in der mosaikartigen Addition dem Ganzen zugleich eine offenere Struktur verleihen. Lowell ließ mit *For Lizzie and Harriet*, 1973 (Für Lizzie und Harriet), und *History*, 1973 (Geschichte), zwei Auswahlausgaben folgen, in denen private und öffentliche Texte auseinanderdividiert sind.

Insgesamt führt Lowell in seinen ›Notizbüchern‹ die kombinierte

Selbst-, Gesellschafts- und Geschichtsanalyse fort, indem er sie aus der Totalität seiner alltäglichen Erfahrung heraus entwickelt. Die politischen Kontroversen der Zeit, Begebenheiten im Familien- und Freundeskreis, Impressionen von heimischen und bereisten Orten werden festgehalten und verarbeitet, aber auch persönliche Erinnerungen und assoziierte Personen und Geschehnisse aus Geschichte, Literatur und Mythos einbezogen. Erneut bemühen sich diese Gedichte um eine Annäherung an die gesprochene Sprache. In der Gesamtkomposition beschränken sie sich auf eine naturzyklische Anordnung. Allerdings zeigt Lowell zugleich eine Neigung zu hermetischen, privaten Anspielungen, die den Zugang zu den Texten erschweren.

Sein Spätwerk – die Liebesgedichte und England-Eindrücke in The Dolphin, 1973 (Der Delphin), und die tagtäglichen Momentbilder in Day by Day, 1977 (Tag für Tag) – fand eine geteilte Aufnahme. Umstritten ist, ob der Autor sich hier mit nachlassender poetischer Kraft nur wiederholt oder ob er zum neuen Ton einer Altersgelassenheit gefunden hat. Schon das Notebook war mit seinem uneinheitlichen Experimentalcharakter nicht nur auf Zustimmung gestoßen. Am einhelligsten ist die positive Einschätzung des lyrischen Schaffens aus der Phase der Life Studies, wo sich eine neue Offenheit in der Äußerung persönlicher Agonien und Widersprüche abzeichnete, die zugleich sozialkritisch als Symptom eines geschichtlichen Prozesses begriffen wurde – nicht zuletzt des unerfüllten Versprechens der US-amerikanischen Zivilisation in einer von Gewalt und Unvernunft beherrschten Welt. War für den Autor seine Dichtung als Ordnung stiftendes Medium Teil seiner Überlebensstrategie, so konnte seine Leserschaft den liberalen Geist der 1960er Jahre hier auf besonders prägnante Weise formuliert finden. EBERHARD KREUTZER

Tennessee Williams
* 26. März 1911 in Columbus/Miss. (USA)
† 24. Februar 1983 in New York/N.Y. (USA)

(d.i. Thomas Lanier Williams) – 1929–1938 erste Veröffentlichungen und Produktionen; 1944 Durchbruch mit *The Glass Menagerie*; bedeutender Dramatiker mit symbolisch vertiefter realistischer Bühnentechnik und poetisch-wehmütiger Sprache; häufige autobiographisch gefärbte Thematisierung von Außenseiterschicksalen an Südstaatenschauplätzen; bis zu seinem Tod Arbeit an Dramen, Gedichten, Essays, Briefen.

Weitere Werke: *Die Glasmenagerie* (The Glasmenagerie, 1944), *Die Katze auf dem heißen Blechdach* (Cat on a Hot Tin Roof, 1955).

Endstation Sehnsucht / A Streetcar Named Desire

Protagonistin des 1947 in New York uraufgeführten, aus elf Szenen bestehenden Dramas ist Blanche DuBois, Tochter einer hochherrschaftlichen Südstaatenfamilie. Im französischen Viertel von New Orleans, einem lauten, bunten, ärmlichen Stadtteil, in einer Straße, die »Elysische Gefilde« heißt, ist sie in ihrem feinen weißen Kleid, ihrer nervösen Gestik und ihrem aristokratischen Benehmen sofort als Fremde zu erkennen. Blanche besucht ihre jüngere Schwester Stella, die lange vor ihr dem elterlichen Anwesen den Rücken gekehrt und den Arbeiter Stanley Kowalski geheiratet hat, Sohn polnischer Einwanderer aus dem Norden der USA. Blanche ist über die einfache Zweizimmerwohnung der Kowalskis entsetzt, da sie immer noch das Bild der von den hugenottischen Vorfahren gegründeten elterlichen Plantage Belle Reve vor Augen hat.

Obwohl Stella von Blanches Erscheinen überrascht ist, nimmt sie ihre Schwester, die einem Nervenzusammenbruch nah scheint, bei sich auf. Blanche erklärt ihre schlechte psychische Verfassung damit, dass sie, anders als Stella, den Tod der Eltern und nahezu aller Verwandten unmittelbar miterleben musste. Jetzt sei Belle Reve verloren, versteigert, um, wie Blanche sich ausdrückt, die »Hurereien« der Vorväter zu bezahlen. Völlig allein und hilflos habe sie es nicht mehr in der Heimat ausgehalten und sich von der Schule, an der sie Englisch unterrichtet, beurlauben lassen, um in der Nähe ihrer Schwester zu sein.

Dem bulligen Stanley missfällt die Anwesenheit seiner Schwägerin von Anfang an, und er fühlt sich durch Blanches ständige Betonung ihrer vornehmen Herkunft und ihre Koketterien provoziert. In der Enge der nur durch einen Vorhang getrennten Zimmer kommt es sofort zu Spannungen, zumal Stanley die Schwägerin verdächtigt, Stellas und damit auch seinen Erbteil der Plantage zu unterschlagen. Blanche kann seine Unterstellungen abwehren und appelliert an ihre Schwester, den »Überlebenden aus der Steinzeit« zu verlassen. Bei einem Pokerabend flüchtet Stella vor ihrem gewalttätigen Mann zur Nachbarin; dass sie sich später mit ihm im Bett versöhnt, ist für Blanche unbegreiflich.

Am selben Abend trifft Blanche Stanleys Freund Mitch. Als er Blanche in schüchtern-unbeholfener Art umwirbt, fasst sie Vertrauen und erzählt ihm von dem Erlebnis, das sie seit Jahren schwer belastet: Kurz nach der Heirat mit ihrer großen Jugendliebe Alan hatte sie ihn in flagranti mit einem Mann entdeckt. Als sie Alan damit konfrontierte, beging er Selbstmord und ließ sie verzweifelt und voller Schuldgefühle zurück. Weit mehr als der Verlust der Eltern oder Belle Reves scheint es dieses Erlebnis zu sein, das Blanches labilen Zustand hervorgerufen hat. In Mitch glaubt Blanche nun den Mann zu erkennen, der sie aus ihrer Einsamkeit befreien kann.

Voller Argwohn gegenüber seiner Schwägerin hat Stanley inzwischen Nachforschungen angestellt und erfahren, dass sie in ihrer heimatlichen Kleinstadt den Ruf einer Nymphomanin hat, dass sie nicht etwa beurlaubt, sondern wegen einer Affäre mit einem Schüler entlassen und des Ortes verwiesen wurde. Als Mitch davon Kenntnis erhält, wendet er sich sofort von ihr ab. Blanche erkennt, dass ihre letzte Chance vertan ist, an der Seite eines Mannes ein neues Leben zu beginnen, und flüchtet sich in die Vorstellung, dass ein alter Verehrer auf dem Weg sei, sie abzuholen. Stanley vergewaltigt sie, während Stella im Krankenhaus sein erstes Kind zu Welt bringt. Da niemand Blanches Schilderung der Vergewaltigung glaubt, zieht sie sich noch weiter in ihre Phantasiewelt zurück. Als sie schließlich von einem Arzt in eine Nervenheilanstalt gebracht wird, gibt sie sich noch einmal ihrer großen Hoffnung hin, doch noch von einem Mann gerettet zu werden: »Wer Sie auch sind – ich habe mich immer auf die Güte von Fremden verlassen.«

Die innere Spannung, die dramatische Wirkung und die kulturkritischen Bezüge des Stückes entwickelt Williams aus dem extremen Gegensatz zwischen dem brutalen und ungebildeten, aber geschäftstüchtigen und energischen Immigrantensohn Stanley und der sensiblen, sich kultiviert gebenden und exaltiert traditionsbewussten Südstaatlerin Blanche. Der Wechsel zwischen Blanches wehmütig-poetischer Sprache und Stanleys zupackend-ordinärem Jargon unterstreicht diese Polarität ebenso wie der Einsatz musikalischer Kontrastmittel: Der Triebhaftigkeit Stanleys sind die aus der benachbarten Bar herüberklingenden, hämmernden Jazzrhythmen zugeordnet, der Lebensangst Blanches der fieberhafte Rhythmus jener Polka, die sie mit ihrem jungen Ehemann kurz vor dessen Selbstmord getanzt hat und deren verzerrte Wiedergabe Blanches zunehmenden Realitätsverlust spiegelt. Die Papierlaterne, mit der Blanche die nackte Glühbirne verhüllt, ihre eleganten Kleider, die sich bei genauer Betrachtung als abgetragen erweisen, ihr Verlangen nach Alkohol und Bädern, um ihre Nerven zu entspannen, symbolisieren ihren Versuch, die unerträgliche Realität des Großstadtlebens und der eigenen Biographie zu mildern. Stanley dagegen ›gehört‹ diese Realität: Er hält die Karten in der Hand, die letzlich über Blanches Schicksal entscheiden. Auch die Farbsymbolik betont die Gegensätzlichkeit der Hauptfiguren: Stanley trägt bei seinem ersten Auftritt ein blutiges Fleischpaket in die Wohnung, Blanche, die ›Weiße‹, wirkt blutleer. Die Straßenbahn, die Blanche in die Elysischen Gefilde bringt, heißt »Desire« – ein Begriff, der Sehnsucht und Trieb, Wunsch und Begierde gleichermaßen benennt und der trotz der Gegensätzlichkeit beider Figuren sowohl Blanches als auch Stanleys Dasein bestimmt.

Das weltweit viel inszenierte Stück wurde mehrmals verfilmt, u. a. 1951 mit Vivien Leigh und Marlon Brando in den Hauptrollen.
CLAUS SCHWEER / STEFANIE SCHULZ

Arthur Miller
* 17. Oktober 1915 in New York/N. Y. (USA)
† 10. Februar 2005 in Roxbury/Conn. (USA)

Sohn jüdischer Einwanderer aus Galizien; ab 1936 Dramen und Hörspiele; erste große Erfolge am Broadway mit dem Regisseur Elia Kazan; verfasste bis ins hohe Alter Theaterstücke, ohne an die Erfolge der Jahre 1947–1953 anknüpfen zu können; 1980 TV-Drama über das Frauenorchester von Auschwitz; Erzählungen und Romane; öffentliches Engagement als Liberaler, u. a. als PEN-Präsident (1965–1969).

Weitere Werke: *Hexenjagd* (The Crucible, 1953), *Nicht gesellschaftsfähig* (The Misfits, 1961), *Zeitkurven. Ein Leben* (Timebends. A Life, 1987).

Tod eines Handlungsreisenden / Death of a Salesman
Das bekannteste und wichtigste Stück des Autors, 1949 erschienen und im gleichen Jahr in New York uraufgeführt, ist ein Klassiker des US-amerikanischen Theaters, dessen weltweiter Erfolg bis heute ungebrochen anhält. Es schildert die beiden letzten Lebenstage Willy Lomans, eines ehemals erfolgreichen Handelsvertreters aus New York. Im Alter von 63 Jahren fühlt er sich als Versager: Mit den zeitbedingten Veränderungen in seinem Kundenkreis und seiner Familie konnte er nicht Schritt halten. Sein Haus, seine Möbel und seinen Wagen hat er auf Raten gekauft. Gerade als er die letzte fällige Summe für sein Haus bezahlt hat, wird er von seiner Firma entlassen. In simultan zur Haupthandlung gespielten Rückblenden werden Lomans Leben und seine Hoffnungen lebendig. Wie der Fabrikant Joe Keller in *All My Sons*, 1947 (*Alle meine Söhne*, 1948), ist Loman ein im Grunde integrer, hart arbeitender Mensch, der Opfer seines unverbrüchlichen Glaubens an kapitalistische Erfolgsträume und das postindustrielle Dienstleistungsethos wird. Im Gegensatz zu Keller aber gehört er zu den Ausgebeuteten, die sich einem Wirtschaftssystem verschrieben haben, das sie zum alten Eisen wirft, sobald sie keinen Nutzen mehr bringen.

Seine Söhne, denen Loman selbst die Lehre vom materiellen Erfolg durch »popularity« (Beliebtheit) eingeimpft hat, haben es zu nichts gebracht – anders als der zu Lernen und Fleiß erzogene Nachbarssohn Bernard, der ein erfolgreicher Anwalt geworden ist. Happy, ein Mensch ohne Eigeninitiative, ist an einen langweiligen Arbeitsplatz gekettet, von dessen Monotonie er sich in zahlreichen Liebesaffären zu erholen sucht.

Biff, dem auf Grund seiner sportlichen Leistungen in der Schule ein Studium und die Welt offenzustehen schienen, empfindet die Hoffnungen, die sein Vater noch immer in ihn setzt, als Belastung. Doch erst gegen Ende des Stücks wagt er es, seinem Vater zu gestehen, dass er weder die Veranlagung noch die Fähigkeiten besitzt, jener Super-Geschäftsmann zu werden, als den dieser ihn im Geiste immer noch sieht. Nach der Schulzeit trieb er sich – aus zunächst unerklärlichen Gründen – im Land herum, lebte von Gelegenheitsarbeiten und schreckte auch vor Betrügereien nicht zurück.

Die Beziehung zwischen Willy Loman und diesem Sohn ist eines der Hauptthemen des Stücks. Das Bild, das Biff sich von Willy gemacht hatte, wurde – wie es eine lange vorbereitete, aber im Stück auch lange zurückgehaltene Szene zeigt – zerstört, als Biff seinem Vater wegen schulischer Nöte nach Boston nachreiste und ihn dort im Hotel in einer verfänglichen Situation mit einer Geliebten ertappte. Danach rebellierte Biff gegen den Wohlstandstraum des Vaters und gegen die materialistische Einstellung einer Gesellschaft, die solche Träume gedankenlos nährt. Als der alte Loman nach einer hochdramatischen Auseinandersetzung mit Biff schließlich nicht mehr weiter weiß, begeht er Selbstmord, wobei er einen Autounfall fingiert, um seiner Familie (besonders Biff) durch die Lebensversicherungssumme einen finanziellen Neuanfang zu ermöglichen. Die beiden Themen, der Vater-Sohn-Konflikt und das Scheitern sowohl an einem Traum wie an der Umwelt, sind technisch brillant miteinander verwoben. Die sozialkritische Absicht des Stückes ist eindeutig, doch wird auch Willys moralisches Versagen als Vater betont, nicht zuletzt durch die analytische Struktur des Stücks. Millers Grundidee vermag zu überzeugen: Loman, Prototyp des Handlungsreisenden, wäre auch in einem erfolgreichen Leben moralisch gescheitert – wie sein älterer Bruder Ben, der es mit rücksichtslosem Pioniergeist zu Reichtum gebracht hat, und wie sein Sohn Biff, dem der Weg zum Erfolg offenstand.

In technischer Hinsicht macht sich Miller verschiedene dramaturgische Mittel, die seit dem Ende des 19. Jh.s entwickelt wurden, virtuos zu eigen. Eine an Ibsen erinnernde Analyse zurückliegender Ereignisse verbindet sich mit der sozialkritisch realistischen Darstellungsweise eines Clifford Odets, aber auch mit den Mitteln des epischen Theaters (Bertolt Brecht, Thornton Wilder). *Death of a Salesman*, das zunächst den programmatischen Arbeitstitel »Inside His Head« (In seinem Kopf) trug, verwendet zur Dramatisierung von Willys widersprüchlicher Gedankenwelt in Ansätzen auch Techniken des Bewusstseinsstroms, indem es durch Simultanspiel, Leitmotivtechnik und assoziative Übergänge zwischen den Szenen und Szenenfragmenten mentale Vorgänge akzentuiert. Zum Tragödienhelden, als den ihn Miller in seinem das Stück begleitenden Aufsatz »Tragedy and the Common Man« verstanden wissen wollte, taugt Willy Loman allerdings nur bedingt, weil ihm die tragische Einsicht in Schuld und Motive seines Handelns verwehrt bleibt. Dies wird auch durch die dramaturgischen Mittel des Stücks unterstrichen.

Der Erfolg des mehrfach preisgekrönten Dramas (u.a. Pulitzerpreis) war überwältigend, sein Einfluss auf andere Dramatiker und auch auf Filmautoren, vor allem in den Vereinigten Staaten, wirkt noch zu Beginn des 21. Jh.s nach. Berühmt wurden u.a. Millers eigene Inszenierungen 1983 in Peking und 1992 in Stockholm sowie Volker Schlöndorffs Verfilmung mit Dustin Hoffman als Willy Loman (1985). Die Broadway-Wiederaufführung des Stücks im Jahr 1999, ein halbes Jahrhundert nach der Erstaufführung, wurde mit einem ›Tony‹ (dem Broadway-Äquivalent des ›Oscar‹) ausgezeichnet. JERÔME VON GEBSATTEL / HENNING THIES

J. D. Salinger
* 1. Januar 1919 in New York/N. Y. (USA)
† 27. Januar 2010 in Cornish/N. H. (USA)

(d. i. Jerome David Salinger) – Jugend in New York; 1934–1936 Militärakademie; 1942–1945 Kriegseinsätze in Europa; anhaltender Welterfolg mit *The Catcher in the Rye* und Kurzprosa; seit 1953 zurückgezogenes Leben in New Hampshire; nach 1965 keine Publikationen mehr; Vertreter der ›New Yorker School of Fiction‹.

Weitere Werke: *Neun Erzählungen* (Nine Stories, 1953), *Franny und Zooey* (Franny and Zooey, 1961), *Hebt den Dachbalken hoch, Zimmerleute, und Seymour wird vorgestellt* (Raise High the Roofbeam, Carpenters and Seymour: An Introduction, 1963).

Der Fänger im Roggen / The Catcher in the Rye
In dem 1951 erschienenen Roman, der in Form von Kurzgeschichten teilweise schon 1945/46 veröffentlicht worden war und die Lebensphase der Adoleszenz thematisiert, erzählt der 16-jährige Holden Caulfield rückblickend die Geschehnisse, die sich 1949 in der Folge seines erneuten Schulverweises – dieses Mal von der Pencey Prep School, einem Internat in Agerstown, Pennsylvania – ereigneten. Der Erzähler und Protagonist dieses oft als Initiations- oder Bildungsroman klassifizierten Werks ist durch seine genaue Beobachtung und kritische Distanznahme zu der in seinen Augen heuchlerischen und oberflächlichen Konsumgesellschaft der 1950er Jahre charakterisiert. Der Roman zeichnet das Bild einer sozialen Umwelt, die durch ›other-directedness‹ (Fremdgeleitetheit) im Sinne David Riesmans geprägt ist und in der die Marktgesetze bis in die persönlichsten Beziehungen der Menschen eindringen. Diese Welt, der es nach Holdens Einschätzung an inhaltsvoller Kommunikation, Menschlichkeit und Empathie mangelt, wird in einer schimpfwort- und phrasenlastigen Jugendsprache beschrieben, die in der Rezeptionsgeschichte des Romans wiederholt Zensurbestrebungen provozierte und dadurch den Kultstatus des Buches erheblich förderte.

Holden, der gleich zu Beginn seiner Erzählung durch seine direkte Leseranrede und seinen die gesprochene Umgangs- und Jugendsprache nachahmenden Duktus in die Tradition von Mark Twains *Adventures of Huckleberry Finn* (1884/85) gestellt wird, ist es im Gegensatz zu Huck, der am Ende seiner Abenteuer verkündet, »I got to light out for the Territory«

(»ich muß noch vor den andren zum Injanerterritorium abrücken«), nicht vergönnt, der verhassten »sivilisation« in die Weiten des US-amerikanischen Westens zu entfliehen. Auf Salingers Protagonisten, der auszieht, um gerade nicht zu einem funktionierenden Mitglied der Gesellschaft geschliffen zu werden, wartet im Westen – genauer: in Südkalifornien, nahe Hollywood – ein Sanatorium, von dem aus er seine Erzählung beginnt und zu dem sein Bericht am Ende zurückführt.

In seiner abschweifenden Ich-Erzählung beschreibt der aus gut situiertem, mittelständischem Elternhaus stammende Schulversager seine pikaresken Abenteuer, die sich zum größten Teil in der New Yorker Upper East Side und im Central Park ereignen. Der hochgewachsene, schon teilweise ergraute Holden, der bewusst auf der Schwelle zur Erwachsenenwelt verharrt, sieht sich von verlogenen (»phony«) Menschen umgeben. Weder mit dem egozentrischen Stradlater, der Mädchen als sexuelle Eroberungen verbraucht, unter seiner glänzenden Fassade allerdings »insgeheim ein Ferkel« ist, noch mit Sally Hayes oder dem Sexexperten Carl Luce, die ebenfalls nur an ihrer Außenwirkung interessiert sind, ist ein ernsthaftes Gespräch möglich. Den Anforderungen der postindustriellen Dienstleistungsgesellschaft entsprechend, bieten die Menschen, die Holdens Weg kreuzen, sich selbst, ihre Persönlichkeit und – im Fall des Klavierspielers Ernie oder von Holdens Bruder D. B., der in Hollywood als Drehbuchautor tätig ist – ihr Talent einem konsumhungrigen Publikum feil, prostituieren sich also für seine Begriffe und sind (in der von Thorstein Veblen beschriebenen Manier) rund um die Uhr damit befasst, eine Vorstellung zu geben, die ihren Marktwert steigert.

Es gibt nur vier Figuren, die sich deutlich von diesen Selbstdarstellern unterscheiden: Die Schach spielende Jane Gallagher, die Holden von Stradlaters sexuellen Annäherungen bedroht sieht, Holdens Mitschüler James Castle, der sich, von seinen Mitschülern drangsaliert, zu Tode stürzt, statt eine Aussage zurückzunehmen, und vor allem Holdens rothaarige Geschwister Allie und Phoebe, die sich schon physisch von seinen meist als körperlich abstoßend beschriebenen, gleichaltrigen und erwachsenen Bezugspersonen abheben. Besonders seine charmanten, intelligenten Geschwister verkörpern das Ideal mitfühlender, integrer Menschen, die ihren Charakter noch nicht gegen eine angepasste Persönlichkeit eingetauscht haben.

Holden, der mit seiner roten Jägermütze, einem der prominenten Leitmotive des Romans, auf dem Kopf durch die Großstadt streift, ist auf der Suche nach Kommunikation, die ihn jedoch wiederholt in seiner schon gereiften Überzeugung bestärkt, dass die Integrität seiner Geschwister der Realität nicht standhalten kann. Dass sein Bruder Allie das Ideal von Anstand in Reinform darstellt, ist auch darauf zurückzuführen, dass Allie schon verstorben ist und nur noch als Produkt von Holdens Erinnerung existiert. Holdens Fasziniertsein von Museen und Mumien spiegelt sein Bedürfnis, das Fortschreiten der Zeit, die Vergänglichkeit, aufzuhalten und das Bewahrenswerte zu konservieren. Die Tatsache, dass Holdens erste, erschütternde Begegnung mit dem Tod schon vor dem eigentlichen Romangeschehen stattgefunden hat, legt nahe, dass hier keine ›Initiationsgeschichte‹, sondern vielmehr eine ›Verweigerungsgeschichte‹ erzählt wird.

Während eines heimlichen nächtlichen Besuchs in der elterlichen Wohnung benutzt Holden in einem Gespräch mit der zehnjährigen Phoebe das titelgebenden Zitat »Wenn einer einen fängt, der durch den Roggen kommt«, um ihr zu erklären, dass für ihn die einzig erstrebenswerte Tätigkeit die des »Fängers im Roggen« ist, der als einziger »Großer« Tausende in einem Roggenfeld spielende Kinder davor bewahrt, in einen Abgrund zu fallen. Seine kleine Schwester weist ihn darauf hin, dass er falsch zitiert und dass es sich bei dem Vers, der korrekt »Wenn einer einen trifft, der durch den Roggen kommt« lautet, um eine Zeile aus einem Gedicht von Robert Burns handelt (nämlich »Comin' thro' the Rye«). Dass Holden seinen Wunsch, der einzige Retter vor dem Fall ins korrupte Erwachsenendasein zu sein, mit Hilfe eines falsch erinnerten kulturellen Artefakts artikuliert (zumal Burns' Gedicht von einem durch einen zudringlichen Mann verfolgten Mädchen handelt), zeugt wie seine auf Hollywood-Filmen oder literarischen Vorbildern – u.a. Henry David Thoreaus *Walden, or Life in the Woods* (1854) – basierenden eskapistischen Phantasien davon, dass auch er sich der ihn umgebenden Kultur nicht entziehen kann. Zum anderen verdeutlicht sein auf einer falschen Erinnerung basierendes Wunschbild, dass er sich in Schwarz-Weiß-Malerei und realitätsfernen Selbst- und Fremdwahrnehmungen ergeht.

Holden imaginiert sich wahlweise, und stets ironisch, als rebellischer Held, als nostalgischer Romantiker à la Gatsby (der ebenfalls die Zeit anhalten oder umkehren möchte), als Aussteiger, den die Wildnis ruft, oder gar als Heilandsfigur. Er wehrt sich nicht, als seine Begegnung mit der berechnenden Prostituierten Sunny darin endet, dass er verprügelt wird; er begeistert sich für Nonnen, die für wohltätige Zwecke sammeln;

und er hat Mitleid mit ausgegrenzten Langweilern wie seinem Mitschüler Ackley und sogar mit den »phonies« (Verlogenen), denen er unablässig begegnet. Holden weiß hierbei um seine eigene Korruptheit – er weiß, dass er wie Huck und Gatsby ein Hochstapler ist, der zum Selbstschutz eine Vorstellung wie alle anderen gibt. Seine Erlebnisse in Uptown Manhattan zeigen, wie sehr er die gesellschaftlichen Spielregeln, die er verachtet, doch auch beherrscht und sich zunutze macht. Er weiß um die Unvermeidbarkeit von Veränderung, Verlust und Tod: Dass der Fall in die Erwachsenenwelt auch ohne Fänger nicht tödlich endet, formuliert er mit zunehmender Deutlichkeit. Holden fragt zwar in kindlicher Unschuld den Taxifahrer Horwitz, ob sich jemand um die Enten im Central Park kümmern wird, wenn es Winter wird, ist sich aber dessen bewusst, dass Enten wie Menschen mit bedrohlichen Veränderungen leben und für sich selbst sorgen müssen.

Im Zentrum von Salingers Roman steht die Frage nach der Identitätsbildung des Individuums in der modernen Massengesellschaft, die hier, wie in vielen US-amerikanischen Darstellungen von jugendlichen Rebellen und Delinquenten in den 1950er Jahren – z. B. in Filmen wie *The Wild One* (1954) *Rebel Without a Cause* (1955) oder *Blackboard Jungle* (1955) – am Beispiel der Figur des ›Halbstarken‹ verhandelt wird, der sich in der schwierigen Übergangsphase der Adoleszenz befindet. *The Catcher in the Rye*, dessen Themen sich in seinen intertextuellen Referenzen (u. a. auf Charles Dickens, Ernest Hemingway, F. Scott Fitzgerald, Ring Lardner, William Shakespeare und Thomas Hardy) spiegeln, wurde selbst zum Referenztext, und sein Anti-Held zum Vorbild unzähliger Werke und Figuren, u. a. in Ulrich Plenzdorfs *Die neuen Leiden des jungen W.* (1973) und Bret Easton Ellis' *Less Than Zero* (1985). Salingers Buch, um das sich wie um seinen Autor und dessen legendäres Eremitendasein diverse Mythen und Verschwörungstheorien ranken, ist nicht nur ein sehr einflussreicher Adoleszenzroman, sondern entlarvt auf höchst unterhaltsame Weise auch den Konformismus der McCarthy-Ära und liefert eine Kritik der Kulturindustrie des Atomzeitalters. STEPHANIE SOMMERFELD

Ralph Waldo Ellison

* 1. März 1914 in Oklahoma City/Okla. (USA)
† 16. April 1994 in New York/N.Y. (USA)

1933 Studium am Tuskegee Institute; ab 1936 in New York; 1952 einziger Roman; postum Veröffentlichung von *Flying Home and other Stories*, 1996 (*Flying Home und andere Geschichten*, 1999), und *Juneteenth*, 1999 (dtsch. 2000); afroamerikanischer Romancier und Essayist.

Weiteres Werk: Schatten und Ereignis (*Shadow and Act*, 1964).

Unsichtbar / Invisible Man

Der erste Roman des afroamerikanischen Schriftstellers erschien 1952, als einziger zu Lebzeiten des Autors, und gilt als Meisterwerk moderner US-amerikanischer Erzählliteratur. Von Kritikern als großes afroamerikanisches Epos gewürdigt, grenzt sich *Invisible Man* vom Naturalismus Richard Wrights ab und verkörpert mit seiner hohen literarischen Dichte und den zahlreichen geschichtlichen Referenzen Ellisons Vision eines pluralistischen Amerika.

Invisible Man schildert die Suche eines jungen schwarzen Mannes nach Identität und einem Platz in der Gesellschaft. Ellison bedient sich der Muster des Bildungsromans und des pikaresken Romans, indem er den namenlosen Protagonisten einer Reihe von Prüfungen unterzieht. Daneben begegnen auch Elemente der ›slave narrative‹ (Sklavenerzählung). Die Handlung ist von einem Prolog und einem Epilog umrahmt, in denen sich der Ich-Erzähler in einem Kohlenkeller am Rande von Harlem versteckt. Er zapft das Stromnetz der »Licht- und Kraftgesellschaft« an und erleuchtet seine Behausung mit 1369 Glühbirnen. Unter dem Einfluss von Marihuana und Louis Armstrongs Version von »What Did I Do to Be so Black and Blue?«, 1929 (Was habe ich getan, dass ich so schwarz und traurig bin?), begibt er sich in eine Traumwelt, in der er Zeuge einer Predigt über die »Blackness of Blackness« wird (Schwärze der Finsternis, Anspielung auf Herman Melvilles *Moby-Dick*, 1851). Hier findet sich eine Antwort auf die soziale Ausgrenzung des Erzählers. Gleich zu Beginn hatte er erklärt, er sei ein »unsichtbarer Mann«, weil andere sich aufgrund seiner schwarzen Hautfarbe weigerten, ihn wahrzunehmen. Vor der Ambivalenz seiner kulturellen Vergangenheit kann er sich nicht verstecken und wird stets an seine Wurzeln erinnert. So muss er seine Unsichtbarkeit wie Armstrong in Poesie umwandeln und die grenzenlosen Möglichkeiten der Imagination nutzen, um das Chaos der Welt in eine künstlerische Form zu bringen.

Der unsichtbare Erzähler erhält von seiner Schule im tiefen Süden ein Stipendium für das »State College for Negroes« (Staatliche Negerschule, eine fiktive Version des Tuskegee Institute). Seine Dankesrede entlarvt seine Naivität; seine Verehrung für Booker T. Washingtons »Atlanta Exposition Address«, 1895 (Ansprache zur Atlanta-Ausstellung), deutet auf einen jungen Mann hin, der hoch hinaus will, ohne sich der Hürden bewusst zu sein, die sich ihm in den Weg stellen werden. Mit der Boshaftigkeit der Weißen wird er erstmals bei der »Battle Royal« konfrontiert, einem entwürdigenden Boxkampf vor den Augen der Elite der Stadt. Sein Empfehlungsschreiben enthält die Anweisung, den »Niggerjungen auf Trab zu halten«.

Als er dem Geldgeber des Colleges, Mr. Norton, den Campus zeigen soll, fährt der Erzähler mit ihm aufs Land hinaus. Dort treffen sie auf den Feldarbeiter Jim Trueblood, der ihnen erzählt, wie er nicht nur seine Frau, sondern auch seine Tochter geschwängert habe. Trueblood ist ein meisterhafter Erzähler. Seine vom Blues inspirierte Darstellung verleitet den verstörten Norton dazu, ihm 100 Dollar zuzustecken. Auf dem Rückweg kehren Erzähler und Norton in das »Golden Day« ein, eine Kneipe und ein Bordell, das von psychisch gestörten Veteranen aus dem Ersten Weltkrieg frequentiert wird. Dort bricht Norton zusammen. Bei seiner Abreise veranlasst er die Suspendierung des Erzählers vom College. Der Präsident der Schule, Dr. Bledsoe, schickt den Studenten, mit einigen Empfehlungsschreiben ausgestattet, nach New York.

Dort wird der Erzähler bei allen Vorstellungsgesprächen abgewiesen. Er erfährt, dass Bledsoes Briefe alles andere als Empfehlungen enthalten. Entmutigt macht er sich auf die Suche nach einer Arbeitsstelle und findet eine Anstellung bei der »Liberty Farben-Fabrik«. Die stellt die weißeste Farbe im Land her: Ihr Geheimnis ist das Zumischen von einem Tropfen schwarzer Farbe. Dies ist Ellisons humorvoll allegorischer Hinweis darauf, dass ein Amerika ohne schwarzen Beitrag undenkbar ist. Der Erzähler wird dem Vorarbeiter Lucius Brockway zugewiesen, mit dem er sich bald streitet. Nach der Explosion eines Dampfkessels findet er sich im firmeneigenen Krankenhaus wieder, wo er durch Elektroschocks den Unfall vergessen soll. In einer surrealen Passage schildert Ellison den Kampf im Unterbewusstsein des Erzählers um seine Identität.

Der Erzähler flieht aus dem Krankenhaus und kommt bei der mütterlichen Mary Rambo unter. In Harlem wird er Zeuge einer Zwangsräumung der Eheleute Provo und lässt sich darauf zu einer Ansprache hinreißen, die die Aufmerksamkeit von Bruder Jack, einem Mitglied der Bruderschaft, auf sich zieht. Der Erzähler tritt dieser Organisation (einer Art Kommunistischer Partei) bei und schwingt sich zum Wortführer auf. Doch es folgen ideologische und strategische Meinungsverschiedenheiten zwischen ihm, Bruder Jack und Bruder Wrestrum. Als der Erzähler auf der Beerdigung des abtrünnigen Tod Clifton eine aufrüttelnde Rede hält und die Anwesenden zu einer Massendemonstration gegen die Zustände in Harlem ermutigt, trennt sich die Organisation von ihm. Er wandert durch New York und wird mit dem Überlebens- und Verwandlungskünstler Bliss P. Rinehart verwechselt. Er spielt mit dem Gedanken, sich dessen wechselnde Identitäten anzueignen und aller Verantwortung zu entfliehen. Jedoch eskaliert die Stimmung in Harlem; es kommt zu einem Volksaufstand, der maßgeblich von »Ras the Exhorter« (Ras der Mahner) geschürt wird (auch genannt »Ras the Destroyer«, Ras der Würger), dem nach Marcus Garvey modellierten radikalen schwarzen Populisten. Der Erzähler gerät zwischen die Fronten und kann sich nur durch einen Einstieg in einen Kohlenkeller retten. Die Dokumente, die bis dahin sein Leben bestimmt haben und die er fortwährend mit sich herumgetragen hat, verbrennt er.

Im Epilog sieht der Erzähler eine »Welt unendlicher Möglichkeiten«. Er versteht seine eigenen Erfahrungen als etwas, das über die Frage kultureller oder ethnischer Zugehörigkeit hinausweist. Anstatt die Weißen mit Zustimmung und Grinsen zu blenden, wie es ihm sein Großvater auf dem Totenbett geraten hatte, erkennt er nun seine gesamtamerikanische Identität. Deshalb sind seine letzten Worte an den Leser: »Könnte es nicht sein, dass ich, nur auf anderer Welle, auch für euch spreche?«

Invisible Man ist ein Amalgam der Literaturen und Kulturen. Neben Anspielungen auf Dante, Herman Melville, Mark Twain, Edgar Allan Poe, Henry James, James Joyce, Sigmund Freud, Franz Kafka und Fëdor M. Dostoevskij präsentiert der Roman Elemente der afroamerikanischen Volkskultur, z. B. Märchen, Witze, Spirituals und Blues-Texte (u.a. vorgetragen durch Peter Wheatstraw). Er enthält auch Predigten, politische Ansprachen und Träume, experimentiert mit der Form des Romans und durchbricht eine realistische Darstellungsweise immer wieder durch surrealistische Segmente. Ellison bezeichnete *Invisible Man* einmal als »exalted lie« (gehobene Lüge) und wies wiederholt auf die humoristischen Passagen hin, die seiner tragisch-komischen Sicht der Welt Ausdruck verleihen. DANIEL STEIN

Vladimir Nabokov
* 24. April 1899 in St. Petersburg (Russland)
† 2. Juli 1977 in Montreux (Schweiz)

(Pseudo. V. Sirin) – 1919 Emigration der Familie nach England; 1922 Abschluss an der Universität Cambridge; 1922–1937 Aufenthalt in Deutschland; 1926 Publikation des ersten Romans *Mašen'ka (Maschenka)*; 1937–1940 Aufenthalt in Frankreich, danach Emigration in die USA; Arbeit als Lepidopterologe (Schmetterlingsforscher); Lehrtätigkeit an amerikanischen Universitäten u. a. in Stanford und Harvard; ab 1940 Publikationen zumeist in englischer Sprache; 1961 Übersiedlung in die Schweiz.

Weitere Werke: *König Dame Bube (Korol', dama, valet,* 1928), *Das wahre Leben des Sebastian Knight (The Real Life of Sebastian Knight,* 1941), *Pnin (Pnin,* 1957), *Fahles Feuer (Pale Fire,* 1962), *Kommentar zu Eugen Onegin (Eugene Onegin,* 1964), *Ada oder Das Verlangen (Ada or Ardor,* 1969), *Durchsichtige Dinge (Transparent Things,* 1972).

Lolita / Lolita

Der Roman wurde zwischen 1951 und 1953 geschrieben und 1955 veröffentlicht. Es war Nabokovs 13. Roman und sein dritter in englischer Sprache. Nach dreijährigem Untergrundruhm der Pariser Olympia-Press-Ausgabe und einem sofortigen Skandalerfolg der regulären amerikanischen Ausgabe von 1958 machte er seinen Autor mit einem Schlag weltbekannt. Die Kritik zerstreute schnell den Pornographieverdacht und erkannte in dem Roman einen Markstein der modernen Weltliteratur. Innerhalb von zwei Jahren erschienen 27 Übersetzungen. Eine Art Vorstudie stellt die 1939 geschriebene, 1986 postum veröffentlichte Novelle *Vol'šebnik (Der Zauberer,* 1987) dar. 1967 übersetzte der Autor *Lolita* selber ins Russische.

Hauptschauplatz sind die USA der späten 1940er Jahre, Thema ist die verbotene ›amour passion‹ des 1910 in Frankreich geborenen Literaturwissenschaftlers Humbert Humbert (Nabokov: »ein besonders übel klingender Name«) zu der am Anfang ihrer Beziehung im Jahre 1947 zwölfjährigen Dolores (Lolita, Dolly, Lo) Haze. Humbert schildert den Verlauf seiner einseitigen Liebesraserei in dem Gefängnis, wo er nach dem Mord an seinem Nebenbuhler im Herbst 1952 seinem Prozess entgegensieht.

Seit einem frustrierenden Kindheitserlebnis – ein Echo auf Edgar Allan Poes Ballade *Annabel Lee* (1849) – ist Humbert bestimmten nicht

»menschlichen«, sondern »dämonischen« Mädchen zwischen neun und vierzehn Jahren verfallen, die er »Nymphetten« (»nymphets«) nennt und die nur von Männern erkannt würden, die »Künstler und Wahnsinnige« seien wie er. Ihre vollkommene Inkarnation findet er unverhofft in Lolita, einer »Mischung von zarter, träumerischer Kindlichkeit und einer Art koboldhafter Vulgarität«. Sie ist die Tochter der Witwe Charlotte Haze, in deren Haus er nur ein Zimmer mieten wollte, die sich aber prompt in ihn verliebt. Nur um in Lolitas Nähe bleiben zu können, heiratet er eilig die für ihn völlig reizlose Mutter. Als diese ihre Tochter aus dem Haus schicken will, denkt er an Mord, doch ein Autounfall räumt Charlotte beizeiten aus dem Weg. Jetzt ist Humbert mit seiner Stieftochter allein, die keine Unschuld mehr ist. Sie ist es, die Humbert schließlich verführt, ohne seine Liebe je zu erwidern. Ihre Gunst und Verschwiegenheit muss er sich erpressen und erkaufen.

Ein für Humbert so seliges wie qualvolles Jahr lang (1947/48) fahren die beiden, als Vater und Tochter auftretend, im Uhrzeigersinn durch die Vereinigten Staaten von Motel zu Motel, lassen sich dann für neun Monate in einer College-Stadt im Osten nieder und brechen schließlich zu einer zweiten Autoreise in den Westen auf. Bald merkt Humbert, dass sie verfolgt werden. In Utah ist Lolita, offenbar mit dem Verfolger im Bunde, eines Tages verschwunden. Alle Versuche, die Flüchtigen aufzuspüren, bleiben vergeblich. Drei Jahre später meldet sich Lolita selbst wieder, um finanzielle Hilfe von Humbert zu erbitten: »Blaß und besudelt«, verheiratet und schwanger, weigert sie sich indessen, zu Humbert zurückzukehren. Er bringt sie wenigstens dazu, den Namen ihres Entführers preiszugeben: Es ist der Dramatiker Clare Quilty, der sie bei einer Schulaufführung kennengelernt hatte und ein noch größerer, weil durch und durch zynischer Schurke ist als Humbert. Dieser sucht ihn auf und erschießt Quilty in einer grotesken Racheszene. Im Vorwort teilt der fiktive Herausgeber mit, dass Humbert kurz vor seinem Prozess (1952) einem Herzanfall erlegen und Lolita wenig später im fernen Alaska im Wochenbett gestorben sei.

Im Nachwort zur amerikanischen Ausgabe berichtet Nabokov über die Entstehung des Romans, wehrt sich gegen den Vorwurf, Lolita sei Pornographie (die er als eine »Kopulation von Klischees« definiert), und skizziert seine ästhetischen Überzeugungen. Allegorische Deutungen wie die, dass der Roman eine Konfrontation des alten Europa (Humbert) mit dem jungen Amerika (Lolita) darstelle, lehnt er ab. Didaktische Absichten weist er von sich (»Ich verabscheue Theorien, Botschaften, absichtsvolle Ideen, Moral«, erklärte er in einem Interview). Wenn dem Roman dennoch eine Moral innewohnt, so weil Humbert immer verzweifelter begreift, dass er die letzte Kindheitsphase seiner Geliebten zerstört hat.

Der Roman, in dem der gebürtige Russe Nabokov das Instrument der englischen Sprache virtuos handhabt, bewegt sich auf typisch Nabokov'sche Weise zwischen dem Farcenhaften und einem ›Abgrund von Ernst‹. Er stellt ein überlegen geplantes, vielschichtiges System von inneren Bezügen dar, ist reich an offenen und versteckten Anspielungen auf andere Autoren und Werke – u.a. Poe, Prosper Mérimées *Carmen*, 1845 (dtsch. 1846), Marquis de Sades *Justine*, 1797 (dtsch. 1874), Gaius Valerius Catullus, Gustave Flaubert, James Joyce und das Kunstmärchen *La belle et la bête* – und auf diverse Literaturformen (Beichte, Kriminalroman, Reiseerzählung). *Lolita* ist reich auch an parodistischen Elementen: Sigmund Freud und die amerikanische Suburbia- und Motelkultur werden ebenso aufs Korn genommen wie der Jugendkult und eine bemüht fortschrittliche Pädagogik.

Lolita bewegt sich auf eine so originelle Weise zwischen dem psychologisch-realistischen Roman und der ›experimentellen‹ Moderne, dass das Buch manchen Lesern geradezu postmodern anmutet. Und mehr: Laut L. Olsen bezeichnet *Lolita* »einen Schnittpunkt des modernen Bewusstseins. Einerseits stellt der Roman eine sympathisierende (und dennoch oft spöttische) Bilanz der literarischen Moderne dar. Andererseits ist er eine der ersten absichtsvoll dekonstruktivistischen Regungen der Postmoderne.« Aber Nabokovs Roman lässt sich auch noch konventionell lesen, als extrem einseitiger Liebesroman, die Geschichte einer tragischen Leidenschaft – tragisch, weil ihr Gegenstand nur eine Mirage im Kopf des Jägers ist und damit irdischer Inbesitznahme entzogen, tragisch aber auch, weil sie, wenn sie ans Ziel käme, ihren Gegenstand vernichten müsste.

1974 veröffentlichte Nabokov sein *Lolita*-Drehbuch, das er 1961 für Stanley Kubrick geschrieben hatte, das von diesem aber für die Verfilmung stark umgearbeitet wurde. Die zweite Verfilmung durch Adrian Lyne (1997) beruhte auf einem Drehbuch von Stephen Schiff. Eine Dramatisierung von Edward Albee (1979) wurde zurückgezogen. ›Lolita‹ als Symbolbegriff für Kindfrauen ist tief in die Populärkultur eingedrungen.

DIETER E. ZIMMER

Allen Ginsberg
* 3. Juni 1926 in Newark/N. J. (USA)
† 5. April 1997 in New York/N. Y. (USA)

1943–1948 Studium an der Columbia University; ab 1945 literarische Arbeit; Freundschaft mit J. Kerouac und W. Burroughs; Drogenexperimente; 1954 Umzug nach San Francisco; Anklage wegen ›Obszönität‹ als Reaktion auf das Gedicht »Howl« (1956); in den 1960er Jahren eine der führenden Figuren der US-amerikanischen Gegenkultur, Gedichte über Homosexualität; in den 1970er Jahren akademische Anerkennung.

Das lyrische Werk
Die frühen Gedichte, entstanden ab den 1940er Jahren und später veröffentlicht in *Empty Mirror*, 1961 (Leerer Spiegel), *Reality Sandwiches*, 1963 (Wirklichkeitsschnitten), und *The Gates of Wrath*, 1972 (Die Tore des Zorns), sind eher konventionell geschrieben. 1956 aber gelingt Ginsberg der Durchbruch mit *Howl and Other Poems* (*Das Geheul und andere Gedichte*, 1959, W. Fleischmann). Stilistisch angelehnt an die Rhythmen des frühen Jazz und an spontane Assoziationsprosa wird der ›Moloch‹ amerikanischer Urbanität beschworen, dem sich die ›Beatgeneration‹, zu deren wichtigstem Sprecher Ginsberg mit dem Gedicht »Howl« wurde, gegenübersah. Als Außenseiter, die sich mit dem von der Gesellschaft verdrängten Leiden identifizieren, werden die Protagonisten von »Howl« zu den Heiligen der neuen Zeit, zu wahrhaft empfindenden Menschen im Schatten von Atombombe und antikommunistischer Intellektuellenhetze.

Das Gedicht beginnt mit der berühmt gewordenen Zeile: »I saw the best minds of my generation destroyed by madness« (»Ich sah die besten Köpfe meiner Generation vom Wahnsinn zerstört«). Im ersten Teil folgen Momentaufnahmen und Bildfetzen aus dem Leben des dichterischen Ichs und seiner Generation. Dabei ist der Wahnsinn sowohl Metapher für die einzige noch menschliche Daseinsform in einer unmenschlichen Zeit als auch klinische Diagnose der Außenseiter einer Massen- und Konsumgesellschaft. Christliche, neuplatonische und zen-buddhistische Begriffe, die Ginsberg übernimmt, gehen neue metaphorische Bindungen mit Elementen der Umgangssprache ein. Formal ist der Einfluss von William Carlos Williams, der biblischen Psalmen und Walt Whitmans unverkennbar. Rhythmischer und struktureller Angelpunkt ist das wiederkehrende Relativpronomen »die« (»who«).

Der zweite Teil prangert das allgegenwärtige Ungeheuer »Moloch« an, das die Seele der Menschen zerstört, wobei dieses Wort die gleiche rhythmische und strukturelle Funktion wie vorher das Wort »wer« erfüllt. Im dritten Teil wird der Insasse einer psychiatrischen Anstalt Carl Solomon, dem das Gedicht gewidmet ist, zur Figur des Märtyrers in einer mechanisch gesteuerten Welt. Im letzten Teil, als ›Fußnote‹ zum Gedicht konzipiert, kehrt sich die Perspektive um und alle negativen Aspekte der Wirklichkeit werden als Leidensaspekte des Menschen ›heilig‹ erklärt. Die weiteren Gedichte des Bandes ergänzen das Bild einer lebensfeindlichen Zivilisation, die sich allein im Konsumtaumel ergeht und jede Abweichung von der Norm unterdrückt (»A Supermarket in California«, Ein Supermarkt in Kalifornien; »America«).

Auch in seinem nächsten Gedichtband, *Kaddish and Other Poems*, 1961 (Kaddisch und andere Gedichte), formuliert Ginsberg seine Kritik an der US-amerikanischen Gesellschaft introspektiv. In dem unter Drogeneinfluss entstandenen Titelgedicht nimmt er den Tod seiner Mutter Naomi in einer Nervenheilanstalt zum Anlass, sich mit dem eschatologischen Problem der Endlichkeit menschlicher Existenz und der Suche nach Lebenssinn auseinanderzusetzen.

Der groben Form nach lehnt sich das Titelgedicht an die gleichnamige hebräische Totenklage an. In rhapsodischen Bildern und das religiöse Vorbild teilweise ironisierend, werden Ginsbergs Erinnerungen an die Tote beschrieben, wobei die Reminiszenzen zur eigenen Positionsbestimmung werden: Der Weg der Erinnerung bedingt die schmerzhafte Auflösung des Selbst in biographische Bruchstücke. Auf einer zweiten Ebene handelt »Kaddish« jedoch nicht nur vom physischen Tod als Erlösung aus individuellen Leiden, sondern auch von der Bewältigung des psychischen Todes, der Auflösung des Ich, dargestellt als verwirrende Flut von Gedanken, Gefühlen und Wahrnehmungen. »Tod, gebannt sei dein Schrecken!«, beschließt Ginsberg den ersten Teil des Gedichtes, genannt »Poem«. Der zweite Teil, genannt »Narrative«, präsentiert in autobiographischen Kindheitserinnerungen eine Reihung von traumatischen Erlebnissen, mehrdeutigen Situationen und ungelösten ödipalen Konflikten. In Naomis psychischer Krankheit wird die eigene Bindung an die Macht des Todes beschrieben, die Ginsberg an der geliebten Mutter erfahren hat, aber auch der Anreiz zur kreativen Verarbeitung. Naomis paranoide Ängste sind die spätere Bürde des Protagonisten, aus der heraus sein »Gelübde, die Menschheit zu erleuchten« entsteht.

Hymne und Klage, der dritte und vierte Teil, erheben die Visionen aus Naomis Abschiedsbrief zum poetischen Programm. Was die jüdische Totenklage eigentlich ins Jenseits verlagert – Auflösung und Auferstehung –, wird von Ginsberg somit als psychisch erreichbare Realität aufgefasst: Das Gedicht endet in der Fuge mit dem Bild der Krähen, die krächzend über dem Grab der Mutter auf Long Island kreisen, während ihr Sohn sich versöhnt erinnert. Biographische Details, die Darstellung psychischer Prozesse und der Verweis auf die gefühllose Gesellschaft werden so als Ursache des gebrochenen Bewusstseins des Protagonisten und seiner Mutter enggeführt, wobei Naomi auch als Verkörperung der an sich selbst leidenden USA gedeutet werden kann. In den »Kaddish« hinzugefügten Gedichten werden Drogenerfahrungen (»Laughing Gas«, Lachgas; »Mescaline«, Meskalin; »Lysergic Acid«, Lysergsäure) und Impressionen aus Paris (»Europe! Europe!«; »At Apollinaire's Grave«, An Appollinaires Grab) lyrisch verarbeitet und die Rolle des Dichters als politischer Prophet und Seher definiert (»Death to Van Gogh's Ear!«, Tod dem Ohr Van Goghs!). Der Dichter erhebt hier über die visionäre Vermittlung eschatologischer Wahrheiten hinaus Anspruch auf Gehör als Sensor gesellschaftlicher Missstände und damit auf die Rückgewinnung seiner sozialen Funktion.

In den 1960er Jahren versuchte Ginsberg, das aus dem poetischen Konzept visionärer Bewusstseinserweiterung abgeleitete ›kosmische Bewusstsein‹ aktiv auf Gesellschaft und Politik anzuwenden. 1964 erklärte er sich in seinem Aufsatz *Back to the Wall* (Zurück an der Mauer) als dem ›linken Flügel‹ der Beatgeneration zugehörig. In *Planet News*, 1968 (Nachrichten vom Planeten Erde), nimmt seine Lyrik einen fast dokumentarischen Charakter an; in der Diktion der rhapsodischen Erzählung verarbeitet er Reisen durch Amerika, Europa und Asien (»Journal Night Thoughts«, Tagebuch Nacht Gedanken; »Last Night in Calcutta«, Die letzte Nacht in Kalkutta; »Kral Majales«), Stimmungen in der Gegenkultur (»Who Be Kind To«, Zu wem man nett sein muss; »First Party at Ken Kesey's with Hell's Angels«, Die erste Party bei Ken Kesey mit den Hell's Angels), politische Demonstrationen und Alltagserlebnisse. Infolge von Ginsbergs langem Indienaufenthalt im Jahr 1962, dokumentiert in *Indian Journals*, 1970 (Indische Tagebücher), begreift er Bewusstseinserweiterung zunehmend als physische Aufgabe (»The Change: Kyoto-Tokyo-Express«, Die Veränderung: Kyoto-Tokyo-Express). Im zentralen Gedicht des Bandes wird diese neue Hinwendung zum Körper und zum Ich im

Hier und Jetzt in Kontrast zum politischen und sozialen Zustand der USA und der weltpolitischen Situation gesetzt (»Wichita Vortex Sutra«). Ähnliche Themen sind Gegenstand der in schneller Folge veröffentlichten Gedichtsammlungen T. V. *Baby Poems* (T. V. Baby Gedichte) *Airplane Dreams* (Flugzeug-Träume) und *Angkor Wat* (alle 1968).

Zur öffentlichen Figur geworden, war Ginsberg Ende der 1960er Jahre aus der gegenkulturellen Szene nicht mehr wegzudenken. Konsequent wurden in den »travel poems« in *The Fall of America*, 1972 (*Der Untergang Amerikas*, 1975, C. Weissner), der Vietnamkrieg, der Zustand der US-amerikanischen Gesellschaft, Umweltverschmutzung und Profite der Konzerne zu den dominierenden Themen. Gleichzeitig entwickelte Ginsberg in Aufsätzen und Vorträgen seine Theorie der Korrespondenz von Atem und Lyrik, von deren Anwendung er sich erhoffte, die geschriebene Form von Lyrik aufbrechen zu können und so an die Tradition mündlicher Überlieferung von essenziellen menschlichen Erfahrungen anzuknüpfen. Einige dieser Gespräche und Vorträge erschienen 1974 als *Allen Verbatim*. Gleichzeitig zeichnen sich deutlich fernöstliche Einflüsse in seiner Lyrik ab. Was vorher in der Ekstase des Gedichts selbst erreicht werden sollte, wurde in Ginsbergs Lesungen nun durch einleitende tantrische Gesänge, Mantras und andere östliche meditative Techniken ersetzt. Als ein Nebenprodukt entstanden in Zusammenarbeit mit Bob Dylan vertonte Balladen, die Ginsberg 1975 als *First Blues: Rags, Ballads & Harmonium Songs* (Der erste Blues: Rags, Balladen & Harmonium-Songs) veröffentlichte.

Mit dem Niedergang der US-amerikanischen Gegenkultur ist auch in Ginsbergs Lyrik eine Wende zu spüren. Die Gedichte von *Mind Breaths*, 1977 (Atemzüge des Geistes), geben politische Themen zugunsten von meditativen Auseinandersetzungen buddhistischer Prägung auf. Sie nehmen die Form östlicher Haikus an (»Cabin in the Rockies«, Hütte in den Rockies; »Teton Village«) oder gewinnen ihre Form durch Mantras (»Thoughts Sitting Breathing«, Gedanken beim Sitzen und Atmen). Nur wenige nehmen direkt zu politischen Problemen Stellung (»Yes and It's Hopeless«, Ja und es ist hoffnungslos; »Who Runs America?«, Wer regiert Amerika?). Damit gab Ginsberg seine Bestimmung als Seher und Verkünder gesellschaftlicher Wahrheiten auf und zog sich auf die Rolle des meditierenden Weisen zurück. Während *Iron Horse*, 1972 (*Iron Horse*, 1973, C. Weissner), noch den erzählerisch-visionären Impuls Whitmans verarbeitet, sind in *Plutonium Ode*, 1980, die meisten Gedichte Ausdruck privater Bewusstseinszustände.

1984 veröffentlichte der angesehene Verlag Harper & Row die
Collected Poems, 1947–1985 (Gesammelte Gedichte), des nunmehr
zum Klassiker avancierten Ginsberg. Eine Taschenbuchausgabe bei
Penguin folgte 1987. Auch die letzten Bände vor Ginsbergs Tod im Jahr
1997, White Shroud, 1986 (Weißer Schleier), und Cosmopolitan Greetings, 1995
(Kosmopolitische Grüße), kreisen um ein Gemisch von politischen
und privaten Themen, wirken aber weitgehend traditionalistisch.
HANS-PETER RODENBERG

Jack Kerouac
* 12. März 1922 in Lowell/Mass. (USA)
† 21. Oktober 1969 in St. Petersburg/Fla. (USA)

(d.i. Jean-Louis Lebris de Kerouac) – Aus katholischer französisch-kanadischer Familie; neben A. Ginsberg und W.S. Burroughs wichtigster Vertreter der ›Beat Literature‹; 1940–1942 Studium an der Columbia University; Versuch, rastloses antibürgerliches Leben, u.a. als Seemann und Gelegenheitsarbeiter, mit der Schriftstellerexistenz zu vereinbaren; Kultautor, Ästhetik der Spontaneität.

Weiteres Werk: *Gammler, Zen und hohe Berge* (*The Dharma Bums*, 1958).

Unterwegs / On the Road

Mit dem bereits 1949 bis 1951 entstandenen, aber erst 1957 publizierten Roman, einem Klassiker der modernen US-amerikanischen Literatur, wurde der Autor zum bekanntesten Vertreter der Beat-Generation der 1950er Jahre und zum Kultautor. Ständig unterwegs auf den Straßen und in den Städten der USA sind die Figuren dieses episodenhaft strukturierten, in den späten 1940er Jahren spielenden Buchs über ›Beatniks‹ und ›Hipsters‹, als deren Prototyp Dean Moriarty, der Freund des Ich-Erzählers Sal Paradise, erscheint. Moriarty, im Westen der USA als Sohn eines Wanderarbeiters geboren, führt nach der Entlassung aus einer Erziehungsanstalt ein Leben, das in krassem Gegensatz zu bürgerlichen Vorstellungen von Sesshaftigkeit, Verantwortungsbewusstsein und geregelter Arbeit steht. Sein und seiner Weggenossen Lebenszweck ist die Suche nach ›Intensität‹ – Intensität im Erleben der Weite und Schönheit des nordamerikanischen Kontinents, des Sex, des Jazz (damals hatte die Begeisterung für den Bebop ihren Höhepunkt erreicht) und der vom Alkohol stimulierten Diskussion mit Freunden und Fremden. ›Kicks‹, Momente ekstatischen Hingerissenseins, und ›to dig‹, einen anderen spontan verstehen, sind Schlüsselwörter der Beat-Sprache. Kerouac selbst definierte die Philosophie der Beat-Generation in dem Zeitschriftenartikel »Aftermath. The Philosophy of the Beat Generation«, der 1958 in *Esquire* erschien.

Sal Paradise, im Osten der Staaten aufgewachsen, Student mit schriftstellerischen Ambitionen, gerät in New York in Deans Bann. Als dieser westwärts trampt, fährt er ihm nach, findet ihn nach längerem Suchen in Denver/Colorado und teilt während des größten Teils der folgenden zwei Jahre sein Vagabundenleben. Immer deutlicher erkennt er, dass Deans Ruhelosigkeit und Erlebnisgier aus seiner Unfähigkeit resultieren, sich der Gesellschaft anzupassen, dass seine Flucht vor jeder festen Bindung aber auch einen Protest gegen das US-amerikanische Bürgerleben darstellt. In seinem maßlosen Freiheitsdrang und seiner hektischen Suche nach Selbstbestätigung handelt Dean menschlich verantwortungslos, sowohl gegenüber zahlreichen Frauen als auch gegenüber Sal, den er eines Tages krank und elend in Mexiko zurücklässt. Dennoch entschuldigt Sal Deans Verhalten, auch die gelegentlichen Autodiebstähle und Betrügereien, weil Dean in seinen Augen als Ausnahmemensch geradezu eine Verkörperung der Kreativität, auch in ihren destruktiven Aspekten, ist. Nach jeder Reise fühlt sich der Erzähler erschöpfter und ausgebrannter als zuvor. Er sehnt sich nach einem neuen Anfang, einer sinnvollen Arbeit, einem ›normalen‹ Leben und beginnt schließlich, auf dieses Ziel hinzuarbeiten. Dean jedoch wird nach jedem Versuch, sich irgendwo niederzulassen, von seiner inneren Unruhe auf die Landstraßen zurückgetrieben, denn für ihn ist das Unterwegssein Befreiung und Droge zugleich. Bis zuletzt empfindet Sal Bewunderung für ihn, für die »unmögliche Komplexität seines Lebens«, für die Absolutheit, mit der er sich dazu bekennt und die ihn in Sals Augen zum »Idioten, Blödian und Heiligen dieser Gesellschaft« (»Holy Goof«) macht.

Die Protagonisten haben Ähnlichkeit mit Neal Cassady und Jack Kerouac; der Dritte im autobiographischen Bund der Freunde ist William Burroughs als Old Bull Lee. Die Suche nach Erlebnissen jenseits des Erfahrungsbereichs früherer Generationen und der Drang, Amerika neu zu entdecken, stellen Kerouacs Roman in eine literarische Tradition der USA, die von Ralph Waldo Emerson und Henry David Thoreau über Walt Whitman bis zu Thomas Wolfe und Henry Miller reicht. Das Bemühen, die Sprache des Romans dem spontanen, unreglementierten Leben seiner Protagonisten anzupassen, überzeugt nur dort, wo deren Jargon in direkter Rede wiedergegeben wird. Die ebenfalls betont lässige Sprache des Ich-Erzählers hat dagegen in visionären Momenten oft etwas Forciertes (entgegen Kerouacs Theorie vom spontanen, improvisierten Schreiben als Ausdruck des wahren Selbst wurde On the Road vor der Publikation intensiv und mehrfach überarbeitet). Den Eindruck der ›Unausgegorenheit‹ erwecken gelegentlich auch Bildungsreminiszenzen aus den verschiedensten Bereichen, so etwa die Anspielungen auf Goethe, Nietzsche und Dostoevskij.

Das Buch, das trotz bissiger Kritiken weit über die USA hinaus eine ähnliche Resonanz fand wie J. D. Salingers *The Catcher in the Rye*, 1951 (*Der Fänger im Roggen*, 1962), gilt, obgleich es in erster Linie ein Dokument des Lebensgefühls der US-amerikanischen Nachkriegsgeneration war, inzwischen als Klassiker und Kultbuch sowie neben Allen Ginsbergs Howl, 1956 (*Das Geheul*, 1979), als wichtigstes Werk der Beat-Generation. Gerade weil On the Road nicht wie Kerouacs folgende Bücher – allesamt Teile einer großen autobiographischen Konfession – in ›spontaner Prosa‹ geschrieben ist, sondern nur von der Suche nach Spontaneität handelt, erlangte es seine außerordentliche Breitenwirkung.

Neal Cassadys eigene Version der Jahre mit Kerouac, *The First Third*, wurde postum 1971 (erweitert 1981) veröffentlicht (*Der Flügel des Engels*, 1997). 2001 sorgte die Versteigerung des Originalmanuskripts, einer über 40 Meter langen Endlospapierrolle, die Kerouac mit seiner Schreibmaschine beschrieben hatte, in New York für weltweites Aufsehen; der Versteigerungserlös betrug 2,43 Millionen US-Dollar. Verfilmt wurde On the Road bislang nicht, obwohl das Buch streckenweise wie ein frühes Road Movie wirkt. Doch Kerouac scheint dies geahnt zu haben, denn er sagte: »Das Buch in Drehbuchform ist der Film in Worten.«

JERÔME VON GEBSATTEL / HENNING THIES

Sylvia Plath

* 27. Oktober 1932 in Boston/Mass. (USA)
† 11. Februar 1963 in London (Großbritannien)

(Pseudo. Victoria Lucas) – Literaturstudium am Smith College, Fulbright-Stipendiatin in Cambridge; Lyrikerin, verfasste aber auch den Roman *The Bell Jar* (1963) und Kurzgeschichten (z. B. *Johnny Panic and the Bible of Dreams*, 1977); Kultfigur der Frauenbewegung der 1960er/1970er Jahre; lebenslanges Leiden an Depressionen; verheiratet mit dem Schriftsteller Ted Hughes; Freitod.

Das lyrische Werk

Das lyrische Werk der Autorin, das über einen Zeitraum von ca. 25 Jahren entstand, ist vollständig erhalten. *The Colossus* (Der Koloss), ihre erste Gedichtsammlung, erschien 1960; ihre zweite Sammlung, *Ariel* (Ariel, 1974, E. Fried), entstand 1963 in Plaths kreativen Schaffensmonaten vor ihrem Freitod und erschien postum 1965. Sie wurde zum Bestseller, faszinierte die Nachwelt durch ihre Intensität und lud zu autobiographisch-diagnostischen Interpretationen ein. Zwei weitere Lyrikbände, *Crossing the Water* (Über das Wasser, 2013, J. Zander) und *Winter Trees* (Winterbäume), folgten 1971. 1981 gab Plaths Witwer, der englische Lyriker Ted Hughes, bei Faber & Faber die *Collected Poems* (Gesammelte Gedichte) heraus. Während Kritiker die frühen Gedichte Plaths lange als ›Fingerübungen‹ abtaten, feierten sie die *Ariel*-Gedichte als authentisches Spätwerk und künstlerischen Höhepunkt.

Immer noch werden Plaths Lyrik und ihr Prosawerk als literarische Zeugnisse einer jungen depressiven Frau gelesen, deren tragischer Tod im Werk selbst – vor allem in Gedichten wie »Ariel« oder dem autobiographischen Roman *The Bell Jar* – vorgezeichnet ist. Plath wurde zum Mythos und ihr durch Depressionen, Psychiatrieaufenthalte, literarische Erfolge, Liebe, Eifersucht und Suizid charakterisiertes Leben zum Stoff, aus dem Hollywood Träume schafft: 2003 spielte Gwyneth Paltrow die Dichterin im Film *Sylvia*. Dass sich die autobiographisch-psychoanalytische Interpretation des Plath'schen Werks über vier Jahrzehnte halten konnte, hängt aber nicht nur mit der Mythenbildung um die Person Sylvia Plath und der (problematischen) Verquickung von Leben und Werk zusammen, sondern auch mit der literatur- und kulturgeschichtlichen Verankerung ihres Werks in der sogenannten ›confessional poetry‹ (Bekenntnislyrik), ein Begriff, den M. L. Rosenthal 1959 in einer Rezension zu Robert Lowells Life Studies, 1959 (Lebensstudien), prägte. In Life Studies sprach Lowell offen über sich selbst, seine psychischen Probleme und seine Familie und machte Lyrik damit zur Bekenntnisgattung und zum therapeutischen Mittel. Neben Lowell werden auch Plath, W. H. Snodgrass und Anne Sexton zu den ›confessional poets‹ gezählt. Ihre unmittelbar persönlichen Texte erteilten der bis dahin unangefochtenen, von T. S. Eliot 1919 in seinem Essay »Tradition and the Individual Talent« (»Tradition und individuelle Begabung«) aufgestellten Unpersönlichkeitsdoktrin und der damit einhergehenden Ablehnung psychologischer Elemente in der Lyrik eine deutliche Absage. Die Auflehnung gegen Eliot, die kanonisierte Vaterfigur der anglo-amerikanischen Moderne, führte in den 1950er Jahren zur Zurückweisung seiner ›Ästhetik der Distanz‹ und zur Herausbildung einer neuen Dichtung, die einer ›Ästhetik der Intensität‹ folgte, hochgradig persönlich wie politisch und im Falle von Plath zusätzlich an Frauenbelangen interessiert war.

Während Eliot an der Schwelle zum ›New Criticism‹ das Kunstwerk und seine Strukturen ins Zentrum rückt, artikuliert die weibliche Stimme zahlreicher Gedichte Plaths auch die gesellschaftlichen Kontexte und Probleme der Zeit: Die thematisierten persönlichen Erfahrungen sind bei Plath immer an die Erfahrungen ihrer zutiefst desillusionierten Generation gekoppelt, die vom Zweiten Weltkrieg, dem Holocaust, dem Atombombenabwurf über Hiroshima, der Ungleichheit zwischen den Geschlechtern und der Kommunistenhetze der McCarthy-Ära geprägt war. Indem sich Plath in ihrem lyrischen Werk mit psychischer Krankheit, Todessehnsucht und weiblicher Sexualität, Geschlechterrollen- und Identitätsproblematik, Alltagserfahrungen von Frauen – z. B. in Three Women, 1960 (Drei Frauen, 1991, F. Roth), einem dramatischen Gedicht für drei weibliche Stimmen, das auf einer Entbindungsstation spielt – und der Nichtvereinbarkeit von Beruf und Muttersein auseinandersetzt und zudem auf drastische, gewaltsame Bildlichkeit und Schockeffekte setzt, stellt sie Eliots eherne Gesetze genauso auf den Kopf wie die US-amerikanischen Erfolgsideologien ihrer Zeit.

Einige der in The Colossus gesammelten frühen Gedichte Plaths gehören zu ihren bekanntesten: »The Manor Garden« (Der Gutsgarten), »Black Rook in Rainy Water« (Schwarze Krähe im Regenwasser), »Mussel Hunter at Rock Harbour« (Muscheljäger bei Rock Harbour) und »Watercolour of Grantchester Meadows« (Aquarell von Grantchester Meadows) sind

Beispiele für Plaths Beschreibungskunst, die diese Naturgedichte in die Tradition neuengländischer Dichtkunst, etwa einer Emily Dickinson und eines Robert Frost, stellen. Von Kritikern wird Plaths früher Schreibstil häufig als elaboriert und überladen charakterisiert. »Watercolour of Grantchester Meadows«, das eine Wiesenlandschaft in der Nähe Cambridges im pastoral-arkadischen Stil beschreibt, ist insofern typisch für Plath, als in die ruhige, friedvolle Atmosphäre des Gedichts jäh Unheil und Gewalt einbrechen. Die Nennung eines visuellen Mediums (der Aquarellmalerei) im Titel des Gedichts, aber auch die zahlreichen beschriebenen Wahrnehmungsakte und Farbbezeichnungen in Plaths Lyrik (die häufig der symbolisch-psychologischen Verdichtung dienen), verdeutlichen die wichtige Rolle, die (moderne) Malerei und Bildhauerei im Werk der Dichterin spielen. Neben deskriptiven Gedichten schrieb Plath auch ekphrastische (bildbeschreibende) Lyrik, die Gemälde von Giorgio de Chirico, Paul Klee oder Henri Rousseau evoziert und der Plath-Forschung eine neue, intermediale Richtung gab.

Für die Untersuchung von Text-Bild-Beziehungen im Plath'schen Werk ist das Gedicht »The Disquieting Muses«, 1957 (Die beunruhigenden Musen) aufschlussreich, das auf ein gleichnamiges Gemälde de Chiricos Bezug nimmt und das ekphrastische Verfahren zur Artikulation der psychischen Probleme des weiblichen Sprecher-Ich, seiner ambivalenten Gefühle der Mutter gegenüber, seiner albtraumhaften Erinnerungen und abgründigen Ängste einsetzt. Das Gedicht ist aber nicht nur typisch durch seine Verklammerung von Ekphrasis und Psychoanalyse, sondern spiegelt auch Plaths Interesse an Themen wie Erinnerung, kulturelles Gedächtnis und Mythen- bzw. Antikerezeption, denn nicht nur spricht ein weibliches Sprecher-Ich über seine traumatische individuelle Erinnerung, sondern es tut dies durch Verweise auf den griechisch-römischen Mythos (Anspielung auf die Musen und Parzen/Moiren).

Das trifft auch auf die Titelelegie »The Colossus« aus Plaths erster Gedichtsammlung zu, das von einer ruinierten männlichen Kolossal-Statue handelt, wie sie in der antiken Bildhauerei, aber auch in de Chiricos Gemälden häufig anzutreffen ist. Trotz jahrelanger, unermüdlicher Anstrengungen kann der übermächtige, durch die Statue verkörperte tote Vater vom Sprecher-Ich nicht zum Leben erweckt werden. Vielmehr wird der Koloss zur gespenstischen Allegorie einer lähmenden, in surrealistischen, wirkungsmächtigen Bildern beschriebenen Vergangenheit, der man nicht entkommen kann.

Einem Elektra-ähnlichen Sprecher-Ich begegnet man im einem späten, dem vermutlich berühmtesten Gedicht Plaths, in »Daddy« (»Papi«, E. Fried), wieder. Hier ringt das weibliche Sprecher-Ich auf aggressive Weise mit dem erinnerten, zärtlich geliebten und gleichzeitig verhassten Vater, den es zum faschistischen »Panzermann« stilisiert und damit die psychoanalytische Dimension durch eine politische Ebene auflädt. »Daddy« ist eine performativ-exorzistisch verfahrende (Anti-)Elegie, die Erinnerungen an den Vater austreiben will: »Papi, Papi, du Dreckstück, zwischen uns ist es aus.«

Ähnlich wie in »Daddy«, aber auch im früheren Gedicht »The Thin People« (Die dünnen Menschen), verbindet Plath auch in »Lady Lazarus« (»Madame Lazarus«, E. Fried) den persönlich-privaten mit dem politischen Bereich. Es geht um die »Kunst zu sterben« (»Dying / Is an art, like everything else«), die von der aggressiven und rachsüchtigen Sprecherin des Gedichts als theatralische Striptease-Szene in einem Konzentrationslager der Nazis inszeniert wird. Die Verknüpfung von persönlichen psychischen Problemen und Holocaust-Metaphorik – die auch in »Little Fugue« (»Kleine Fuge«, E. Fried) anklingt – wurde häufig als gänzlich unangemessen kritisiert. Beeindruckt zeigte sich die Kritik allerdings von der eindringlichen, dichten Symbolik des Bienengedichte-Zyklus: »The Bee Meeting« (»Das Bienentreffen«), »The Arrival of the Bee Box« (»Die Ankunft der Bienenkiste«), »Stings« (»Stiche«) und »Wintering« (»Überwintern«, alle E. Fried). Während Plaths Gedichte, insbesondere die späten, lange als suizidale Zeugnisse autobiographisch interpretiert wurden, ist das kritische Hauptaugenmerk heute auf die formalen, stilistischen, intertextuellen, intermedialen und selbstreflexiven Elemente des Werks gerichtet.

Nachdem Ted Hughes 1998 seine an Plath gerichteten Gedichte *Birthday Letters* (*Birthday Letters. Gedichte*, 2000), publiziert hatte und 2000 die vollständigen Tagebücher (in deutscher Übersetzung nur in Auszügen vorhanden: *Die Tagebücher*, 1997) der Dichterin auf den Markt gekommen waren, wurde der ›Plath-Mythos‹ von den Medien erneut aufgegriffen, was Plath nicht nur in Hollywoods Filmindustrie, sondern auch auf Europas Opern- und Konzertbühnen – etwa in Adriana Hölszkys *Giuseppe e Sylvia*, 2000 (Giuseppe und Sylvia), Ryan Adams' »Sylvia Plath«, 2001, und Tom Cochranes »Paper Tigers«, 1995 (Papiertiger) – eine neue Medienpräsenz verschaffte. GABRIELE RIPPL

John Updike
* 18. März 1932 in Shillington/Pa. (USA)
† 27. Januar 2009 in Beverly/Mass. (USA)

1954 Abschluss eines Literaturstudiums in Harvard; 1955 Essayist und Redakteur bei *The New Yorker*; ab 1957 freiberuflicher Autor; 1964–1976 Reisen; 1960 Anerkennung durch den Roman *Rabbit, Run*; 1968 Durchbruch mit *Couples*; Porträtist der weißen Mittelklasse, vereint in satirisch-ambivalentem Erzählstil Moderne und Postmoderne; einer der produktivsten und international beliebtesten US-amerikanischen Erzähler und Romanciers der zweiten Hälfte des 20. Jh.s.

Weitere Werke: *Der Zentaur* (*The Centaur*, 1963), *Ehepaare* (*Couples*, 1968), *Die Eastwick-Romane* (1984–2008), *Das Gottesprogramm. Rogers Version* (*Roger's Version*, 1986).

Die Rabbit-Tetralogie
Im Abstand von jeweils zehn Jahren publiziert, verfolgen die Rabbit-Romane den Aufstieg eines Durchschnittsamerikaners aus der unteren Mittelschicht in ›bessere Verhältnisse‹. Mit stilistischer Virtuosität und überzeugendem psychologischen Einfühlungsvermögen zeichnet Updike dieses Leben in einer konsequent durchgehaltenen, oft parodistischen Alltagskritik als tragikomischen Leidensweg durch das postmoderne Amerika von der Eisenhower-Ära bis zur Präsidentschaft Bill Clintons. Dadurch, dass das Psychogramm eines schwachen, fehlerhaften Jedermanns sowohl mit der genauen Schilderung seines gesellschaftlichen Hintergrunds als auch mit transzendenten, mythischen und literarischen Verweisen verwoben wurde, gelang es, das anscheinend Triviale seiner banalen Ebene zu entheben.

Der Name des Antihelden, Harry Angstrom, und mehr noch sein Spitzname ›Rabbit‹ kennzeichnen ihn als menschlichen Archetypen, wobei der Tiername ›Rabbit‹ klanglich an Sinclair Lewis' Romanhelden ›Babbitt‹ erinnert. Wie Babbitt in den 1920er Jahren ist auch Updikes Rabbit vor allem ein Repräsentant des modernen Amerikaners schlechthin. Rabbit ist ein von der Gesellschaft konditioniertes, ängstliches Tier, das Verstand besitzt und auch nach metaphysischer Erkenntnis strebt; sein Verhalten wird jedoch von egoistischen Instinkten und Trieben bestimmt, die ihn an dieser Erkenntnis hindern und ihn in Konflikt mit der Umwelt und mit sich selbst bringen. Der Lösung dieses Konflikts weicht Rabbit im ersten und letzten Roman jeweils durch Flucht aus.

Der erste Roman des Zyklus, *Rabbit, Run*, 1960 (*Hasenherz*, 1962, M. Carlsson), war ursprünglich als Filmskript geplant und ist deshalb im historischen Präsens geschrieben, was eine plastische Unmittelbarkeit der Darstellung ermöglicht. Schauplatz ist die Provinzstadt Brewer in Pennsylvania. Der 26-jährige Rabbit, in Beruf und Ehe frustriert, flüchtet sich in die Erinnerung an seine Erfolge als Basketballstar in der Schule. An einem Vorfrühlingsabend ist er von seiner trinkfreudigen und fernsehbesessenen Frau Janice, die zum zweiten Mal schwanger ist, so angeekelt, dass er sie und ihren gemeinsamen Sohn Nelson verlässt. Rabbits pikareske Flucht mit dem Auto nach Süden ist mit Hilfe ironischer Verweise, z.B. auf John Bunyans *The Pilgrim's Progress* (1678), als Parodie auf US-amerikanische Glücks- und Erfolgsideologien bzw. auf die Suche nach Erlösung schlechthin gestaltet. Wenn Rabbit auf seiner Reise, die nicht an das Traumziel (den Golf von Mexiko) führt und ihn bald wieder in die Tristesse der pennsylvaniaschen Provinz zurückbringt, durch Städte fährt, die z.B. »Intercourse«, »Paradise«, »New Providence« und »Unicorn« heißen, erkennt man die ironischen Parallelen zur allegorischen Reise von Bunyans Pilger Christian und zur Grallegende. Rabbit sucht bei seinem ehemaligen Trainer Tothero Unterschlupf, lernt durch ihn die Prostituierte Ruth kennen und sucht in der sexuellen Befriedigung den Weg zum Glück. Erst als Janice im Krankenhaus ein Mädchen zur Welt bringt, kehrt er reuevoll zu ihr zurück. Der Ehefrieden hält jedoch nur neun Tage. Nach Rabbits erneuter Flucht betrinkt sich Janice und lässt das Baby unabsichtlich in der Badewanne umkommen. Zwar kehrt der zerknirschte Rabbit im letzten Teil des Romans zu seiner Familie zurück und versucht, sich am Grab zu rechtfertigen, doch noch von dort flieht er wieder zu Ruth, die das Kind, das sie von ihm erwartet, nur bekommen will, wenn er sie heiratet. Freilich hält es ihn auch bei Ruth nicht, und so endet der Roman mit der erneuten Flucht des Protagonisten.

Updike gestaltete Aufbau, Sprache und Thematik von *Rabbit, Run* mit derartiger Sorgfalt, dass ihm die Kritik unter Verkennung seiner Ziele vorwarf, er habe sein offenkundiges Talent für eine Figur vergeudet, die so viel Aufwand nicht verdiene. Updike wollte jedoch zeigen, dass sich im scheinbar Banalen sehr wohl das menschliche Dilemma aufspüren lässt. Das Motto des Romans, aus Pascals *Pensées*, 1670 (*Gedanken*, 1947), enthält die zentrale und für Updike unentschiedene Frage, wie der von äußeren und inneren Zwängen determinierte Mensch die göttliche Gnade finden könne. Niemand scheint dem suchenden Rabbit helfen zu können, der eine vage religiöse Sehnsucht nach ›etwas‹ verspürt, das sich hinter den Dingen und Erfahrungen verbirgt. Sein Ex-Trainer Tothero und der Geistliche Eccles bieten ihm konformistische Ideologien an, deren Nutzlosigkeit er instinktiv erkennt. In seiner Verzweiflung orientiert sich Rabbit an ihm bekannten, infantilen Verhaltensmustern, die früher Auswege boten. Aber das Basketballspiel – Spiele haben in allen Romanen Updikes metaphorische Bedeutung – erweist sich als untaugliches Lebensmodell und führt im letzten Band der Tetralogie beinahe zum tödlichen Infarkt. Seinen Instinkten gehorchend, flüchtet sich Rabbit zum Gott des späten 20. Jh.s, Eros, der statt der erhofften Erlösung in der Lust nur Ekel, Gewissensbisse und Angst zu bieten hat.

Die Handlung des zweiten Romans der Tetralogie, des vierteiligen *Rabbit Redux*, 1971 (*Unter dem Astronautenmond*, 1973, K. Molvig), setzt eine Dekade nach dem Ende von *Rabbit, Run* ein. Der 36-jährige Rabbit lebt wieder mit seiner Frau Janice zusammen und arbeitet wie sein Vater als Schriftsetzer. Er ist weiterhin ein passives Opfer privater und gesellschaftlicher Ereignisse. Im ersten Teil des Romans verlässt ihn Janice, um mit dem zwielichtigen Autoverkäufer Stavros zusammenzuleben, der ihre sexuellen Wünsche befriedigen kann. Währenddessen bricht in Rabbits Leben das Chaos aus. Er lässt sich mit dem 18-jährigen Hippiemädchen Jill ein, das aus Protest gegen seine reichen Eltern Umgang mit Schwarzen pflegt. Sie richtet sich bei Rabbit und seinem Sohn Nelson ein und bringt den schwarzen Vietnam-Veteranen und Revolutionär Skeeter ins Haus, der sich als Messias sieht und wegen Drogenhandels polizeilich gesucht wird. Während der Joint die Runde macht und die Gäste unter Einbeziehung des ratlosen Hausherren sadomasochistische Spiele aufführen, erfährt der politisch konservative Rabbit durch den militanten Skeeter eine Art Katharsis, die ihn dazu veranlasst, den Schwarzen vor der Polizei zu retten, als die aufgebrachten Nachbarn sein Haus anzünden und Jill in den Flammen umkommt. Im letzten Kapitel tritt Rabbits energische Schwester Mim wieder auf, die in Kalifornien als Callgirl arbeitet und, während sie ihre Eltern in Brewer besucht, das Leben ihres Bruders ins Lot bringt. Janice kehrt zu Rabbit zurück.

Mit stilistischer Brillanz und dezenter Ironie werden Komplexität, Komik und Tristesse der sozialen Umwälzungen im Amerika der späten 1960er Jahre in der Psyche und Vorstellungswelt des Antihelden gespiegelt, der bewusst als Durchschnittsamerikaner im Sinne der ›schweigenden Mehrheit‹ konzipiert ist. Die Rassenproblematik, der Vietnamkrieg, Rauschgiftkonsum, der Einfluss des Fernsehens und urbaner Zerfall – dies sind einige Themen, die im verzerrten Spiegel von Rabbits Bewusstsein aufscheinen. Es hieße diesen und die anderen Rabbit-Romane jedoch misszuverstehen und Updikes Ziele als Romancier zu verkennen, wollte man die Trilogie allein als Sozialkritik am provinziellen Amerika verstehen, in dem der Autor aufwuchs.

Struktur und Metaphorik des Romans stellen sicher, dass die im historischen Präsens realistisch dargestellte Gegenwart nicht nur ironisch relativiert, sondern auch durch Bilder und Anspielungen überhöht wird. Die Bildsprache (z. B. die Bilder von Geistern und Ertrinkenden, die Spiegelmetaphorik, die Juxtaposition schwarz/weiß und das Basketballspiel als Weltmodell) verweist auf die überzeitlichen und ästhetischen Dimensionen von *Rabbit Redux*. Zu den bedeutsamsten Metaphern gehört die damals im Zeichen der Mondlandung aktuelle Raumfahrt: Jedes Kapitel des Buches wird durch ein Motto eingeleitet, das aus Zitaten der Unterhaltungen sowjetischer und amerikanischer Astronauten besteht. Diese Zitate und die Gespräche der Angstroms über die Mondladung sowie über Stanley Kubricks Film *2001: A Space Odyssey*, 1968 (*2001: Odyssee im Weltraum*), sind so manipuliert, dass technischer Jargon in ironisch-desillusionierende Beziehung zum Sexualverkehr und zur Suche nach einem Lebenssinn gesetzt wird. Technik wird – ähnlich wie bei Kubrick – identisch mit Sex, und beide führen den suchenden Menschen ins Nichts.

Rabbits Suche nach einem undefinierbaren ›Etwas‹ aus dem ersten Roman wird hier als Leitmotiv auch für andere Figuren fortgesetzt: Janice, Jill, Skeeter und Mim streben alle nach persönlicher Freiheit, die sie in Konflikt mit der Verantwortung fordernden Gesellschaft bringt und die in Resignation oder Tod endet. Für diese Konfrontation (ein klassisches Thema US-amerikanischer Literatur) bietet Updike bewusst keine Patentlösung an. Rabbit ist in diesem Roman ein Reagierender und Lernender, der im Sinne des Titels in die soziale Verantwortung zurückgeführt wird und dabei Opfer bringen muss. Er akzeptiert am Ende die tägliche Bürde des Lebens und kommt als spät erwachsen gewordener ›Angsthase‹ zur vorläufigen Ruhe.

Der dritte Teil der Rabbit-Serie, *Rabbit Is Rich*, 1981 (*Bessere Verhältnisse*, 1983, B. Henninges), schildert Ereignisse während der Energiekrise des

Jahres 1979, die der nun 46-jährige Rabbit als Toyota-Händler zumindest finanziell gut übersteht. Er hat von seinem Schwiegervater ein Autogeschäft übernommen und genießt als sozialer Aufsteiger die Annehmlichkeiten des Lebens in der ›upper middle class‹, spielt Tennis und Golf, spekuliert erfolgreich mit Gold und Silber, kauft sich ein teures Haus und macht Urlaub in der Karibik, wo es zum ›wife swapping‹ kommt. Rabbits 22-jähriger Sohn Nelson bereitet ihm Kummer: Er sorgt für eine Reihe kleinerer Katastrophen, heiratet die von ihm geschwängerte Pru und lässt sie mit dem Baby bei den Eltern zurück, um wieder zur Universität zu gehen. Mehr noch als an den der Selbstbehauptung dienenden Eskapaden seines Sohnes leidet Rabbit an der Angst vor dem herannahenden Tod, die ihn immer öfter, insbesondere bei sexuellen Aktivitäten und erotischen Phantasien, heimsucht. Die Furcht vor dem Tod lässt sich weder durch Jogging noch durch Sex und Konsumrausch verdrängen. Das aus den anderen Rabbit-Romanen bekannte Zentralmotiv der Suche greift Updike hier wieder auf, indem er Rabbit vergeblich nach einer Tochter suchen lässt, die seine frühere Geliebte Ruth möglicherweise geboren hat. Die Suche ist Rabbit deshalb so wichtig, weil er in diesem Kind weiterleben und den Tod verdrängen möchte – doch die Hoffnung wird enttäuscht. Vorrangiges Motiv dieses Romans ist die existenzielle menschliche Angst vor dem Tod. Das bereits im zweiten Motto, einem Zitat von Wallace Stevens, anklingende Todesmotiv findet seine Entsprechung in der Metaphorik des Romans, der mit Bildern der Leere und des Todes beginnt und endet und mit zahlreichen Metaphern Untergang und Zerstörung ankündigt.

Der Sexualität kommt in diesem Zusammenhang eine zentrale Funktion zu, denn der hedonistische Rabbit, dessen Lieblingslektüre die Zeitschrift *Consumer Reports* ist, versucht erfolglos, seine geistige und psychische Verzweiflung durch Sex zu überwinden. Updike hat in mehreren Interviews und kritischen Schriften die Intentionen erläutert, die er mit der expliziten Schilderung sexuellen Verhaltens verbindet, das auch in diesem Roman in verschiedenen Szenen drastisch vorgeführt wird: Als neue Ersatzreligion bringt Sex den Menschen keine geistige Befriedigung und verweist im Grunde auf den Tod. Rabbit erlebt letztendlich den ›horror vacui‹ und muss erkennen, dass er sich einem falschen Heilsversprechen ausgeliefert hat, das Religion und Liebe nicht ersetzen kann. Rabbits verzweifelte Suche nach dem Selbst und nach der Erfüllung in Konsum und Sexualität wirkt deshalb eher tragisch als komisch (die Beziehungen zum Theater des Absurden sind offensichtlich), zumal die Suche in und mit dem endet, was das 18. Jh. treffend als ›la petite mort‹ (d.h. Orgasmus) bezeichnete. Updikes Rabbit-Tetralogie zeigt paradigmatisch, wie im Amerika des späten 20. Jh. nicht mehr länger die Sexualität, sondern deren stiller Begleiter, der Tod, tabuisiert wird. Rabbit Is Rich wurde mit verschiedenen Preisen, darunter dem Pulitzer-Preis, ausgezeichnet.

Im vierten Band der Rabbit-Serie, Rabbit at Rest, 1990 (Rabbit in Ruhe, 1992, M. Carlsson), lässt Updike seinen Protagonisten an animalischen Trieben zugrunde gehen und verdeutlicht somit seine pessimistische Aussage, dass der Mensch dem eigenen Unbewussten kaum gewachsen ist. Rabbits relativ frühes Rentnerdasein im tödlich langweiligen Florida wird durch das kriminelle Verhalten seines Sohnes Nelson gestört, der mit den Einnahmen aus dem familieneigenen Autogeschäft seinen Rauschgiftkonsum finanziert. Zwar gelingt es den Eltern, den Sohn ins bürgerliche Leben zurückzuholen, doch sind die Opfer beträchtlich: Das Geschäft muss aufgegeben werden, und Rabbit erleidet – auch bedingt durch grenzenlose Esslust und infantilen Spieltrieb (Basketball mit schwarzen Gettokindern) – zwei Herzinfarkte, die ihn, nach einer Affäre mit seiner Schwiegertochter und der Flucht zurück nach Florida, schließlich zu Tode bringen. In Rabbits Bewusstsein lässt Updike Facetten des Amerikas der späten 1980er Jahre aufscheinen, deren sarkastische Sichtweise (die Japaner übernehmen die Wirtschaft; die Amerikaner selbst sind nur noch an Unterhaltung und Verdrängung der tristen Realität interessiert) eine überzeugende Symbiose mit den Todesahnungen des Antihelden eingeht.

Im Jahr 2000 publizierte Updike einen Epilog zur Rabbit-Tetralogie, der unter dem Titel »Rabbit Remembered« (Rabbit, eine Rückkehr, 2002, M. Carlsson), in der Kurzgeschichtensammlung Licks of Love. Short Stories and a Sequel (Wie war's wirklich, 2004, M. Carlsson) erschien. Im Mittelpunkt stehen Rabbits verbliebene Angehörige, die auch nach dessen Ableben versuchen, Harrys Charakter zu entschlüsseln und die dysfunktionalen Beziehungen, die er ihnen hinterlassen hat, zu verarbeiten. Die Hauptfiguren sind Nelson, Janice (die inzwischen mit Harrys ehemaligem Rivalen Ronnie Harrison verheiratet ist) und Annabelle Byer (Rabbits außereheliche Tochter, die nach dem Tod ihrer Mutter Ruth die Familie ihres leiblichen Vaters aufsucht). Während Janice und Ronnie auf das Auftauchen Annabelles – für sie die Inkarnation einer bewussl verdrängten Vergangenheit – ablehnend reagieren, versucht Nelson, seine Halbschwester in das Familienleben der Angstroms/Harrisons zu integrieren. Beim Thanksgiving-Essen kommt es zu einem Eklat. Ronnie demütigt Annabelle, und Nelson verlässt das elterliche Haus, das er mit Ronnie und Janice seit seiner Trennung von Pru bewohnt. Die Handlung der Novelle kulminiert in der Silvesternacht 1999, die zum emotional bedeutsamen Wendepunkt wird. Während einer bizarren Irrfahrt durch die Straßen Brewers lassen Nelson, sein Jugendfreund Billy Fosnacht, Pru und Annabelle verschiedene Stationen Angstrom'scher Vergangenheit Revue passieren. Durch ein halsbrecherisches Fahrmanöver gelingt es Nelson, sich vom Geist seines Vaters, dessen körperlose Präsenz er zu fühlen glaubt, zu befreien. Aus seiner emotionalen Starre erlöst, kehrt er schließlich zu Pru und seinen Kindern zurück, während Annabelle eine Beziehung mit Billy Fosnacht beginnt.

In der dichten Handlung dieser Coda werden die zentralen Leitmotive und Erzählstränge der Tetralogie fortgeführt. Das Bild der Gesellschaft als eines Kollektivs verstörter, emotional verarmter Individuen wird nicht nur durch die Figuren selbst repräsentiert, sondern auch durch Eindrücke aus Nelsons Tätigkeit als Therapeut betont. Wie in den Rabbit-Romanen setzt Updike die Handlung in unmittelbaren Bezug zum aktuellen Zeitgeschehen und verarbeitet Referenzen zum Clinton-Lewinsky-Skandal, zur Elián González-Affaire und zur allgemeinen Furcht vor Computerabstürzen beim Milleniumswechsel (dem sogenannten ›Y2K‹-Problem). »Rabbit, Remembered« ist neben *Rabbit Is Rich* sicherlich der optimistischste Teil des Erzählzyklus, der hier in der scheinbaren emotionalen Selbstbestimmtheit von Rabbits Nachkommen ein unerwartet aussichtsreiches, aber möglicherweise nur vorläufiges Ende findet. PETER WAGNER / EVA MORAWIETZ

Frank O'Hara

* 27. Juni 1926 in Baltimore/Md. (USA)
† 25. Juli 1966 in Fire Island/N.Y. (USA)

Wunsch, Konzertpianist zu werden; 1944–1946 Kriegsdienst im Südpazifik; Musikstudium in Harvard, wo er den Dichter J. Ciardi kennenlernte; Abbruch des Studiums; Veröffentlichung seiner ersten Gedichte durch J. Ashbery im *Harvard Advocate*; Umzug nach New York, dort in den 1960er Jahren einer der Hauptakteure der Kunst- und Literaturszene; Tod durch Unfall.

Das lyrische Werk

In seinem Gedicht »Ode to Michael Goldberg« beschrieb O'Hara das ländliche Massachusetts seiner Kindheit und Jugend als ein Land, in dem der Wind wie Strawinsky klang und das Heu nach Sperma roch. Es waren diese beiden Themen – Kunst und Sexualität – die sein Schaffen beherrschten.

Ab den frühen 1950er Jahren lebte O'Hara in New York. Die künstlerische Atmosphäre Manhattans war gekennzeichnet von einer Vitalität, wie man sie hier seit den 1920er Jahren nicht mehr erlebt hatte. Lediglich auf dem Gebiet der Dichtung musste O'Hara so etwas wie Stagnation verzeichnen: »Poetry was declining / Painting advancing / we were complaining / it was '50« (Die Dichtung verfiel / die Malerei war im Aufwind / wir klagten / es war '50). In den Kneipen von Greenwich Village, wie etwa der ›San Remo Bar‹ oder der ›Cedar Tavern‹, wo New Yorks Kunstszene sich traf, wurde lebhaft diskutiert, und zusammen mit John Ashbery, Barbara Guest, Kenneth Koch und James Schuyler, die zu den namhaftesten Vertretern der sogenannten ›New York School of Poetry‹ zählen, suchte O'Hara nach ästhetischen Mitteln und Wegen, um die Lyrik wieder aufleben zu lassen.

Wie stark diese allgemeine dichterische Malaise empfunden wurde, zeigen andere gleichzeitige Neuerungsbewegungen, die am Black Mountain College in North Carolina (Charles Olson, Robert Creeley, Robert Duncan) ebenso zu finden waren wie in San Francisco (Kenneth Rexroth, Jack Spicer) oder unter den Vertretern der Beat Generation (Allen Ginsberg, Jack Kerouac, Gregory Corso). Gemeinsam war den genannten Dichtern, bei allen Unterschieden in der ästhetischen Realisierung, das Bemühen, die Lyrik aus ihrer formalen Erstarrung zu befreien, die nicht zuletzt auf eine stark akademische und normative Ästhetik zurückzuführen war. Die Vorstellungen des New Criticism von einem Gedicht als preziöser »verbal icon« (Wortikone) bzw. einer »well wrought urn« (einer wohlgeformten Urne), wie sie von W. K. Wimsatt oder Cleanth Brooks in den gleichnamigen Publikationen propagiert wurden, erschienen den auf Innovation bedachten Lyrikern der 1950er und 1960er Jahre als viel zu eng. Eine neue, für damalige Verhältnisse regelrecht ikonoklastische Ästhetik sollte die strengen Formen aufbrechen helfen und gleichsam »offene Felder« (Robert Duncan) schaffen, die eine neue Art des Dichtens ermöglichten. Bewusst versuchte man, der Poetik des ›Unpersönlichen‹, wie sie T. S. Eliot und Ezra Pound vertraten, sowie dem Kult akademischer Komplexität durch Betonung des Persönlichen und scheinbar Einfachen, das sich vergleichsweise spontan und formlos artikulierte, zu begegnen.

Auf seiner Suche nach ästhetischen Vorbildern, die er in der zeitgenössischen US-amerikanischen Lyrik vermisste, erwies sich für O'Hara die Stadt New York als unerschöpfliche Fundgrube. Die Medienmetropole machte mit Radio, Film und Fernsehen wichtige ästhetische Vorgaben. Der Jazz hatte es dem Hobbypianisten O'Hara besonders angetan, und an den Experimentierbühnen des Off-Broadway, wie etwa am Living Theater, fand er nicht nur Anregungen, sondern auch eine Spielstätte für seine ersten eigenen Stücke. Die wichtigsten Anstöße verdankte er jedoch der Malerei. Als Mitarbeiter des Museum of Modern Art (ab 1950) und als Kunstkritiker (etwa für Art News) boten sich ihm vielfältige Gelegenheiten, die wichtigsten zeitgenössischen Künstler persönlich kennen zu lernen. Er wurde regelrecht zu einem »poet among painters« (M. Perloff): Larry Rivers, Grace Hartigan, Willem de Kooning, Michael Goldberg, Jackson Pollock oder Robert Motherwell sind Künstler, mit denen er sich nicht nur in Interviews, Artikeln oder Büchern auseinandersetzte, sondern die auch Eingang in viele seiner Gedichte fanden. Fernerhin verdankte er ihnen wertvolle Anregungen, so wie er seinerseits auf ihre Arbeiten Einfluss nahm. Künstlerische Koproduktionen mit Larry Rivers für *Stones*, 1968 (Steine), und mit Michael Goldberg für *Odes*, 1960 (Oden), zeugen von der gegenseitigen Inspiration.

Ob Jazz, Film oder die Malerei des ›Abstract Expressionism‹ – alle waren für O'Hara insofern Vorbilder, als sie ihn anregten, seine Kunst der offenen Form im Medium der Sprache zu realisieren. Wie der Jazzmusiker frei improvisiert und der Aktionsmaler sich mit seinen Körperbewegungen mittels Pinsel und Farbe gleichsam selbst auf die Leinwand überträgt, so begriff auch O'Hara sein Dichten als die Beschriftung eines leeren Blatts, auf dem die jeweilige momentane Gestimmtheit des lyrischen Ichs sichtbar wurde. Im Gedicht wie im Gemälde werden so gleichsam Spuren der Genese – des Akts der Komposition selbst – sichtbar. Bildsequenzen, im Großstadttrubel hektisch aufgeschnappt, verfließen wie in einem Film bzw. folgen wie bei einer schnellen Schnitttechnik aufeinander, ohne beim Leser je den Eindruck eines fertigen, fixierten Ganzen zu hinterlassen. Der strengen Ästhetik des organischen Kunstprodukts wird hier gleichsam eine Ästhetik des Prozesshaften und scheinbar Formlos-Spontanen entgegengesetzt.

Bevor O'Hara diese Technik jedoch in vollem Umfang beherrschte und in seinen Gedichten zu nutzen verstand, experimentierte er. Seine frühen College-Gedichte, 1977 in der Sammlung *Early Writing 1946–1950* (Frühe Schriften) postum publiziert, zeugen von der Suche nach neuen Ausdrucksformen. Sie sind teilweise noch stark der akademischen Regelhaftigkeit des Modernismus verpflichtet, wobei die formalen Anleihen allerdings auch schon damals auffallend häufig nicht-literarischer Herkunft waren. Der Musikstudent O'Hara bediente sich mit Vorliebe musikalischer Formen (Lieder, Madrigale, Gavotten) für seine Gedichte. Über eine Phase der vom Surrealismus, aber auch von Dichtern wie Vladimir Majakovskij oder Hart Crane beeinflussten hymnischen Großstadtpoesie, in der kühne Bilder beim Leser oft den Eindruck gewollter sprachlicher Exzentrik hinterlassen, wie z. B. in *Oranges*, 1953 (Orangen), oder in dem Mitte der 1950er Jahre entstandenen Langgedicht *Second Avenue* (Zweite Avenue), fand O'Hara am Ende der Dekade zunehmend zu einem angemessenen Idiom. *Lunch Poems*, 1964 (*Lunch Poems und andere Gedichte*, 1969, R. D. Brinkmann), wird zu Recht immer wieder genannt, wenn es um die für O'Hara typische Ästhetik geht. Noch zu Lebzeiten brachte ihm dieser Band eine gewisse Anerkennung ein, konnte seine volle Wirkung aber erst nach seinem Tod vor einem inzwischen völlig veränderten ästhetischen Horizont entfalten.

Die Lunch-Gedichte vermitteln fast ausnahmslos den Eindruck flüchtiger Gelegenheitsgedichte und hinterlassen nicht selten das Gefühl, dass es sich um scheinbar belanglose Beobachtungen am Straßenrand handle. Das lyrische Ich sieht sich vornehmlich in der Rolle des Flaneurs, »strolling through the noisy splintered glare of a Manhattan noon« (»durch die vom Lärm zersplitterte Grelle eines Mittags in Manhattan schlendernd«). Es nimmt dabei Schlagzeilen aus der Presse ebenso wahr wie Gesprächs- und Gesangsfetzen, die aus den Bars an sein Ohr dringen und beim Vorübergehen ganz nebenbei aufgeschnappt werden. Alles wird sprachlich registriert, ohne dass es formal geordnet oder gedanklich vertieft würde. Der Eindruck von oberflächlichen, während einer kurzen Mittagspause hingekritzelten oder auf einer in einem Schaufenster ausgestellten Olivetti schnell zu Papier gebrachten Flüchtigkeiten ist durchaus beabsichtigt. Die für die *Lunch Poems* typischsten Gedichte wie »A Step Away from Them« (»Ein Schritt von ihnen entfernt«), »The Day Lady Died« (»Der Tag, an dem Lady starb«) oder »Lana Turner Has Collapsed« (»Lana Turner ist kollabiert«) leben ganz von solchen parataktisch gereihten Zufallsimpressionen, die schnell geschnittenen Filmsequenzen gleichen, in denen Dynamik und Vergänglichkeit gleich gewichtig sind. Überhaupt nehmen in den späten Gedichten die direkten Verweise auf die Vergänglichkeit deutlich zu, etwa wenn das lyrische Ich aus der Zeitung ganz zufällig vom Tod der Jazzsängerin Billie Holiday erfährt oder sich des jüngst verstorbenen Malerfreundes Jackson Pollock erinnert.

Diese bewusste Betonung des Prozesshaften war es, die O'Haras Lyrik zu späten Ehren kommen ließ, wie die Anzahl der gegen Ende des 20. Jh.s über ihn erschienenen Publikationen belegt. Zu stark war die Literaturkritik zu seinen Lebzeiten noch den herkömmlichen ästhetischen Vorstellungen von Ganzheit und Stimmigkeit verpflichtet. Erst vor dem Hintergrund eines gewandelten, poststrukturalistischen Textverständnisses erhielt er den Platz in der Literaturgeschichte, der ihm als einem der wichtigen Erneuerer der US-amerikanischen Lyrik nach dem Zweiten Weltkrieg zusteht. JOSEPH C. SCHÖPP

John Ashbery
* 28. Juli 1927 in Rochester/N.Y. (USA)

1955 Fulbright-Stipendiat in Paris, dort Kunstkritiker und Herausgeber von *Art and Literature*; 1965 Rückkehr nach New York, unterrichtet ›Creative Writing‹, schreibt Artikel über moderne Kunst; seit 1990 Professor für Sprache und Literatur in New York; wird der ›New York School of Poetry‹ zugerechnet.

Das lyrische Werk
Der Autor gilt als einer der wichtigsten Lyriker der US-amerikanischen Postmoderne. Hervorstechende Merkmale seiner Werke sind sein ungebrochener Wille zum Experiment in und zwischen den Gattungen, die Offenheit der Formen, der Wandel seiner Schreibweisen und seine vielfältigen Bezüge zu den Nachbarkünsten, insbesondere zur Musik und zur Malerei, die sich in Anspielungen, Kompositionstechniken und Kooperationen manifestieren.

Sein erster erfolgreicher Gedichtband *Some Trees*, 1956 (Einige Bäume), wurde von W.H. Auden für den ›Yale Younger Poets Award‹ nominiert, aber mit einem ambivalenten Vorwort versehen: Auden sah Ashbery, wie auch dessen Mitbewerber Frank O'Hara, in der Tradition des französischen Symbolismus und warnte vor der Gefahr überhöhter Subjektivität und kalkulierter Absonderlichkeit. Das Ereignis markierte einen wichtigen Wendepunkt in der US-amerikanischen Lyrik Mitte der 1950er Jahre, nämlich die Abkehr einer jüngeren Generation – den Beats um Allen Ginsberg, der ›Black Mountain School‹ um Charles Olson und Robert Creeley und den als ›New York Poets‹ bezeichneten Dichtern um O'Hara und Ashbery – von einem mittlerweile etablierten Modernismus, wie er neben Auden vor allem von T.S. Eliot und den Anhängern des ›New Criticism‹ vertreten und bewahrt wurde.

Gegen die verdichtete Metaphorik und die Komplexität der Bezüge Eliot'scher Prägung setzte Ashbery eine elegante Sprachkunst mit Variationen traditioneller Formen (Sonett, Sestine, Kanzone), die ein entschlüsselndes, sinnstiftendes Lesen nicht nur zu unterlaufen, sondern auch zu parodieren schien. Fetzen der Alltagssprache, leicht abgewandelte Phrasen oder Anspielungen, oft auch syntaktisch vollständige und grammatikalisch richtige und zusammenhängende Sätze schaffen eine trügerische Vertrautheit und den Wunsch, ein Bedeutungsganzes zu finden, doch die verschiedenen Sinneinheiten und Bilder lassen sich meist nicht zusammenfügen.

Unter den frühen Veröffentlichungen war vor allem der Band *The Tennis Court Oath*, 1957 (Der Schwur im Ballhaus), dem Vorwurf der gewollten Unverständlichkeit ausgesetzt. Gedichte wie »America«, »Rain« oder »Europe« bestehen aus kurzen Fragmenten, die schon optisch kein geschlossenes Ganzes bilden. Es handelt sich um Collagen, deren Sprachmaterial aus Zeitungen, Zeitschriften, Pop Songs und Kinofilmen stammt, die Ashbery in Anlehnung an die Aleatorik von John Cage nach Zufallsprinzipien auswählte und zusammenfügte. Von der Radikalität dieses Experiments, auf die auch der Titel des Buches verweist – er spielt auf den Pariser Ballhausschwur am Vorabend der Französischen Revolution an –, wandte sich Ashbery in den folgenden Bänden ab und experimentierte mit anderen poetischen Verfahrensweisen, die seine Gedichte in einer ihm eigentümlichen Schwebe halten.

In den kürzeren Gedichten ist hier vor allem sein Gebrauch von Pronomina ohne klaren Bezug zu nennen: Personalpronomina lassen die Grenzen zwischen Sprecher und rätselhaften Anderen, darunter vielleicht Leser oder andere Adressaten, verschwimmen, und das Geschehen, wenn sich ein solches überhaupt rekonstruieren lässt, kann man oft keiner äußeren oder inneren Realität vollständig zuordnen. Wörter wie »ich«, »du« und »sie« verweisen nicht auf identifizierbare Sprecher oder Personen, sondern sind Ausdruck der kommunikativen Gerichtetheit der Sprache auf Andere. In ähnlicher Weise wird das »it« (es) verwendet – »Ashberys Fetischpronomen«, wie es seine deutschen Übersetzer nannten. In »Saying It to Keep It From Happening« (Es sagen um es nicht geschehen zu lassen) aus dem Band *Houseboat Days*, 1977 (Hausboot Tage), steht dieses kleine Wort fast in jeder zweiten Zeile des Gedichts, und die Vielzahl der Möglichkeiten, ›es‹ zu benennen, führt in ihrer Kombination zu seiner zunehmenden Verrätselung. Schließlich lassen Demonstrativ- und Relativpronomina die Leser immer wieder rückwärts im Text nach möglichen Bezügen suchen, um dann vorwärts blickend einen möglichen Sinnzusammenhang zu testen. So steht auch hier nicht der Verweis, sondern die Adressiertheit selbst im Vordergrund. Sie lässt den Text zur Textur werden, zu einem Gewebe von unterschiedlich gerichteten Text- und Lesebewegungen.

Verunsichernd ist weiterhin der Verdacht, dass Wörter an zentraler Stelle primär des Klanges willen ausgesucht wurden. Was die Sinnsuche jedoch antreibt, sind die Formen und oft auch das Vokabular konzeptioneller Aussagen, denen man gerne verschiedene Fragmente und Details zu- und unterordnen würde. Dieses Spiel mit dem Wunsch nach Ordnung wird insbesondere in den Langgedichten wichtig. Beginnend mit *The Double Dream of Spring*, 1970 (Der zweifache Traum vom Frühling), ein Titel, der auf ein Gemälde von Giorgio de Chirico verweist, experimentierte Ashbery zunehmend mit dieser Form, die ihm neue Möglichkeiten eröffnete. Der größere Umfang ermöglicht die Wiederholung und Variation von Bildlichkeiten und eine größere Vielstimmigkeit, die die Ambivalenzen intensivieren. Das Titelgedicht aus *Self-Portrait in a Convex Mirror*, 1975 (*Selbstportrait im konvexen Spiegel. Gedichte 1956–1977*, 1988, C. Cooper, J. Sartorius), bezieht sich auf das gleichnamige Gemälde des manieristischen Malers Parmigianino (1503–1540). Die Beschreibung seines Verfahrens, zitiert nach Giorgio Versaris *Vite*, 1550 (Lebensgeschichten), wird zum Ausgangspunkt des Gedichts, das sich nun seinerseits die optische Spiegelung, Perspektivenveränderung und Brechung im Medium der Sprache aneignet. Charakteristisch für die Langgedichte ist auch eine unübersichtlich komplizierte Syntax, deren Hypotaxen sich mehr und mehr verschachteln, bis sie an Parodien grenzen. Oft lassen sich Satzteile nicht sinnvoll unterordnen und bleiben ›widerspenstig‹ nebeneinander stehen, so dass auch hier eine bewegte Oberfläche des Textes entsteht.

Eine erneute Version des Experiments mit dem gelenkten Zufall findet sich in dem Langgedicht *Litany* (Litanei) aus dem Band *As We Know*, 1979 (Wie wir wissen). Es scheint auf den ersten Blick die Form des Wechselgebets zu haben, die der Titel nahe legt: Das Gedicht besteht aus zwei Spalten in unterschiedlichen Schriftarten, doch wie eine Leseanweisung besagt, sollen diese »als simultane, aber unabhängige Monologe« gelesen werden. Durch die verschiedenen Kombinationsmöglichkeiten der Passagen entstehen unterschiedliche Bildcluster oder kurze narrative Textstücke, so dass Ashbery hier seine in *Three Poems*, 1972 (Drei Gedichte), geäußerte Absicht, ein »offenes Feld an narrativen Möglichkeiten« zu schaffen, einlöste. Doch die Lektüre und ihre generierten Bedeutungen sind deshalb nicht völlig willkürlich. Die Freiheit der Kombinatorik lässt immer wieder Themen mit erkennbaren Konturen erscheinen, die für Ashbery durchaus charakteristisch sind – so die erinnerte Welt eines Kindes, Orte wie eine Kleinstadt oder die Pazifikküste und Erörterungen etwa um das Verhältnis von Kunst, Repräsentation und Realität.

Insgesamt haben Ashberys Gedichte seit den 1980er Jahren einen oft meditativen Gestus, der an Wallace Stevens erinnert – vor allem der Kritiker Harold Bloom stellte diesen Bezug immer wieder her. Das All-Umfassende der Langgedichte wie des Titelgedichts aus dem Band A Wave von 1984 (Eine Welle. Gedichte 1979–1987, 1988, J. Sartorius) oder Flow Chart, 1991 (Fließdiagramm), evoziert aber auch ein offenes, fluides Selbst im Stile Walt Whitmans, das Telefonanrufe, Erinnerungen, Anekdoten, Mythen und Alltagskontexte gleichermaßen in das reflektierende Bewusstsein aufnimmt. Dennoch bleibt ein Zusammenhang gewahrt, und zwar durch den Fluss der Sprache selbst und ihren eigenen Charakter: Sie gleitet lässig an der Oberfläche der Dinge entlang und verweist über Anspielungen, Wortspiele und Klangmuster immer wieder auf sich selbst. Wie Musik lässt sie sich am besten erfahren, wenn man nicht einzelne Momente zu isolieren versucht, sondern sich ihrem Fluss und der vergehenden Zeit hingibt.

Im Sinne einer solchen gelassenen Lesehaltung zeigen sich in den Bänden Girls on the Run, 1999 (Mädchen auf der Flucht), your name here, 2000 (dein Name hier), Chinese Whispers, 2002 (Chinesisches Geflüster), und Where Shall I Wander, 2005 (Wo soll ich wandern), nicht nur bekannte Themen – so etwa die Beziehung zwischen Dichtung und Malerei –, sondern auch Humor, Komik und Ironie als Verfahrensweisen. Sie schaffen eine eigentümlich distanzierte Haltung, die sich der Gesellschaft, ihren Mitgliedern und Produkten zuwendet und Wertungen und Diskriminierungen unterläuft, jedoch nicht engagiert, sondern mit einer gewissen Melancholie.

Dies charakterisiert auch den Band A Worldly Country, 2007 (Ein weltliches Land): Darin verweist fast jedes Gedicht auf die Zeit, auf ihr Vergehen, auf die zyklische Wiederkehr und die Unausweichlichkeit von Geschehnissen und auf deren Relativierung im Verlauf der Zeit. Dieser Verlauf aber mäandert, ist keineswegs linear, weshalb im Wechsel von Glück und Schmerz jegliche Erwartungen von Fortschritt, Verbesserung oder gar Perfektion als naiv erscheinen. Die Distanz, die zu einer der Welt zwar zugewandten, gleichwohl abgeklärten Haltung entscheidend beiträgt, wird hergestellt mit den verschiedensten Stilmitteln, die für Ashberys unverkennbare Diktion charakteristisch sind: Das sind Wortspiele und überraschende Wendungen in grammatikalisch meist vollständigen Sätzen, die, obwohl ihr Rhythmus eine trügerische Vertrautheit schafft, semantisch nicht leicht aufzulösen sind. Viele umgangssprachliche Wendungen geben, zuweilen leicht verfremdet, den Gedichten einen amerikanischen Klang; wie W.C. Williams gelingt es Ashbery, mit Hilfe der musikalischen Elemente der gesprochenen Sprache ein spezifisch amerikanisches Timbre zu erzeugen. Sprachliche Klischees produzieren Wiedererkennungseffekte und Verwirrung zugleich, weil jede Wiederholung auch eine Variation ist; das Gedicht »Phantoum«, dessen Titel eine hybride Kreation aus Pantoum und Phantom darstellt, formalisiert dieses Experiment mit der Wiederholung. Weitere Bände sind *Planisphere*, 2009 und *Quick Question. New Poems*, 2012.

In *Three Poems* sowie in *Reported Sightings*, 1989 (Berichtete Besichtigungen), einer Sammlung von kunstkritischen Aufsätzen, aber auch in Interviews, Vorlesungen, Essays und kürzeren poetologischen Gedichten wie »Paradoxes and Oxymorons« aus *Shadow Train*, 1981 (Schattenzug), erörterte Ashbery sein Kunst- und Dichtungsverständnis. Dabei betonte er immer wieder die Bedeutung des Interpretationsspielraums für die Leser: Der Verzicht auf diskursive Beschreibungen, auf Ausdruck oder Mitteilung und die zahlreichen verrätselnden Verfahrensweisen schaffen Texte als offene Felder, die Lesern individuelle Spracherfahrungen ermöglichen. Die Offenheit der Textgefüge, die Betonung von Prozess und Bewegung, die zentrale Rolle des Experiments und der immer wieder auftauchende Begriff der Erfahrung evozieren eine Familienähnlichkeit mit den Werken von John Cage, Jackson Pollock und Gertrude Stein und einen Bezug zur US-amerikanischen Ästhetiktheorie des Pragmatismus. Die Offenheit des Literatursystems selbst demonstrierte Ashbery in den auf einer Vorlesungsreihe in Harvard basierenden Aufsätzen *Other Traditions*, 2000 (Andere Traditionen), in denen er die Schriftsteller John Clare, Thomas L. Beddoes, Raymond Roussel, Laura Riding Jackson, David Schubert und John Wheelwright als persönliche Einflüsse benannte und so rückwirkend, aus der Position des kanonisierten Dichters, andere Traditionen schuf. ASTRID FRANKE

LeRoi Jones / Amiri Baraka
* 7. Oktober 1934 in Newark/N. J. (USA)
† 9. Januar 2014 in Newark/N. J. (USA)

(auch: Everett LeRoy Jones, Amiri Baraka, Imamu Ameer Baraka) – 1958–1963 Mitherausgeber der Literaturzeitschrift *Yugen*; 1959 eigener Verlag (Totem Press); 1964 Gründung des ›Black Arts Repertory Theatre‹; 1965 Mitinitiator des ›Black Cultural Nationalism‹; 1968 Konvertierung zum Islam, Namensänderung zu ›Amiri Baraka‹; 1974 Hinwendung zum Marxismus; 1985–1999 Professor für Afrikastudien an der SUNY; 2002 ›poet laureate‹ von New Jersey.

Weitere Werke: *Dantes System der Hölle* (*The System of Dante's Hell*, 1965), *Ausweg in den Haß. Vom Liberalismus zum Black Power* (*Home*, 1966), *Langsam bergab* (*Tales*, 1967).

Das dramatische Werk

Das dramatische Werk spiegelt die sich verändernden politischen Anschauungen des Dichters, Essayisten und Aktivisten LeRoi Jones, der sich seit 1968 Amiri Baraka nennt, wider. Man kann dabei grob vier Phasen unterscheiden, die auch die jeweiligen Dramen kennzeichnen. Von 1958 bis 1961 blieb seine Literatur, meist Lyrik, weitgehend den Parametern der Beat-Boheme verhaftet und beschränkte sich auf ästhetischen Protest, der sich später, von etwa 1960 bis 1965, zum politisch ethnischen Protest entwickelte. In der darauf folgenden Schaffensperiode fühlte er sich dem ›Black Cultural Nationalism‹ verpflichtet, einer radikalen, unter Umständen militanten Strömung, deren Kunstverständnis in erster Linie pragmatischen und didaktisch-agitatorischen Richtlinien folgte. 1974 wandte er sich maoistisch-sozialistischem Gedankengut zu.

1961 entstand *The 8th Ditch (Is Drama)* (Der achte Graben (ist Drama)), das im gleichen Jahr unter dem Titel *Dante* im New York Poets' Theatre uraufgeführt wurde. Das Stück, das formal noch sehr der Lyrik verwandt ist, spielt in einem Lager für schwarze Pfadfinder im Jahr 1947 und beschäftigt sich vorwiegend mit Identitätsproblemen von heranwachsenden afroamerikanischen Jungen und narzisstischer Selbstspiegelung. Dies äußert sich auch in den Namen der beiden Hauptfiguren, »64« und »46«, wobei »64« in einer intertextuellen Referenz zu Melvilles *Moby-Dick*, 1851 (*Moby Dick oder Der Wal*), dazu auffordert: »Call me Herman«.

The Baptism, 1964 (Die Taufe), steht formal noch im Zeichen der Beat-Boheme bzw. des Theaters des Absurden, greift thematisch aber den Fokus späterer Stücke auf, denn es geht um die Konfrontation des Einzelnen mit einem feindlich gesinnten Umfeld. Das Hauptproblem der namenlosen Figuren dieses Stücks ist die Entfremdung von der ethnischen Gruppe, wobei sexuelle Unterdrückung und eine heuchlerische Kirche eine große Rolle spielen. In *The Toilet* (1964) tritt der ethnische Protest schon stärker hinter ästhetischen Interessen hervor. Wieder sind einzelne Personen mit einer feindlich gesinnten Gruppe konfrontiert, und es geht um Probleme des Individuums und der Homosexualität; der Rassenkonflikt tritt als bestimmende Komponente hinzu.

Mit *Dutchman*, 1964 (Dutchman, 1970, S. Lucas-Hoch), vollzog Baraka die Entwicklung zum ›protest writer‹ und ›angry young man‹. *Dutchman*, sein bekanntestes Stück, wurde nach der erfolgreichen Uraufführung 1964 in New York im selben Jahr mit dem Obie Award ausgezeichnet. Es folgen zahllose Aufführungen und Ausgaben, auch eine Verfilmung von Anthony Harvey und 1965 eine Adaption in Jean-Luc Godards *Masculine-Féminine*. In *Dutchman* trifft die 30-jährige Lula, Repräsentantin der weißen Boheme, auf Clay, einen 20-jährigen Afroamerikaner, der nach Benehmen und Auftreten der von Baraka so vehement kritisierten schwarzen Mittelklasse entstammt. Diese Begegnung in der U-Bahn findet anfangs zwar noch in den Parametern eines vermeintlichen Flirts statt, gewinnt aber bald an Aggression, Zynismus und verbaler, letztlich auch physischer Gewalt. Lula stellt Clay als modernen ›Uncle Tom‹ dar und provoziert ihn so lange, bis er sich aus seiner für die schwarze Mittelklasse typischen Anpassung löst und einen Monolog hält, der geradezu als Agenda des ›Black Arts Movement‹ der 1960er Jahre gelten kann. Er verkündet in dieser Hasstirade die moralische Überlegenheit der Schwarzen über Weiße und warnt vor der Illusion der Integration. Lula ersticht Clay am Ende des Stücks vor den Augen der schweigenden Fahrgäste. *Dutchman* lässt somit keinen Zweifel daran, dass der soziale/rassistische Graben nicht überbrückt werden kann. Darüber hinaus scheinen Rassismus und Unterdrückung durch den Tod kein Ende gefunden zu haben, denn Lula bahnt am Ende des Stückes schon den Kontakt mit einem neuen Opfer an. *The Slave*, 1964 (Der Sklave), thematisiert ebenso den Rassenkonflikt, kann aber letztlich nicht die Qualität von *Dutchman* erreichen.

In seiner ›nationalistischen‹ Phase entwickelte Baraka eine radikale schwarze Wirkungsästhetik, einen literarischen Funktionalismus, den der Titel eines seiner Essays pointiert zusammenfasst: »Black (Art) Drama Is the Same as Black Life«, 1971 (Schwarzes (Kunst) Drama und schwarzes Leben sind ein und dasselbe). Dennoch wird der ethnozentrische Inhalt der Stücke formal oft mit dadaistischen, surrealistischen, expressionistischen oder Beat-Elementen ausgedrückt, und somit bleibt der Konflikt zwischen dem avantgardistischen Schriftsteller und der Masse in vielerlei Hinsicht bestehen. Baraka gründete 1965 das ›Black Arts Repertory Theatre‹ in Harlem. Nach dessen Auflösung führte er seine Arbeit in seiner Heimatstadt Newark fort und gründete dazu das ›Spirit House‹, ein Kunst- und Gemeindezentrum. Die Dramenästhetik in dieser Schaffensperiode erinnert stark an den Forderungskatalog, den W. E. B. Du Bois zu Beginn des 20. Jh.s für das afroamerikanische Theater aufstellte. In seinem Essay »Krigwa Players Little Negro Theatre«, 1926 (Das kleine Neger-Theater der Krigwa Players), schrieb Du Bois, dass afroamerikanisches Drama ein Drama über, von und für Schwarze sein solle. Baraka schien diese Forderungen in seiner kulturnationalistischen Phase als Ausgangspunkt zu nehmen und radikalisierte sie didaktisch und agitatorisch zu einem ›post-*Dutchman* Black Arts Repertory-Stil‹.

Im Zentrum von *Experimental Death Unit No.1*, 1969, UA 1965 (Experimentelle Todeseinheit Nr.1), und *Home on the Range*, 1968 (Zuhause auf der Koppel), steht eine radikale Wertumkehrung, nach der die Weißen – im Gegensatz zur schwarzen Bevölkerungsgruppe – als dekadent dargestellt werden. Diese Stücke sind weitere Versuche, ein ›de-brainwashing‹ der zeitgenössischen afroamerikanischen Gesellschaft zu erreichen. In *J-E-L-L-O*, 1970, UA 1965, parodiert Baraka die Jack Benny Show, eine bekannte Radio- und Fernsehsendung. *A Black Mass*, 1969, UA 1966 (Eine Schwarze Messe), führt die satirische Darstellung amerikanischer Populärkultur zwar weiter (hier vor allem Frankensteins Monster), ist aber in erster Linie als nationalistisches Ritualspiel zu verstehen, das auf der Ideologie der ›Nation of Islam‹ aufbaut und die Darstellung eines Ursprungsmythos aus afroamerikanischer Perspektive zum Ziel hat.

Eines der interessantesten Stücke aus Barakas nationalistischer Phase ist *Slave Ship*, 1967, UA 1969 (Sklavenschiff), mit dem Untertitel »A Historical Pageant« (Ein Historienspiel). Es stellt verschiedene Phasen afroamerikanischer Unterdrückung in einem historischen Überblick dar. Baraka schlägt hier den Bogen von der ›Middle Passage‹ über ›Uncle Tom‹-Figuren und Nat Turners Sklavenaufstand bis zu Martin Luther King und der Bürgerrechtsbewegung, wobei die Bedeutung der schwarzen Musik immer wieder betont wird (was sich auch in zahlreichen Veröffentlichungen Barakas zu Blues, Jazz und anderen Formen schwarzer Musik ausdrückt).

Arm Yourself, or Harm Yourself, 1967, UA 1967 (Bewaffne dich oder Tu dir 'was an), *Police*, 1968, und *Junkies Are Full of (SHHH...)*, 1971, UA 1970, (Junkies labern nur Sch...), gehören zu den ›committed plays‹, deren politische Agenda so weit im Vordergrund steht, dass oftmals die literarisch-künstlerische Entwicklung durch eine allzu deutliche didaktisch-agitatorische Aussage überlagert wird. In *Junkies* wird der Drogenhandel nicht nur angeprangert, sondern auch vorrangig als italienisch-jüdisches Unternehmen dargestellt. Im Verlauf des Stückes wird dieses Problem nicht durch die Polizei, sondern durch die beiden schwarzen Protagonisten Chuma und Damu gelöst. Die grobe ethnische Stereotypisierung und antisemitische Elemente beeinträchtigen die Wirkung des Stücks. Barakas Dramen der kulturnationalistischen Phase werden häufig dafür kritisiert, dass ihre politischen Intentionen den künstlerischen Anspruch überlagern. Die konservativ-paternalistischen Überzeugungen des Autors trugen ihm den Spitznamen ›Papa Doc‹ ein.

Barakas Karriere, die gekennzeichnet ist durch abrupt vollzogene Wechsel der politischen und künstlerischen Ansichten, erfuhr im Jahr 1974 erneut eine radikale Wende. Er wandte sich nun dem Maoismus/Sozialismus zu und legte dabei auch den Namen ›Imamu‹ (geistiger Führer) ab. Der Maoismus rückte ihn in die (gewünschte) Ferne zur schwarzen Bourgeoisie und erlaubte ihm weiterhin eine führende Rolle (›chairman‹ anstatt ›Imamu‹) im Kampf gegen Unterdrückung und Rassismus. Diese plötzliche Wende zum Maoismus ist auch das Resultat einer Selbstkritik und einer Kritik des Kulturnationalismus, der laut Baraka einem zu statischen Kulturbegriff verhaftet blieb und es nicht verstand, Kultur historisch und dynamisch aufzufassen. Jones sah nun den Monopolkapitalismus und nicht nur die weiße Bevölkerung als Wurzel der Unterdrückung. Die Dramen der 1970er Jahre reflektieren diesen Wandel; oft sind Veranstaltungsplakate sogar mit dem Hinweis versehen, ›arme‹ Weiße seien willkommen.

The Motion of History, 1978, UA 1977 (Die Bewegung der Geschichte), ist vermutlich Barakas komplexestes Drama seit *Dutchman*. Das Stück blickt auf die verschiedenen Phasen seiner Karriere wie auch auf die historische Entwicklung von Unterdrückung und Rassismus zurück. Bemerkenswert ist auch die werkimmanente Kritik seiner früheren Haltung: Wurde die berühmte Rede Martin Luther Kings »I Have a Dream« in *Slave Ship* noch verunglimpft, erscheint sie jetzt fast als einzige wahre Stimme in der Wildnis. Die marxistische Orientierung Barakas wird auch im Titel von *What Was the Relationship of the Lone Ranger to the Means of Production?*, 1979 (Was war die Beziehung des Lone Ranger zu den Produktionsmitteln?), deutlich. Es handelt sich dabei um eine surrealistische Episode mit Figuren aus der Populärkultur (»Lone Ranger«), in der ein ausbeuterischer Kapitalist (»The Masked Man«) eine gewalttätige Revolte der Arbeiter provoziert. Neben weiteren Dramen und zwei Libretti in den 1980er Jahren entstanden *The Sidnee Poet Heroical*, 1979, UA 1977 (Das Sidnee-Poet-Heldenspiel), ein Kommentar zur Karriere des schwarzen Schauspielers Sidney Poitier, und *Boy and Tarzan Appear in a Clearing*, 1981 (Boy und Tarzan erscheinen auf einer Lichtung), eine Satire auf Edgar Rice Burroughs. 1992 verfasste Baraka *General Hag's Skeezag* (»General Hag« spielt an auf General Alexander Haig), eine groteske Mischung von zeitgenössischen politischen und historischen Fragmenten, deren dramatisches Gerüst ein versuchter Überfall auf einen Buch- und Devotionalienladen ist, der im Wesentlichen den Drogenhandel unter der Ladentheke kaschiert. KERSTIN SCHMIDT

Adrienne Rich

* 16. Mai 1929 in Baltimore/Md. (USA)
† 27. März 2012 in Santa Cruz/Calif. (USA)

1951 Studienabschluss in Harvard; ab den 1960er Jahren Engagement in kulturkritischen und sozialen Projekten; einflussreiche Lyrikerin, Vordenkerin der feministischen Bewegung; gab wichtige Impulse zur Etablierung der ›Women's Studies‹; Herausgeberin zentraler lesbischer Zeitschriften.

Das lyrische Werk

Die Intensität ihrer Auseinandersetzung um das Verhältnis von Ästhetik und Geschichte zeichnet die Autorin als eine der bedeutendsten US-amerikanischen Dichterinnen der Nachkriegszeit aus. Wo sich Lyrik unter dem Eindruck des Kalten Krieges auf ein apolitisches Stilideal zurückgezogen hatte, war sie daran interessiert, an die engagierte Kunst der 1930er Jahre anzuknüpfen. Ihre Anfänge stehen allerdings noch ganz im Zeichen der Autonomie der Kunst. Ihr Gedichtband A Change of World, 1951 (Weltenwandel), wurde von W. H. Auden wegen des an William Butler Yeats und Wallace Stevens erinnernden Gespürs für stilistische Eleganz in die »Yale Series of Younger Poets« aufgenommen. Und auch The Diamond Cutters, 1955 (Die Diamantenschleifer), strebt vor allem nach ästhetischer Vollkommenheit. Doch mit zunehmender Berufung auf die Autorität der Erfahrung als Ursprung einer weiblichen Ästhetik rückte mit Richs drittem Band – Snapshots of a Daughter in Law, 1963 (Schnappschüsse einer Schwiegertochter) – das Verhältnis von Gedicht und Geschichte in den Blick. Die Bände der späteren 1960er Jahre, Necessities of Life, 1966 (Lebensnotwendiges), Leaflets, 1969 (Flugblätter), und The Will to Change, 1971 (Wille zur Veränderung), verstehen sich schließlich als Teil einer umfassenden politischen Kultur des Widerstands gegen Diskriminierung, soziale Ungerechtigkeit und Militarismus.

Trotz der Aufkündigung poetischer Diktion wirkt Richs Sprache allerdings weder didaktisch noch ist sie leicht zugänglich. Nur im Bruch mit herkömmlichen Dimensionen von Weltwahrnehmung und Kommunikation vermag sie die »Kartographien des Schweigens« (»Cartographies of Silence«) der modernen Kultur aufzuheben. Erst in der Befreiung der Imagination und in der Exploration unbekannter oder unterdrückter Assoziations- und Existenzformen wird Dichtung, so Rich, eigentlich politisch. Formal wirken ihre Gedichte, die ständig die Gattungsgrenzen durchbrechen, wegen der Aufgabe vorgegebener metrischer Formen, der unterschiedlichen Länge der Sequenzen und der Zeilenbrüche mitunter fragmentarisch. Man gewinnt den Eindruck, es handele sich um zufällige spontane Aufzeichnungen (›notes‹). Mit der Rücknahme einer traditionellen Sprecherinstanz wird Dichtung ähnlich wie in Charles Olsons »Projective Verse« Medium energetischer Übertragung. Richs Anliegen war hierbei allerdings nichts weniger als die ästhetische Rekonstruktion eines kollektiven Bewusstseins. Ihre experimentellen Techniken erinnern an postmoderne Verfahren, unterscheiden sich jedoch durch die besondere feministische Reflexion der psychischen und kulturellen Funktion poetischer Formen. Beispielsweise revidiert sie in *Twenty-One Love Poems*, 1977 (Einundzwanzig Liebesgedichte), ihrem Bekenntnis zum Ideal einer lesbischen Lebensgemeinschaft, die Sonetttradition als Ausdruck von »Zwangsheterosexualität«.

Die gezielte Verfremdung kultureller Bilder erzeugt zuweilen surreale Traumsequenzen, die cinematischen Collagetechniken entspringen und Mythen – wie die Erzählung von Orpheus als Ursprung patriarchaler Dichtungstradition – feministisch wenden. Eurydice tritt in »I Dream I'm the Death of Orpheus« (Ich träume ich bin Orpheus' Tod) aus *The Will to Change* – einem Gedicht, das Bilder eines Films von Jean Cocteau zitiert – als heroische Protagonistin auf, die, »mit den Nerven eines Panthers« versehen, ihren toten Dichter in einem schwarzen Rolls-Royce chauffiert. Die revisionistischen Ansprüche einer weiblichen Ästhetik und Literaturkritik formulierte Rich bereits 1971 programmatisch in dem an Henrik Ibsen anknüpfenden Aufsatz »When We Dead Awaken. Writing as Re-vision« (Wenn wir Toten erwachen. Schreiben als Re-Vision). Auch mit Essaysammlungen wie *On Lies, Secrets and Silence*, 1979 (Von Lügen, Geheimnissen und dem Schweigen), trug Rich – u.a. unter Berufung auf Anne Bradstreet und Emily Dickinson – zur Bildung einer weiblichen Dichtungstradition bei.

Dichtung ist für Rich im Wortsinn ›inventio‹: Inspektion des Vorgefundenen, ein Prozess, den das Titelgedicht von *Diving into the Wreck*, 1973 (Ins Wrack tauchen), exemplarisch vorführt. Die Taucherin, die unter der Last ihres Auftrags Züge einer mythischen Heldin gewinnt, findet zerstörte Instrumente und den nutzlos gewordenen Kompass. Das Wrack symbolisiert die Geschichte aller Frauen und ist zugleich Ort notwendiger Des-Orientierung: Nur durch besagten Prozess feministischer

Revision darf Dichtung hoffen, sich dem »Ding an sich« (»the thing itself and not the myth«) anzunähern. Wenn Dichtung sich damit der Wiedergewinnung verdrängter Seinsbereiche widmet und auch therapeutische Aspekte gewinnt, will Rich sie aber gerade nicht kommodifiziert wissen als Teil einer Bewusstseinsindustrie, derer sich vor allem die weiße Mittelschicht bei ihrem Rückzug ins Private bedient. Dichtung soll vielmehr die feministische Forderung nach Aufhebung der künstlichen Trennung von privater und politischer Sphäre verwirklichen, die sie selbst u.a. 1976 in *Of Woman Born* (*Von Frauen geboren*, 1979, G. Strempel/M. Rentzel), eindrücklich formulierte. Zum einen heißt dies, die Sentimentalität der ›Bekenntnislyrik‹, die im Anschluss an Robert Lowell und Sylvia Plath in Mode geraten war, zurückzuweisen. Zum anderen ist die Frage nach der Objektivierung persönlicher Erfahrung in einer Weise zu stellen, die über die im literarischen Modernismus gefundene Formel einer Poetik des Unpersönlichen (T.S. Eliot) hinausweist.

Das modernistische Konzept der ›Maske‹ als Bild für die dichterische Sprechsituation reflektiert »Diving into the Wreck« folglich im Bild der schützenden Tauchermaske, die zugleich an eine Totenmaske erinnert. Die Frage nach einer grundlegend neuen Form lyrischen Sprechens war durch einen bloßen Austausch des männlichen durch das weibliche Personalpronomen jedenfalls nicht zu beantworten. Auch die Einführung einer androgynen ›Persona‹ löste das Problem noch nicht. Das Androgynitätsthema romantisiert und verklärt die Realitäten patriarchaler Unterdrückung – ein Einwand, den Rich selbst teilte, wenn sie später Begriffe wie Androgynität wegen ihrer Unverbindlichkeit verwarf. Zwar bekräftigt sie als Dichterin immer wieder die schöpferische Macht der Sprache, warnte zugleich jedoch vor den Unschärfen der Abstraktion.

Richs seit den 1980er Jahren immer stärker vernehmbaren Forderungen nach einer Perspektive, die historische und materielle Gegebenheiten gewissenhaft in den Blick nimmt, entspricht die Einbeziehung von Aspekten wie ethnische und soziale Herkunft in ihre Konzeption lyrischen Sprechens, z.B. in »Notes toward a Politics of Location«, 1984 (Überlegungen zu einer Politik des Ortes). In diesem Sinne enthält *Your Native Land, Your Life*, 1986 (Dein Heimatland, dein Leben), Tagebucheintragungen der Sprecherin, die eine eindimensionale ideologische Wahrnehmung des Vaters als Vertreter einer scheinbar universellen Herrenkultur aufbrechen. In den Blick gerät die Zerrissenheit, an der er als jüdischer Angehöriger einer elitären Bildungsschicht litt, vor allem in

»Split at the Root«, 1982 (An der Wurzel gespalten). Richs Auseinandersetzung mit ihrer eigenen jüdischen Herkunft führte in dieser Phase zu komplexeren Identitätskonzepten, u.a. in *Time's Power*, 1989 (Die Macht der Zeit). Das Prinzip kritischer Standortbestimmung galt dabei immer wieder auch für die toten Winkel der eigenen (theoretischen) Perspektive, die sie als Momente der Verleugnung deutete. Diese Fähigkeit zur Wahrnehmung des Anderen im Ich wurde nun als eigentlich weibliche Stärke begriffen. Auf ihr gründet auch eine neue Form poetischen Sprechens: Die ›Persona‹ ist nun Dichterin eines ›anderen Amerika‹, die über, von und zu ihrem ›Land‹ zu sprechen trachtet, von und zu jenen, die nach keiner Definition ihr ›Volk‹ sind. In Richs lyrischem Werk finden sich somit zentrale Motive US-amerikanischer Dichtung wie der Gestus des Bruchs mit der bisherigen Geschichte und der Traum einer neuen Welt, deren Glücksverheißung nur in der Auseinandersetzung mit der kolonialen Vergangenheit und der neoimperialistischen Gegenwart Amerikas sowie unter Einbeziehung randständiger Perspektiven einlösbar ist.

An Atlas of a Difficult World, 1991 (Atlas einer schwierigen Welt), enthält einen an Walt Whitman erinnernden Katalog verschiedener Leser und Leserinnen unterschiedlicher sozialer, ethnischer und regionaler Herkunft, die gestrandet, isoliert, zerrissen zwischen Bitterkeit und Hoffnung, zwischen Patriotismus und innerer Emigration Gedichte lesen, weil sich sonst kein Ausweg zeigt. Der Band, begonnen vor und vollendet nach dem ersten Golfkrieg, zeichnet ebenso wie *Dark Fields of the Republic*, 1995 (Dunkle Felder der Republik), eine von Materialismus und sozialer Ungerechtigkeit geprägte US-amerikanische Gegenwart. Zugleich betrieb Rich das Projekt alternativer Geschichtsschreibung weiter, z.B. in Gedichten über Rosa Luxemburg und Ethel Rosenberg. *Midnight Salvage*, 1999 (Mitternächtliche Rettung), befasst sich erneut mit den Möglichkeiten revolutionären Engagements – so findet sich eine Sequenz, die das *Kommunistische Manifest* zitiert.

Der Gedichtband *The School Among the Ruins*, 2004 (Die Schule in den Trümmern), noch vor dem 11. September 2001 begonnen, führt die ›Persona‹ durch fragmentarisierte Landschaften und versetzt sie in Scheinwelten, die sie nicht zu deuten weiß. Die trügerische Oberfläche des Alltäglichen wird verfremdet, und die Zerfaserung des öffentlichen Raums in Zeiten zunehmend virtualisierter Weltwahrnehmung wird in Bildern wie dem höhlenartigen »publike-restaurant« und Wortschöpfungen wie

»office-complex« registriert – eine Sequenz trägt den Titel »window document«.

Immer wieder erschienen Gedichtsammlungen, die das Schaffen der Autorin zusammenfassen: *The Fact of a Doorframe. Poems Selected and New 1950–1984* (1984, Fakt eines Türrahmens), *Telephone Ringing in the Labyrinth. Poems, 2004–2006* (2007, Das im Lybyrinth klingelnde Telefon), *Tonight no Poetry Will Serve. Poems, 2007–2010* (2011, Heute Nacht wird Lyrik es nicht ausrichten) und *Later Poems. Selected and New, 1971–2012* (2013, Spätere Gedichte, ausgewählte und neue).

Wie schon 1993 in der Essaysammlung *What is Found There* (Was zu finden ist), und 2000 in *Arts of the Possible* (Künste des Möglichen), geht es immer wieder darum, das Verhältnis von avantgardistischer Ästhetik und deren politischem Anspruch auszuloten – Dichtung will eben auch eine Schule der Imagination sein. SASKIA SCHABIO

Cynthia Ozick
* 17. April 1928 in New York/N. Y. (USA)

Als Kind russisch-jüdischer Einwanderer in der Bronx aufgewachsen; Studium an der New York University; 1950 Abschluss an der Ohio State University; Werbetexterin, dann Literaturdozentin an der New York University; 1984 Ehrendoktorwürde der Yeshiva University; Reisen nach Israel; seit 1988 Mitglied der ›American Academy of Arts and Letters‹; Prosa- und Lyrikautorin, Kritikerin, Übersetzerin, Essayistin; die Frage nach der jüdischen Identität in Amerika durchzieht ihr Werk.

Das Prosawerk
Die Autorin, die sich sowohl durch ihre Romane als auch durch ihre Erzählungen und Essays, ihre Übersetzungen, Gedichte und politischen Kommentare Bedeutung verschaffte, gilt als eine der bedeutendsten Prosaautorinnen der Gegenwart in den USA. Im Spektrum jüdisch-amerikanischer Literatur war sie eine der Ersten, die seit den 1960er Jahren nicht Anpassung an die Mehrheit oder jüdischen Universalismus proklamierte, sondern eine klare, nicht-assimilatorische religiöse Position vertrat.

Cynthia Ozicks erster, deutlich vom Vorbild Henry James' beeinflusster Roman *Trust*, 1966 (Vertrauen), stellt in seinen zeitversetzten Porträts jüdisch-amerikanischer Epochen die Vatersuche – und gleichzeitig die Selbsterforschung – der jüdischen Erzählerin dar. Im Gegensatz zu ihrem biologischen Vater, einem hedonistischen Verführer, der sich aber als Betrüger und Erpresser herausstellt, ist ihr späterer Stiefvater ein idealistischer Wahrheitssucher, den das Leiden seines Volkes im Holocaust zum Zweifel an Gott, sein eigenes Schicksal dann aber wieder zurück zum Studium der jüdischen Geschichte und der Heiligen Schriften bringt. In *The Cannibal Galaxy*, 1983 (*Die Kannibalengalaxis*, 1985, M. Walz), wird die Kompromittierung eben dieses jüdischen Erbes geschildert. Der in Paris geborene und dem Holocaust entgangene Joseph Brill, Direktor einer jüdischen Tagesschule in Amerika, propagiert ein ›duales Curriculum‹ von aristotelischer und hebräischer Kultur, französischer Ästhetik und jüdischer Tradition. Wie wenig seine Theorie und seine pädagogische Expertise greifen, wird an seiner Fehlbeurteilung einer begabten Schülerin deutlich, die später zu einer genialen Künstlerin wird, während sein eigener Sohn nur scheinbar ein Wunderkind ist.

Mehrfaches Strukturzentrum des kafkaesken Romans *The Messiah of Stockholm*, 1987 (*Der Messias von Stockholm*, 1990, M. Walz), ist ein verschollenes Manuskript (The Messiah) des von den Nazis erschossenen galizischen Autors Bruno Schulz. Weil sich der in Polen geborene Protagonist Lars Andemening für Schulz' Sohn hält, ist seine Suche nach dem gerüchteweise in Stockholm aufgetauchten Text gleichzeitig eine Vatersuche und ein Akt der Identitätsfindung. Die von Schulz beschriebene Götzenverehrung in einem galizischen Dorf parallelisiert die Vergötzung des verschollenen Manuskriptes durch Andemening, dessen Suche aufgrund von Täuschungen und Fälschungen, schließlich aber auch aufgrund seiner eigenen Selbsttäuschung scheitert. Es bleibt offen, ob das schließlich zerstörte Manuskript echt war, aber auch, inwiefern das spätere Leben des Protagonisten als angepasster Literaturkritiker das Scheitern einer messianischen Mission ist oder die unausweichliche Folge einer literarischen Monomanie und Idolatrie.

In *The Puttermesser Papers*, 1987 (*Puttermesser und ihr Golem*, 1987, M. Walz), einer Sammlung von fünf zuvor einzeln erschienenen phantastischen Parabeln, erschafft die Stadtverwaltungsjuristin Ruth Puttermesser die Golem-Gestalt Xanthippe, die New York säubern soll. Doch damit hat sie ein Wesen kreiert, das sie, inzwischen zur Oberbürgermeisterin gewählt, ähnlich wie der Zauberlehrling Johann Wolfgang Goethes schließlich kaum noch bändigen kann. Ob es Ruths Identifikationen mit ihrer englischen Lieblingsautorin George Eliot sind oder die Außenseiterkommentare einer russischen Cousine über die jüdische Linke in Amerika – jede der Erzählungen stellt die Frage nach der jüdischen Identität und löst die Antwort, kaum gefunden, wieder in Luft auf. Auch die letzte, »Puttermesser in Paradise« (»Puttermesser im Paradies«), lässt die Protagonistin zwar ein temporäres Glück als Ehefrau und Mutter finden, doch dieses verflüchtigt sich ebenso wie alle vorigen.

Der Roman *Heir to the Glimmering World*, 2004 (*Der ferne Glanz der Welt*, 2005, I. Rumler), kreist in einem seiner Erzählstränge um die persönliche Entwicklung der jungen Erzählerin Rose Meadows, die durch ihre Rolle als Hausangestellte in der jüdischen Familie Mitwisser zunächst an ihrer intellektuellen Selbständigkeit gehindert, unmerklich aber doch darauf vorbereitet wird. Auf einer anderen Ebene demonstrieren die Mitwissers, in den 1930er Jahren von Deutschland nach New York ausgewandert, die Spannung zwischen der humanistischen Bildung der Alten Welt und den Anforderungen der Neuen.

Ozicks vielfach ausgezeichnete, in vier Bänden gesammelte Erzählungen kreisen meist um dieselben Themen wie die Romane. *The Pagan Rabbi and Other Stories*, 1972 (Der heidnische Rabbi und andere Geschichten), enthält Geschichten, in denen phantastische Elemente die Korrumpierung des jüdischen Erbes durch heidnische Strömungen verdeutlichen (»The Pagan Rabbi«; »The Dock-Witch«, Die Dock-Hexe), über die gefährdete Rolle des Jiddischen als Literatur- und Kulturträger (»Envy«, Neid) und über die nur noch satirisch zu behandelnden Gender-Vorurteile des modernen amerikanischen Literaturbetriebs (»Virility«, Manneskraft). In *Bloodshed and Three Novellas*, 1976 (Blutvergießen und drei Novellen), geht es ebenfalls um die Spannung zwischen jüdischer Orthodoxie und modernem US-amerikanischem Wertesystem. So gerät z. B. in »Bloodshed« der aufgeklärt-skeptische Erzähler in einer chassidischen Gemeinschaft von Holocaust-Überlebenden durch das Hören einer Predigt über alttestamentliche Opferrituale in eine weltanschauliche Krise. Auch die Fragen nach der Originalität menschlicher Kreativität (»Usurpation«), der Authentizität ethnisch-religiöser Identität (»A Mercenary«, Ein Söldner) und der Menschenvergötzung (»An Education«, Eine Ausbildung) werden mehr oder weniger direkt in ihrem Verhältnis zum jüdischen Wertekanon beantwortet.

Den Kontrast zwischen genuinen und assimilierten Juden heben in der Titelgeschichte von *Levitation. Five Fictions*, 1982 (Schweben. Fünf Fiktionen), magische Phänomene hervor, während in »Shots« (Fotos) die Übertretung des alttestamentlichen Bilderverbots und in »Notes from a Refugee's Notebook« (Notizen aus dem Notizbuch eines Flüchtlings) die pseudoreligiösen Ansprüche der Psychoanalyse bzw. die Ansprüche eines rigoristischen Feminismus als ideologische Irrwege bloßgestellt werden. Die kurze, aber symbolisch sehr dichte Novelle »The Shawl« (Der Schal), von Ozick selbst unter dem Titel *The Blue Light*, 1994 (Das blaue Licht), dramatisiert, beschreibt den Nazi-Mord an einem Kind im Konzentrationslager, bindet aber auch die im Überlebenskampf Hinterbliebenen in die Schuldfrage ein. »Rosa«, 1989 mit »The Shawl« veröffentlicht, die Fortsetzung der Geschichte in Amerika, beleuchtet die Spätfolgen der Leiden und die moralischen Hypotheken und lotet die Wege zu einer Bewältigung des Traumas aus.

2008 erschienen der Erzählband *Dictation. A Quartet* und 2010 der Roman *Forign Bodies*, (Miss Nightingale in Paris, 2014, A. und D. Leube), der sich nur schwach an Henry James' *The Ambassadors* anlehnt. Die geschiedene Lehrerin Bea Nightingale reist nach Paris, um ihren Neffen zurück nach Amerika zu holen.

Die thematische Vielfalt ihrer literatur-, sprach- und kulturkritischen Essays – gesammelt in Art and Ardor. Essays, 1983 (Kunst und Begeisterung), Metaphor and Memory. Essays, 1989 (Metapher und Erinnerung), Portrait of the Artist as a Bad Character and Other Essays on Writing, 1994 (Porträt des Künstlers als schlechter Mensch und andere Essays über das Schreiben), Fame and Folly. Essays, 1996 (Ruhm und Narrheit), Quarrel and Quandary. Essays, 2000 (Streit und Zwickmühle), The Din in the Head. Essays, 2006 (Der Klamauk im Kopf) – kann hier nur angedeutet werden. Sie behandeln zum großen Teil die Werke einzelner Autoren, aber auch Grundfragen literarischen Schreibens, und postulieren im Allgemeinen eine ethische Verantwortung der Literatur. In der Sache scharfsinnig und geistreich, sind sie in der Argumentation vielfach bis zur Provokation pointiert und im Ton oft ironisch.

Die Gründe dafür, dass sich Ozick seit vielen Jahren als eine der eigenwilligsten und einflussreichsten Stimmen der US-amerikanischen Literatur behauptet, liegen in ihrer von der Kritik überschwänglich gefeierten stilistischen Virtuosität, aber vor allem in ihrer konsequenten Konzentration auf die Kernbereiche jüdischer Identität und auf deren Bewährung in einer nichtjüdischen Welt. Der Versuchung, diese Themen rein didaktisch abzuhandeln, entgeht sie durch ihre gelungene Kombination realistischer und nicht-rationaler Erzählweise. MANFRED SIEBALD

Philip Roth
* 19. März 1933 in Newark/N. J. (USA)

Studium an den Universitäten Rutgers, Bucknell und Chicago; Literaturdozent in Chicago und Iowa sowie ›Writer in Residence‹ in Princeton (1962–1980) und an der University of Philadelphia; ab 1989 Dozent für ›Creative Writing‹ am Hunter College, New York; seit der Publikation von *Goodbye, Columbus* zeitkritische Romane über das jüdisch-amerikanische Leben, oft gespiegelt über sein fiktionales Alter ego Nathan Zuckerman; unter Hinweis auf F. Kafka Einsatz für politisch unterdrückte Schriftsteller in Osteuropa; Romane der 1990er Jahre und des frühen 21. Jh.s, insbesondere die ›Amerikanischen Trilogie‹ mit ihrer Auseinandersetzung um politische Wirklichkeit, Alter und Tod gelten als Höhepunkt seines schriftstellerischen Schaffens; lebt zurückgezogen in Neuengland; einer der bedeutendsten US-amerikanischen Romanciers des späten 20. und frühen 21. Jh.s.

Weitere Werke: *Goodbye, Columbus! Ein Kurzroman und fünf Stories* (*Goodbye, Columbus and Five Short Stories*, 1959), *Der gefesselte Zuckermann. Eine Trilogie und ein Epilog* (*Zuckerman Bound*, 1979–1985), *Amerikanisches Idyll* (*American Pastoral*, 1997), *Der menschliche Makel* (*The Human Stain*, 2000), *Die Nemesis-Tetralogie* (2006–2010).

Portnoys Beschwerden / Portnoy's Complaint

Die Geschichte des mit dem Autor des 1969 erschienenen Romans gleichaltrigen und aus ähnlichen Verhältnissen stammenden Protagonisten und Ich-Erzählers stellt in manchen Zügen eine Abrechnung mit den kulturellen Klischees dar, durch die ein jüdischer Intellektueller sein Image vorgeformt findet. Gleichzeitig ist sich Roths Protagonist stets bewusst, dass sein Selbstporträt innerlich und äußerlich verlogen ist. Nicht zufällig gibt sich das Werk als Bericht an einen Psychoanalytiker (Dr. Spielvogel) aus, dessen Analyse, als Stichwort für ein Lexikon exzerpiert, dem Roman vorangestellt ist: ›Portnoy's complaint‹ (Komplex, Krankheitsbild, Neurose – daneben aber auch unterschwellig Weh- und Anklage) als Begriff der Psychologie des Abnormen. Portnoys Fallgeschichte wird aufgerollt, um eine Erklärung für die sein Leben völlig beherrschende Sucht nach Schuld und Schande zu finden.

Bedingt ist diese Sucht durch Alexander Portnoys Abhängigkeitsverhältnis zur Mutter und seine Hassliebe zum ›Rivalen‹, dem zugleich verachteten und beneideten Vater. Dass dieser sich zu Hause ausschließlich mit seiner chronischen Verstopfung beschäftigt, versteht sich nicht nur als Ausdruck der Frustration eines eifrigen jüdischen Versicherungsagenten, der es mit weißen protestantischen Vorgesetzten und schwarzen Kunden zu tun hat, sondern auch als Korrelat zur ängstlichen Besorgtheit der Mutter um die richtige Verpflegung und Verdauung ihres Lieblings Alex, und schließlich als Parallele zu dessen frühen Selbstbefriedigungspraktiken und späterer Vorliebe für Fellatio. Die Wachträume und sexuellen Phantasien des frühreifen, außergewöhnlich intelligenten Teenagers sind, in die Praxis umgesetzt, zum zermürbenden Lebenszweck des 33-Jährigen geworden, der als amtlich bestellter Verteidiger der Menschenrechte in New York City die Erfahrung gemacht hat, dass er die Geringschätzung der Juden durch die sich gesellschaftlich überlegen fühlenden ›Gojim‹ nur äußerlich einzudämmen vermag.

In scheinbar freier Assoziation breitet Portnoy seine Erlebnisse und Erfahrungen, seine Hoffnungen und Ängste vor Dr. Spielvogel aus, wobei er für die Begründung seiner Impotenz und seiner Schuldgefühle bewusst Freuds Lehren heranzieht. Aber anstatt sich auf diese Weise von seinen Beschwerden zu befreien, verstrickt er sich nur noch tiefer in seinen Narzissmus.

Zentrales Problem bleibt für ihn der Zwang zur Leugnung, Überwindung und Bestätigung des eigenen Judentums, der sich vor allem im ständigen Drang nach sexueller Erfüllung (und zugleich nach Erniedrigung, Zerstörung des guten Rufes) mit vorzugsweise jüdischen, aber auch nichtjüdischen Frauen ausdrückt. Immer wieder drängt es ihn danach, ihnen seine Überlegenheit zu beweisen, aber immer wieder wird er durch Minderwertigkeits- oder Schuldkomplexe, durch Angst vor Skandal und Geschlechtskrankheiten, ja sogar durch die zwanghafte Furcht vor Kastration daran gehindert. Sein letztes, alle anderen sexuellen Abenteuer in den Schatten stellendes Verhältnis mit dem ungebildeten Mannequin Mary Jane Reed (genannt ›The Monkey‹) gefährdet seine berufliche Existenz und macht die von beiden gehegte Hoffnung, eines Tages ein kleinbürgerliches Familienglück zu finden, zunichte. Nach einem gemeinsamen Aufenthalt in Rom (wo Portnoy mit ihr und einer italienischen Prostituierten Orgien zu dritt feiert), verlässt er in Griechenland Mary Jane, deren Selbstmord- und Enthüllungsdrohungen seinen Schuldkomplex weiter verstärken. Er flieht nach Israel, wo er zunächst das Gefühl genießt, nicht mehr einer Minderheit anzugehören. Bald jedoch wird ihm klar, dass er auch unter den Juden Israels ein Außenseiter ist. Deutlichstes Zeichen dieser neuen Unzulänglichkeit ist seine sexuelle Impotenz.

Von Anfang an konfrontiert Roth den Leser mit einem Zerrbild der Wirklichkeit: Seine Romancharaktere sind Karikaturen. In der Schilderung ihrer Existenz herrscht – wie in der gegen Präsident Nixon gerichteten Satire *Our Gang*, 1971 (*Unsere Gang*, 1972) – schwarzer Humor vor. Gleichwohl gelingt es Roth dank seiner durch eigene Erfahrung vertieften Einfühlung und seines ungewöhnlichen Erzähltalents, der verkehrten Welt von *Portnoy's Complaint* innere Stimmigkeit zu verleihen. Wenn er die Frustration seiner Hauptfigur in engem Zusammenhang mit der erstickenden Enge der jüdischen Gesetzesgläubigkeit sieht, die zwischen belangloser Übertretung künstlicher Schranken und schwerem Verstoß gegen Naturgesetze nicht mehr unterscheiden zu können scheint (Portnoys Bericht schließt mit einer karikaturhaft übersteigerten Klage über diese ›wertfreie‹ Ethik), so darf man darin nicht gleich, wie einige Kritiker es getan haben, einen antisemitischen Zug entdecken. Der neuralgische Punkt, um den Roths Werk kreist, ist die Stellung des Juden zwischen zwei Kulturen, ist Portnoys Isolierung, die von seiner nichtjüdischen Geliebten Mary Jane weitgehend geteilt wird. Aus dieser Isolierung gesehen, gerät Portnoys Lebensbericht und damit auch das Judentum selbst zur Karikatur. HUBERT HEINEN / ALFRED HORNUNG

Das Gegenleben / The Counterlife

Der Titel des 1987 erschienenen Romans, der die Geschichte des Schriftsteller-Protagonisten Nathan Zuckerman im Jahre 1977 wieder aufnimmt, kündigt thematisch wie strukturell eine Neuorientierung im Schaffen des Autors an. Roth kehrt sich hier von einer chronologisch verlaufenden Darstellung von Lebensgeschichten ab. In fünf mit »Basel«, »Judea«, »Aloft«, »Gloucestershire« und »Christendom« überschriebenen Abschnitten werden die bekannten Themen der jüdischen Existenz mit seinem in *The Prague Orgy*, 1985 (*Die Prager Orgie*, 1986), dokumentierten politischen Engagement verbunden, woraus sich ein Wandel in der Konzeption des Schriftstellers und seiner Einstellung zur bislang leichtfertig ironisierten jüdischen Wirklichkeit ergibt.

Der in einer Abfolge verschiedener ›Gegenleben‹ vermittelte Wandel bezieht sich zunächst auf die unterschiedlichen Lebensweisen der aus den Zuckerman-Romanen bekannten Brüder Nathan und Henry, die im Streit über Nathans Skandalroman »Carnovsky« auseinandergegangen waren. Während Nathan als Autor komisch-satirischer Romane indirekt am Tod seiner Eltern schuldig erscheint und bereits drei kinderlose Ehen hinter sich hat, figuriert Henry als vorbildlicher, erfolgreicher Zahnarzt und verantwortungsbewusster Familienvater von drei Kindern. Die Fiktion des Romans spielt unter Einsatz metafiktionaler Mittel mit diesen oft komplementären Gegenpositionen. Dabei wird u. a. durch den Wechsel zwischen auktorialem und personalem Erzähler die Chronologie der Erzählung durch oppositionelle Erzählsequenzen ersetzt und so das Spektrum menschlicher Erfahrungen erweitert. Z. B. erscheint am Anfang des Romans Henry in der ungewohnten, bisher nur Nathan zugeschriebenen Position des sexbesessenen Mannes, der eine leidenschaftliche Affäre mit der Schweizerin Maria zwar beendet, danach aber seine sexuellen Spiele mit der Sprechstundenhilfe Wendy fortsetzt. Da die wegen Herzbeschwerden eingenommenen Beta-Blocker Impotenz zur Folge haben, entschließt er sich zu einer vierfachen Bypassoperation, die er, in Nathans Inszenierung, nicht überlebt.

Nach der feierlichen Beerdigung beginnt das nächste Gegenleben des Zahnarztes, der seinen Beruf aufgibt und seine Familie in den USA verlässt, um in Israel in einer zionistischen Gemeinde Hebräisch zu lernen und die jüdische Existenz gegen die Palästinenser zu verteidigen. Der inzwischen mit einer Engländerin in London verheiratete Nathan besucht den Bruder, um dessen Beweggründe für seine gewandelte Einstellung zu erfahren. Während des kurzen Aufenthaltes in Israel lernt er die widersprüchliche politische Realität des Landes und die verschiedenen Haltungen zur Siedlungspolitik zionistischer Gruppen kennen. Auf dem Rückflug wird er in einen terroristischen Sabotageakt verwickelt, der letztlich vereitelt werden kann.

Noch bevor der Fall aufgeklärt ist, wird der Leser mit einem neuen ›Gegenleben‹ konfrontiert. Die anfänglich mit Henry durchgespielte Beerdigung nach misslungener Herzoperation zur Behebung der Impotenz wiederholt sich nun an dem 45-jährigen Nathan Zuckerman, der mit der in einem New Yorker Apartmenthaus über ihm wohnenden 27-jährigen Engländerin Maria nach deren Scheidung ein Kind haben möchte. Das nach seinem Tod einsetzende Gegenleben in England mit der schwangeren Maria, in dem antisemitische und fremdenfeindliche Tendenzen der englischen Gesellschaft sowie Nathans Wandlung zu einem Verfechter zionistischer und orthodox jüdischer Glaubensinhalte dargestellt werden, entstammt dem im Apartment des toten Autors zunächst von Henry, dann von Maria gesuchten Manuskript »Counterlife«. Für die Hinterbliebenen ergibt sich nun die Möglichkeit, ihre Fiktionalisierung durch Nathan zu korrigieren, kompromittierende Teile des Manuskripts zu entwenden und die Anordnung der Erzählung nach den von ihnen zur Lektüre ausgewählten, sie persönlich interessierenden Passagen zu gestalten. Durch diese editorischen Eingriffe werden die Leser Henry und Maria zu Autoren, so dass für sie die Grenze zwischen Leben und Fiktion schwindet.

Der Roman endet mit dem letzten Gegenleben des Nathan Zuckerman, der sich in der Fiktion seines Manuskripts von einem jüdische Belange leichtfertig verspottenden Autor zu einem orthodoxen Juden wandelt, der Glaubenswerte offen affirmiert.

Nach dem Erstlingserfolg Goodbye, Columbus, 1959 (dtsch. 1962), sowie dem ersten Roman und dem Epilog der Trilogie Zuckerman Bound, 1985 (Der gefesselte Zuckerman, 1986), kann The Counterlife als einer der besten Romane der mittleren Schaffensphase Roths gewertet werden. Der Autor setzt damit die in The Prague Orgy gewonnene ernsthafte Behandlung politischer Realitäten auf einer persönlichen Ebene fort, wobei die in Zuckerman Unbound, 1981 (Zuckermans Befreiung, 1982), und The Anatomy Lesson, 1983 (Die Anatomiestunde, 1986), dominante autobiographische Abrechnung mit seinen Kritikern (wie Irving Howe und Norman Podhoretz) durch eine neue kreative Erzählenergie überwunden wird und zur Auseinandersetzung mit der US-amerikanischen Wirklichkeit in den großen Romanen der 1990er Jahre führt. ALFRED HORNUNG

Kurt Vonnegut
* 11. November 1922 in Indianapolis/Ind. (USA)
† 11. April 2007 in New York/N.Y. (USA)

Infanterist im Zweiten Weltkrieg, Kriegsgefangener in Deutschland, überlebte den Bombenangriff auf Dresden; 1947–1950 Arbeit im Bereich ›Public Relations‹; ab 1950 hauptberuflich Schriftsteller; experimentelle, sozialkritische Romane mit Einflüssen aus Fantasy und Science-Fiction; Kombination von Popkultur und hochliterarischen Elementen.

Weitere Werke: *Frühstück für starke Männer* (Breakfast of Champions, 1973), *Zeitbeben* (Timequake, 1997).

Schlachthof 5 oder Der Kinderkreuzzug / Slaughterhouse-Five or The Children's Crusade

Der Roman erschien im Jahr 1969, nachdem der Autor in *Player Piano*, 1952 (*Das höllische System*, 1964), und *The Sirens of Titan*, 1959 (*Die Sirenen des Titan*, 1979), die Sinnhaftigkeit menschlicher Existenz und Geschichte radikal verneint und sich seit *Cat's Cradle*, 1963 (*Katzenwiege*, 1985), zunehmend mit dem Problem narrativer Realitätsabbildung beschäftigt hatte. *Slaughterhouse-Five* hat die Bombardierung Dresdens im Februar 1945 zum Thema und reflektiert mit dem ständigen Wechsel zwischen Geschehnisdarstellung und metafiktionaler Reflexion das erzählerische Ungenügen angesichts grauenhafter, nicht mehr erzählbarer Ereignisse. Trotz dieser inhaltlichen und formalen Schwere ist das Buch leicht zu lesen und wurde zu einem anhaltenden Publikumserfolg.

Vonnegut, der einer in Indianapolis lebenden Familie deutscher Herkunft entstammt, wurde selbst 1944 als Soldat gefangen genommen und musste Zwangsarbeit in Dresden leisten, wo er die alliierten Bombardements im Keller unter einem Schlachthaus überlebte. Sein historischer Pessimismus und seine Absage an die Vorstellung von der Zentralität des Menschen im Universum resultieren auch aus der Reaktion auf die Abwürfe amerikanischer Atombomben auf Hiroshima und Nagasaki. Nachdem bereits John/Jonah, der Erzähler von *Cat's Cradle*, ein Buch über Hiroshima mit dem Titel *The Day the World Ended* hatte schreiben wollen, begann Vonnegut die Arbeit an seinem ›Weltuntergangs‹-Roman, als er 1967 als Guggenheim-Stipendiat nach Dresden reiste. Wie bereits *The Sirens of Titan* verarbeitet auch das hierbei entstandene, über weite Strecken autobiographische Buch Science-Fiction-Elemente.

Der Protagonist von *Slaughterhouse-Five* ist Billy Pilgrim, Optiker von Beruf – ein Verweis auf das Thema der zu korrigierenden Wirklichkeitsperspektive. Der Nachname hebt Billys exemplarische Rolle als Reisender und Suchender hervor. Billy ist ein »spastic in time« (Zeitspastiker), der keine Kontrolle darüber hat, in welcher Zeit er lebt. Da er imaginativ immer wieder vom Hier und Jetzt seiner augenblicklichen Existenz in frühere oder spätere Stadien des eigenen Lebens hinübergleitet, passt sich auch der im ersten und zehnten Kapitel präsente Autor Vonnegut diesem diskontinuierlichen Verfahren an: Im Sinne des postmodernen Anti-Realismus tritt an die Stelle einer einheitlichen Perspektive ein sprunghafter Standpunktwechsel. Das vielfach irritierende Erzählverfahren wird auf die »telegraphic schizophrenic manner of tales of the planet Tralfamadore« (telegraphisch schizophrene Art der Geschichten des Planeten Tralfamadore) bezogen, eines Planeten, dessen Bewohner das synchrone Erleben aller Zeitmomente – unter Ausschluss allerdings der hässlichen Augenblicke – perfektioniert haben.

Indem der Erzähler diese Art von schizophrener Synchronizität nachahmt, distanziert er sich zugleich von der Möglichkeit einer chronologisch sukzessiven und damit kausal erklärenden, also klassisch romanhaften oder historisch-faktischen Darstellungen der Ereignisse. So kann er die darzustellenden Geschehnisse bereits im Untertitel mit dem Begriff des ›Kinderkreuzzugs‹ assoziieren. Diese im ersten Kapitel autobiographisch erklärte Wortwahl verweist auf die politische Naivität jeder Art von Kriegsliteratur. Vonnegut, der aus Charles Mackays *Extraordinary Delusions and the Madness of Crowds*, 1841 (*Zeichen und Wunder*, 1992), zitiert, will anders als bisherige Autoren den Krieg nicht im Stile der ›romance‹ heroisierend verfälschen und zeichnet den Soldaten Billy Pilgrim deshalb als moralisches Kind, das in einen Kreuzzug geschickt wird, dessen Zusammenhänge es nicht durchschaut. Allenfalls ansatzweise lernt Billy, als er unter den Einfluss der Tralfamadorianer gerät, polyperspektivisch zu sehen. Von seiner Umwelt für geistig krank erklärt, ahnt er deutlicher als seine Mitmenschen, wie absurd und entwürdigend es ist, wenn kriegerische Massaker im Namen der Freiheit, Demokratie und Menschlichkeit rational rechtfertigt werden.

Nach einem primär autobiographischen ersten Kapitel, in dem der ›Vonnegut‹ genannte Erzähler über seine Schreibschwierigkeiten spricht, folgen acht Kapitel, die Pilgrims Kriegsbiographie bis zur Befreiung aus der Gefangenschaft chronologisch gerafft darstellen. Eingefügt sind zumeist durch Assoziationen aufgerufene und strukturell über das Motiv der Zeitreise integrierte Daten und Erlebnisse. Sie reichen von der Geburt in Ilium/New York über einzelne Kindheitserinnerungen bis hin zur Rückkehr aus dem Krieg, zum beruflichen Aufstieg, der Heirat und zu jenem Flugzeugunglück im Jahr 1968, das Billy als Einziger mit schweren Verletzungen überlebt, um danach seine Mitmenschen über seine ungewöhnlichen Fähigkeiten und die Entführung auf den Planeten Tralfamadore aufzuklären. Dort wird er nackt in einem Zoo ausgestellt; später wird ihm die schöne Pornodarstellerin Montana Wildhack zugestellt.

Billys Zeitreise-Fähigkeiten ermöglichen es dem Erzähler, im Sinne der utopischen Satire zwei Welten miteinander zu kontrastieren. Die historische Realität des 20. Jh.s erscheint dabei chaotisch, geprägt von Entfremdung und Isolation des Menschen und vor allem von allgegenwärtiger politischer Gewalt, wie Hinweise im zehnten Kapitel auf die offizielle Statistik der getöteten Vietnamesen, auf die Ermordung Robert Kennedys und Martin Luther Kings im Jahr 1968 sowie auf die Zahl der täglichen Hungertoten in der Welt zeigen. Besonders auffällig ist die moralisch-intellektuelle Infantilität mancher Figuren, etwa des 70-jährigen Harvard-Historikers B.C. Rumfoord, der mit Billy das Krankenzimmer teilt. Dieser sich als Übermensch fühlende ehemalige Brigadegeneral, der Quellen über den Krieg studiert und dem die Zahlen der Toten dennoch nichts sagen, erinnert Billy an einen geisteskranken Jungen, den er als Optiker einmal vergeblich nach der Anzahl der Punkte auf einer Tafel gefragt hatte. Bezeichnenderweise sieht Rumfoord im schwer verletzten Billy nur eine abstoßende ›Unperson‹, die besser gestorben wäre.

Tralfamadore erscheint demgegenüber als eine friedliche Gegenwelt. Aber Billys Zurschaustellung im Zoo und die aus Zyanid bestehende Atmosphäre des Planeten lassen ebenso wie die Abschottung der fatalistischen Tralfamadorianer gegen die unerfreulichen Augenblicke des Lebens Zweifel an der Idealität dieser Gegenwelt aufkommen. Billy ist allerdings im Unterschied zu den echten Tralfamadorianern auch ein hilflos und willkürlich Zeitreisender, dem Selektivität verwehrt ist. Er muss deshalb immer wieder zu schrecklichen Augenblicken zurückkehren.

Während Billy häufig in Halluzinationen oder Fluchtphantasien verfällt, transzendiert der im ersten und letzten Kapitel auch als Figur präsente Ich-Erzähler Billys Fatalismus und Eskapismus. Zwar verwendet dieser Erzähler bei jeder Erwähnung eines Todesfalls stereotyp die Formel »So it goes« (So geht es halt), und Vonnegut, der diese Formel nach

Lektüre der Kriegsromane Louis-Ferdinand Célines erfand, bezeichnete »So it goes« in Selbstaussagen bisweilen als Ausdruck gelassener Hinnahme des Unvermeidlichen, zu Recht aber hat die Forschung davor gewarnt, diesen Fatalismus mit der Grundeinstellung des impliziten Autors zu identifizieren. Tatsächlich weisen die Bemerkungen über die Nicht-Erzählbarkeit des Grauens, über den Charakter des ›Kinderkreuzzugs‹ oder die satirischen Passagen des Romans auf eine – allerdings nur indirekt vermittelte – moralische Position hin.

 Slaughterhouse-Five, das zu den wichtigsten Romanen der US-amerikanischen Literatur nach 1945 gehört, brachte Vonnegut den endgültigen Durchbruch bei Lesern und Kritikern und wurde 1972 erfolgreich von George Roy Hill verfilmt. UWE BÖKER / FRANK KELLETER

Thomas Pynchon
* 8. Mai 1937 in Glen Cove/N. Y. (USA)

Entstammt einer alten neuenglischen Familie; studierte 1954–1959 Physik und Literatur an der Cornell University (u.a. bei V. Nabokov), unterbrach sein Studium und diente 1955–1957 in der US Navy; nach Studienabschluss zunächst ein Jahr in Greenwich Village, dann 1960–1962 technischer Redakteur bei Boeing; ließ den National Book Award 1974 für *Gravity's Rainbow* durch einen gemieteten Komiker entgegennehmen; lebt zurückgezogen in Manhattan; seine Publikumsscheu wurde selbst zum populärkulturellen Motiv: Er trat als Zeichentrickfigur in zwei Folgen der Fernsehserie *The Simpsons* auf (sprach sich selbst, doch das Gesicht der Figur war mit einer Papiertüte verdeckt); einer der wichtigsten, originellsten und einflussreichsten Romanciers des 20. Jh.s; Begründer des US-amerikanischen postmodernen Romans.

Weitere Werke: V. (V., 1963), *Die Versteigerung von No. 49* (*The Crying of Lot 49*, 1966) *Vineland* (Vineland, 1990), *Mason & Dixon* (Mason & Dixon, 1997), *Gegen den Tag* (Against the Day, 2006), *Natürliche Mängel* (Inherent Vice, 2009).

Die Enden der Parabel / Gravity's Rainbow

In seinem umfangreichen, 1973 erschienenen dritten Roman postuliert der Autor als primäre Zerfallskräfte seiner Zeit Paranoia, Entropie und Todessehnsucht. Schauplätze der apokalyptischen Handlung sind England, Frankreich und das besetzte Deutschland in den Jahren 1944/45. Als gemeinsamer Fluchtpunkt aller Handlungsstränge dient ein Fetisch allumfassender Zerstörung: die deutsche V2-Rakete. Zentrales Thema des Romans ist ein manichäischer Kampf zwischen den anonymen Mächten einer böswilligen Verschwörung (»Them«) und deren Opfern (»We«), wobei die im Roman agierenden Schurken nur Handlanger dieses nicht benennbaren und letztlich unfassbaren ›They-Systems‹ sind. Anfang und Ende des Romans werden durch die Flugbahn der Rakete verbunden: Die Handlung setzt 1944 mit dem Herannahen einer von Holland auf London abgeschossenen Rakete ein und endet unmittelbar vor dem Einschlag einer letzten, irregeleiteten V2 in einem kalifornischen Kino, in dem auch die vom Erzähler imaginierten Leser des Romans sitzen, also in der unmittelbaren Erzählgegenwart.

Zwischen diesen beiden Ereignissen lassen sich aus der Überfülle der Episoden und Figuren (nahezu 400) fünf ineinander verwobene Handlungsstränge herauskristallisieren. Der wichtigste handelt von der Suche des amerikanischen Soldaten Tyrone Slothrop nach dem Geheimnis seiner Identität; denn der Wissenschaftler Pointsman, der für die Organisation PISCES (›Psychological Intelligence Schemes for Expediting Surrender‹) arbeitet, hat festgestellt, dass Slothrop beim Herannahen von V2-Raketen regelmäßig Erektionen bekommt, und möchte diesen Zusammenhang militärstrategisch nutzen. Erst später stellt sich heraus, dass Tyrone als Säugling von dem deutschen Wissenschaftler Jamf auf Imipolex G, einen neuen Wunderstoff des IG Farben-Konzerns, konditioniert wurde, aus dem nun auch ein Teil der sagenhaften V2-Rakete mit der Seriennummer 00 000 gefertigt sein soll. Slothrop, der zu Recht befürchtet, mit seiner Konditionierung zum Spielball der konkurrierenden Geheimdienste zu werden, begibt sich auf die Suche nach dieser legendären Rakete. Er flieht aus London über Südfrankreich in die deutschsprachige ›Zone‹, zuerst nach Zürich, dann in das V2-Raketenwerk in Nordhausen, wo er den Oberst Enzian des ›Schwarzkommandos‹ trifft, einer Truppe afrikanischer Hereros, die nach dem Massaker unter General von Trotha während der Großen Rebellion von 1904 bis 1907 von Deutsch-Südwestafrika nach Deutschland übergesiedelt und dort beim Raketenbau eingesetzt wurden – eine Weiterentwicklung einer Episode aus Pynchons erstem Roman V., 1963 (V., 1976). Auf seinem Weg nach Berlin verwandelt Slothrop seine Identität in die des Comic-Helden Rocketman, nimmt an der Potsdamer Konferenz teil, taucht in die Berliner Drogenszene ab, fährt auf der Ostsee mit einer Gruppe dekadenter Ex-Nazis auf der Yacht »Anubis« (in der ägyptischen Mythologie das Totenschiff) nach Peenemünde, flieht dann erneut vor Pointsmans Agenten und vor dem russischen Geheimdienst, indem er sich jeweils neu verkleidet (u.a. als heidnische Schweinefigur Plechazunga), bis er schließlich gänzlich seine Konturen verliert. In einem Moment, der als mystische Vereinigung mit allen ihn umgebenden Dingen erscheint, sieht er einen Regenbogen und löst sich in der Natur auf.

 Der zweite Handlungsstrang dreht sich um den Oberst Enzian, eine Art Moses-Figur. In Afrika war er der Geliebte des jetzigen Raketenkommandeurs Weissmann, und nach dem Ersten Weltkrieg versuchte er, sein Herero-Volk am Leben zu erhalten, sowohl gegen kriegerische nördliche Regierungen als auch gegen Stammesmitglieder, die, vom Todesbegehren des christlichen Nordens angesteckt, kollektiven Selbstmord begehen wollten. Ein dritter Handlungsstrang beschreibt die Liebesgeschichte zwischen Roger Mexico, einem Statistiker der PISCES, und

Jessica Swanlake, die ihn nach Kriegsende verlässt, um eine bürgerliche Ehe einzugehen. Roger Mexico versucht mit Private Prentice, als ›Gegenkraft‹ das im Nachkriegseuropa fortgeführte ›They-System‹, das »Raketen-Kartell«, durch ein kreatives ›We-System‹, basierend auf theatralischen ikonoklastischen Widerstandsakten, zu unterminieren.

Die Geschichte von Franz Pökler, seiner Frau Leni und seiner Tochter Ilse bildet den vierten Handlungsstrang. Franz, der Prototyp des weltfernen und politisch desinteressierten, aber hochsensiblen Wissenschaftlers, arbeitet als Ingenieur an den V2-Raketen in Nordhausen und Peenemünde, während Leni und Ilse wegen kommunistischer Gesinnung im Lager Dora eingesperrt sind. Um Pökler zu halten, erlaubt ihm Weissmann, einmal im Jahr mit seiner Tochter (oder einem Mädchen, das sie nachahmt) den Urlaub zu verbringen. Die Frage nach der politischen Verantwortung des Naturwissenschaftlers steht im Mittelpunkt dieses Handlungsstrangs.

Der fünfte und dunkelste Handlungsstrang erzählt die Liebesgeschichte zwischen Major Weissmann alias »Blicero« (abgeleitet aus dem altdeutschen Wort für Tod) und seinem Geliebten Gottfried, einem Soldaten der V2-Batterie. Das Paar ist besessen von der Vorstellung, das rationale Ego zu überwinden, um der zerstörerischen Schönheit einer übermenschlichen oder posthumanistischen Existenz zu huldigen. In einem Versuch, den Akt der Liebe mit dem Akt des Todes in Einklang zu bringen, lässt Weissmann eine besondere V2-Rakete bauen, in die Gottfried eingebettet werden soll. In einer bizarren Mischung aus Opferritual und sexueller Selbstbefriedigung für beide Liebhaber startet Gottfried, umhüllt von dem aus Imipolex geformten Braut- und Leichengewand, im Frühjahr 1945 auf der Lüneburger Heide seinen Todesflug – ein Bild, das Gebär-, Braut-, Liebes- und Todessymbolik vereint.

Mit *Gravity's Rainbow* versucht Pynchon nicht nur, die dem Faschismus inhärente erotische Faszination für den Tod zu erklären, sondern beschreibt auch zahlreiche weitere Versionen des westlichen Wunsches, dem eigenen Rationalismus zu entfliehen, um ein kolossales, endgültiges Ereignis der Erlösung und Zerstörung eintreten zu lassen. Die Dynamik des Romans besteht demzufolge in der Opposition zweier Weltbilder, die in oft überraschender Weise miteinander interagieren. Von Todessehnsucht getrieben sind in Pynchons Welt: das Christliche, Nördliche, Analytische, Technologische, Anorganische; ferner die Farbe Weiß, Kälte, Kontrolle, Abstraktionen (z. B. monokausales Denken in den Kategorien

Ursache und Wirkung) sowie das Bewusstsein der Auserwähltheit. Dem entsprechen im naturwissenschaftlichen Bereich künstliche Synthesen (Plastik) und ein Verharren im newtonschen Weltbild (Schwerkraft). Lebensbejahende Konnotationen tragen hingegen der religiöse Synkretismus, das Chaotische, das Spielerische, das Populäre. Beide Bereiche treten allerdings oft als dialektische Spiegelbilder auf. Paranoia steht bei Pynchon hierbei sowohl für den Versuch eines Ausbruches aus beengender Rationalität als auch für die letztlich stets Vermutung bleibende rationalistische Ahnung, dass alles miteinander in einem geschlossenen System verbunden ist, das vom Prinzip der Entropie beherrscht wird. Weil Pynchon den Wunsch, hinter das Rätsel einer allumfassenden Verschwörung zu kommen, als Hauptantrieb menschlicher Sinnstiftung versteht, besteht sein Roman aus einer Vielzahl an Komplotten, Kabalen, Suchaktionen, Erkundungsjagden, in denen seine Figuren als Spione, Doppelagenten, Forscher und misstrauisch gewordene Opfer agieren. Auf diese Weise beschreibt Pynchon sowohl den menschlichen Drang, bedeutsame Systeme zu errichten, als auch den ständig neuen Zusammenbruch dieser Systeme sowie deren mörderische Ansprüche.

Gravity's Rainbow stellt ein engmaschig strukturiertes Gebilde aus Erzählung, Geschichtsschreibung, philosophischer Abhandlung und kulturtheoretischer Analyse dar. Der immense Bezugsrahmen des Werks schließt u. a. Opern von Rossini, Beethoven und Wagner ein, archetypische und mythische Weltbilder (C. G. Jung, Frazer, Eliade und die Brüder Grimm) sowie die Ikonographie von Tarot-Karten und die Todesmetaphorik von Emily Dickinson, T. S. Eliot und Rilke. Anspielungen auf die durch Hollywood geprägte US-amerikanische Populärkultur (Dracula, King Kong, Marx Brothers, Wizard of Oz), auf Comic Strips und Cartoons sind ebenso zentral wie die ständige Bezugnahme auf den deutschen Stummfilm (Fritz Lang). Der Ton des Werks, das über weite Strecken eine pikareske Struktur aufweist, schwankt zwischen schwarzem Humor und surrealem Lyrizismus. Die suggestive Verflechtung der Episoden sowie die konsequente Aufhebung konventioneller Zeitgestaltung versetzen den Leser in dieselbe Situation, in der sich auch die Figuren des Romans befinden: In ein fiktives und doch realitätsähnliches System endloser Verweise verstrickt, wird der Leser zum Suchenden, der Sinnmuster erstellen muss, um Orientierung in der Welt für sich zu schaffen. Der Roman übte vor allem in der Medienwissenschaft starken Einfluss auf die postmoderne Theoriebildung aus. ELISABETH BRONFEN / KLL

Octavia Estelle Butler
* 22. Juni 1947 in Pasadena/Calif. (USA)
† 24. Februar 2006 in Seattle/Wash. (USA)

1968 Abschluss am Pasadena City College; jahrelange Tätigkeit im Niedriglohnsektor; 1970 Teilnahme am ›Clarion Science Fiction Writers' Workshop‹; lange Zeit die einzige afroamerikanische Autorin von Science-Fiction-Literatur.

Das Romanwerk
Ab Mitte der 1970er Jahre bis zu ihrem Tod veröffentlichte die Autorin zwölf Science-Fiction-Romane. Ihr Werk zeichnet sich durch die Fokussierung schwarzer Protagonistinnen aus: In den Romanen geht es hauptsächlich um Rasse und Geschlecht als Formen von Differenz, die häufig in der Begegnung mit außerirdischen Lebensformen dargestellt werden. Zentraler Faktor sind dabei ungleiche Machtstrukturen, wobei deren Effekte sowohl auf die Mächtigen als auch auf die Abhängigen beleuchtet werden. Oft mit biblischer Metaphorik versponnen und teilweise parabelartig didaktisch angelegt, schuf Butler vor allem dystopische Zukunftswelten, wenngleich zwei ihrer bekanntesten Romane, *Kindred*, 1979 (*Vom gleichen Blut*), und *Wild Seed*, 1980 (*Wilde Saat*), überwiegend in der Vergangenheit spielen.

In ihrem Frühwerk, der sogenannten »Patternist Series«, die die Romane *Patternmaster*, 1976 (*Als der Seelenmeister starb*), *Mind of My Mind*, 1977 (*Der Seelenplan*), *Survivor*, 1978 (*Alanna*), *Wild Seed* und *Clay's Ark*, 1984 (*Lehmarche*), umfasst, wird das Konzept der Differenz anhand der Motive Telepathie und Telekinese diskutiert. In *Patternmaster*, Butlers erstem Roman, versklaven die Patternisten die Menschheit durch telepathische Manipulation. Dabei kämpfen sie nicht nur gegen äußere Feinde, sondern auch um Einfluss und Macht innerhalb ihrer eigenen, hierarchisch aufgebauten Gesellschaft. *Wild Seed* erzählt die Vorgeschichte zu *Patternmaster*. Der afrikanische Unsterbliche Doro züchtet eine Rasse mit telepathischen Fähigkeiten. Dazu zwingt er die ebenfalls unsterbliche Anyanwu, an seinem Eugenik-Programm teilzunehmen. Die beiden Figuren tragen einen Machtkampf aus, bei dem (körperliche) Unterschiede betont und gleichzeitig relativiert werden. In *Mind of My Mind*, das sich direkt auf *Wild Seed* bezieht, wird Doro von seiner ihm überlegenen Tochter Mary besiegt und getötet. In *Clay's Ark* werden Menschen mit einem außerirdischen Virus infiziert und mutieren zu einer eigenen Rasse, die in *Patternmaster* an den dort beschriebenen Machtkämpfen teilnimmt.

Im Zentrum der »Xenogenesis Series«, gesammelt auch als *Lilith's Brood*, 2000 (*Die Genhändler*), steht das Thema der Genmanipulation. Die Trilogie untersucht die Machtverhältnisse zwischen Menschen und geistig überlegenen Außerirdischen, die die menschliche DNS benötigen, um als Spezies überleben zu können. In *Dawn*, 1987 (*Dämmerung*), wird die schwarze Frau Lilith ausgewählt, um die überlebenden Menschen auf eine Rückkehr zur Erde und ihr Zusammenleben mit den Außerirdischen vorzubereiten. Während sich Widerstandsgruppen bei den Menschen bilden, führen Differenzen innerhalb der Gruppen zu massiven Problemen. Im zweiten Buch der Serie, *Adulthood Rites*, 1988 (*Rituale*), versucht Liliths Sohn Akin zwischen den Menschen und den Außerirdischen zu vermitteln und erreicht, dass Menschen eine unabhängige Gemeinschaft auf dem Mars etablieren können. In *Imago*, 1989 (*Imago*), muss sich Liliths Kind Jodah erneut mit den Exil-Menschen auseinandersetzen und kreiert eine neue Spezies, die halb Mensch, halb Außerirdischer ist und sich ohne genetische Manipulation fortpflanzen kann. Seitens der Kritik wurde sowohl der »Patternist Series« als auch der »Xenogenesis Series« eine Tendenz zu essenzialistischen Vorstellungen von Geschlecht unterstellt, in denen Frauen sich vorwiegend als Mütter definieren und in patriarchalischen Gesellschaftsstrukturen dominiert werden. Aus diesem Grund wurden Butlers Hauptwerke in der feministischen Literaturkritik eher kontrovers rezipiert.

In den beiden Romanen *Parable of the Sower*, 1993 (*Die Parabel vom Sämann*), und *Parable of the Talents*, 1998 (Die Parabel von den Zentnern), befinden sich die USA in einem bürgerkriegsähnlichen Zustand, nachdem in der nahen Zukunft die Folgen der Erderwärmung und die Exzesse des Neoliberalismus zu einer radikalen gesellschaftlichen Spaltung zwischen Arm und Reich geführt haben. Die Romane erzählen, wie die Protagonistin Lauren Olamina eine Religion namens Earthseed entwirft, die sich an den Kernprinzipien der Ökologie orientiert. Die Kolonialisierung des Weltalls und eine nichtkapitalistische Gesellschaftsstruktur, die religiöse mit säkularen Grundsätzen zusammenbringt, drücken eine utopische Hoffnung aus. Butlers letzter Roman, *Fledgling*, 2005 (Grünschnabel), handelt von einer genetisch manipulierten Vampirin, die sich gegen Ausgrenzung innerhalb der Vampirgemeinschaft durchsetzen muss. INGRID THALER

Sandra Cisneros
* 20. Dezember 1954 in Chicago/Ill. (USA)

Mexikanisch-amerikanischer Herkunft; Literaturstudium, Dozentin für kreatives Schreiben an verschiedenen Universitäten, Reisen; mit Ana Castillo eine der wichtigsten feministischen Stimmen aus den 1980er Jahren; Gedichtbände, Essays; durch den Kurzgeschichtenband *Woman Hollering Creek and other Stories*, 1991 (*Kleine Wunder*), Repräsentantin der ›Chicana-Literatur‹, Übergang zu Großverlagen.

Das Haus in der Mango Street / The House on Mango Street

Mit dem 1983 erschienenen Roman hielt der bürgerliche, an Virginia Woolf orientierte Feminismus Einzug in die mexikanisch-amerikanische Literatur. Die Folgejahre brachten radikalere feministische Werke mit Ana Castillos *The Mixquiahuala Letters*, 1986 (Die Mixquiahuala-Briefe), und Gloria Anzaldúas *Borderlands/La Frontera*, 1987 (Grenzgebiete).

Das im Titel des Romans genannte Haus steht in einer fiktiven Straße in Chicago (das als Handlungsort selbst ohne Namen bleibt). Dort wächst die Erzählerin Esperanza Cordero in einer Arbeitergegend auf, wo sich Puertoricaner und Mexiko-Amerikaner billige Häuser mit anderen ethnischen Gruppen teilen. In 44 kurzen, sehr prägnanten Vignetten rekapituliert die Erzählerin ihre Lebensgeschichte, die von der häuslichen Kindheit zur Jugend in der Nachbarschaft bis hin zum Verlassen der Stadt führt, allerdings mit dem Vorhaben, zurückzukehren und das Gelernte mit denen zu teilen, die nicht so glücklich waren, fortziehen zu können: halbwüchsige, unverheiratete Mütter, verlassene Ehefrauen, Mitglieder von Straßengangs. Was zunächst als märchenhaftes Traumhaus der Kindheit erscheint, differenziert sich zunehmend nach Alter und Geschlecht und treibt die jugendliche Erzählerin zur Entdeckung anderer Kulturen, anderer Mutterrollen und anderer Partner-Beziehungen. Das erwachende Begehren und die ersten sexuellen Erfahrungen gipfeln im Wunsch nach einem eigenen Haus, in dem sie schreiben kann: Esperanza wird für die zurückkehren, die daheim geblieben sind.

Die Abfolge der 44 poetischen Vignetten in Prosa bleibt grob chronologisch, aber die Zusammenhänge zwischen den Teilen sind vom Leser herzustellen. Was Esperanza von den Nachbarn für sich und ihre Familie lernt, bleibt implizit. Die Themen Tod, Unterdrückung, Einsamkeit, Wut und weibliche Solidarität bilden ein Beziehungsgeflecht zwischen den Teilen. Überlagert werden diese Themen von literarischen Anspielungen auf Virginia Woolf und James Joyce sowie auf Märchen und Kinderverse. Diese Anspielungen stellen das Autobiographische des Texts in eine Tradition der Porträts junger Künstler und Künstlerinnen. Über das individuelle Schicksal Esperanzas hinaus entwirft der Roman jedoch das Bild einer Generation hispanischer Frauen, die im Spannungsfeld zwischen Familie, männlichem Partner und ihrer Herkunftskultur nach einer eigenen Identität suchen. Ihnen ist der Roman gewidmet.

Über alle Grenzen von Kultur, Klasse und Alter hinweg werden Ansätze zu einer feministischen Solidarität erkennbar, die diese Grenzen überschreitet. Die Poetik des Raumes, wie sie Gaston Bachelard theoretisch entwickelte, bildet eine Achse zwischen Innen- und Außenraum, Familie und Nachbarschaft, männlichem und weiblichem Raum. Das Haus symbolisiert hierbei den Raum für Einbildungskraft und Erinnerung.

Formal gehört das Werk in jene hybride Gattung des Entwicklungsromans aus Kurzgeschichten, wie ihn James Joyce in *Dubliners*, 1918 (*Dubliner*), für die europäische und Sherwood Anderson mit *Winesburg, Ohio* (1919) für die US-amerikanische Literatur begründeten. Cisneros stellt ihren Vorbildern, zu denen auch Vladimir Nabokovs autobiographische Schriften gehören, eine weibliche Sichtweise entgegen, hält aber an einem Zentralcharakter fest, statt die Entwicklung auf verschiedene Figuren zu verteilen, wie es Joyce oder Anderson getan hatten.

Stilistisch dominiert eine aussparende minimalistische Erzählweise auf der Grenze zwischen Prosa und Freivers und voller verdeckter Zitate und Anspielungen, die sich jedoch nahtlos in den einfachen Erzählfluss einfügen. Das doppelte (teils erwachsene, teils kindliche) Ich der Erzählerin und die unverbundene Darbietung der Fragmente schaffen weitere Zwischenräume und Leerstellen für die Leseaktivität. Die scheinbar kindliche Schreibweise, die sich zwischen humorvollen und bedrohlichen Episoden und zwischen Andeutung und expliziter Darstellung bewegt, mündet in den Wunsch, einen neuen multiethnischen Ort außerhalb des traditionell kulturnationalistischen Territoriums der Südwest-Staaten zu finden. Das Buch blieb bei Chicano-Kritikern zunächst umstritten. Erst mit der Kurzgeschichtensammlung *Woman Hollering*

Creek, 1991 (Kleine Wunder), gelang Cisneros der Durchbruch bei der Kritik. Inzwischen jedoch gilt *The House on Mango Street* als ein Initialwerk der ›Chicana-Literatur‹. WOLFGANG KARRER

David Mamet
* 30. November 1947 in Chicago/Ill. (USA)

Ab 1970 Theaterschauspieler, erste Arbeiten an Stücken in experimentellen Regionaltheatern (u.a. am Goodman Theater, Chicago); 1977 erster Broadway-Hit mit American Buffalo; seit 1979 auch Drehbuchautor und Regisseur für Hollywood-Produktionen; großes Gespür für die Alltagssprache, Interesse an amerikanischen Mythen und Problemen der Kommunikation; bedeutendster US-amerikanischer Dramatiker des späten 20. Jh.s.

Weitere Werke: Amerikanischer Büffel (American Buffalo, 1976), Ein Leben im Theater (A Life in the Theatre, 1977), Oleanna (Oleanna, 1992), Aus der alten Welt (The Old Neighborhood, 1997), Wilson. Eine Betrachtung der Quellen (Wilson. A Consideration of the Sources, 2000).

Hanglage Meerblick / Glengarry Glen Ross

Das 1984 erschienene Drama in zwei Akten schließt thematisch an die früheren Stücke American Buffalo, 1975 (Amerikanischer Büffel), und The Water Engine, 1977 (Die Wassermaschine), an. Der handlungsarme Krimi ist Harold Pinter gewidmet. Gezeigt wird der harte Konkurrenzkampf von vier Verkaufsagenten, die um ihren Arbeitsplatz in einer Immobilienfirma ringen. Die Firmenleitung veranstaltet einen Wettbewerb sozialdarwinistischer Prägung: Der erfolgreichste Makler erhält ein Auto, der zweitbeste einen Trostpreis (eine Garnitur Steakmesser), die beiden anderen werden entlassen.

Schauplatz des ersten, in drei episodische Szenen unterteilten Aktes ist ein chinesisches Restaurant. Durch Bestechung versucht der alternde Levene, der die Firma maßgeblich mitaufgebaut, jetzt aber eine Pechsträhne hat, an die gewinnträchtigsten Kundenadressen zu kommen, die der junge Agenturleiter Williamson paradoxerweise nur an die Agenten geben darf, die bereits Abschlüsse verbuchen konnten. Williamson lehnt ab, weil Levene nicht genügend Bargeld vorweisen kann. Über die inhumanen Praktiken der Firma ebenfalls erzürnt, versucht der Agent Moss seinen deprimierten Kollegen Aaronow zu überreden, die Kundenlisten zu stehlen, um mit der Konkurrenz Geschäfte zu machen. Das Verkaufsgenie Roma hingegen ködert mit abgefeimter Jovialität einen neuen Kunden: Er veräußert zielstrebig wertlose Grundstücke, die poetische Namen wie »Glengarry Highlands« tragen.

Am nächsten Tag treffen sich alle im Büro (zweiter Akt) und werden in einem Nebenzimmer einzeln von einem Polizeibeamten verhört, weil nachts die Kundenlisten gestohlen wurden. Levene ist in überschwänglicher Stimmung; trotz einer schlechten Kontaktadresse konnte er einen größeren Abschluss tätigen, der sich jedoch später als Bluff zahlungsunfähiger Kunden herausstellt. Mit arglistiger Vertraulichkeit lauscht Roma Levenes hymnischem Bericht, den dieser wie eine erfolgreiche Gralsuche gestaltet. Gemeinsam versuchen sie dann, einen Kunden Romas abzuwimmeln, der seinen Kauf rückgängig machen will. Die Show platzt, als Williamson dem Kunden nichtsahnend mitteilt, dass sein Verkaufsvertrag noch nicht bearbeitet wurde. Wütend beschimpft erst Roma, dann – als Roma zum Verhör geholt wird – Levene den Agenturleiter, der durch seine Unvorsichtigkeit die Lebensgrundlage der Außendienstmitarbeiter gefährde. In kalter Gelassenheit gelingt es Williamson aber, Levene als den nächtlichen Einbrecher zu entlarven. Unberührt von dessen zunehmend panischer Verzweiflung informiert er den Polizisten. Levene wird abgeführt, als ihm Roma gerade anbietet, künftig gemeinsam auf Kundenfang zu gehen.

Die einem unmenschlichen Existenzkampf unterworfenen Verkaufsagenten werden, da sie gnadenlos ausgebeutet werden, notgedrungen selbst zu Ausbeutern, denen jedes Mittel recht sein muss, um im Dschungel der Geschäftswelt zu überleben. Der tragisch-heroische Idealismus eines Willy Loman in Arthur Millers *Death of a Salesman*, 1949 (*Tod eines Handlungsreisenden*), das Kritiker häufig zum Vergleich heranziehen, fehlt diesen naturalistisch gezeichneten Akteuren aber fast vollständig. Von den sozialen Bedingungen konditioniert, übertragen sie die unbarmherzigen Wertstrukturen des ökonomischen Systems auf zwischenmenschliche Beziehungen. Dennoch bringt Mamet dem energischen Kampfgeist und der kreativen Findigkeit der Agenten Bewunderung entgegen; anders als Willy Loman sind seine Verkäuferfiguren gerissene Überlebenskünstler.

Wie fast alle Dramen Mamets ist *Glengarry Glen Ross* von der realistischen, verstümmelten Alltagssprache der Figuren geprägt. Ihre von Ellipsen, Wiederholungen, Anakoluthen, obszönen Beschimpfungen, Denkpausen und Widersprüchen gekennzeichneten Äußerungen erzeugen ein rhythmisch orchestriertes Sprachchaos. Sprache ist hier weniger individuelles Ausdrucksmittel als Medium einer auf gegenseitiger Konkurrenz und Abhängigkeit basierenden Interaktionsgemeinschaft. Aufgrund der Fähigkeit Mamets, das Ungesagte in der Banalität des Gesagten transparent werden zu lassen, wird jedoch deutlich, dass sich hinter dem kollektiven Wortschwall tiefe menschliche Bedürfnisse und Ängste verbergen. Das Stück, das zu den besten seines Autors zählt, wurde 1992 kongenial von James Foley mit Al Pacino, Jack Lemmon, Ed Harris, Kevin Spacey und Alan Arkin in den Hauptrollen verfilmt. Mamet, häufig selbst als Filmregisseur tätig, schrieb das Drehbuch zur Verfilmung.

KARL GROSS / FRANK KELLETER

Cormac McCarthy
* 20. Juli 1933 in Providence/R.I. (USA)

(d.i. Charles Joseph McCarthy) – Studium in Tennessee; dann in der US Air Force; ab 1959 freier Autor; beim Publikum jahrzehntelang erfolglos; Durchbruch mit den Westernromanen der *Border Trilogy*; seitdem als bedeutender US-amerikanischer Romancier anerkannt; Themen und Motivik in der Tradition der amerikanischen Südstaatenliteratur.

Weitere Werke: *All die schönen Pferde* (All the Pretty Horses, 1992), *Kein Land für alte Männer* (No Country for Old Men, 2005), *Die Straße* (The Road, 2006).

Die Abendröte im Westen / Blood Meridian. or, The Evening Redness in the West

Mit dem 1985 erschienenen Roman, der in der Rückschau wie eine archaisch-wilde Vorstudie zu der *Border Trilogy* erscheint, schrieb der Autor einen verstörenden ›Western‹, der von vielen Kritikern als sein Hauptwerk angesehen wird. McCarthys frühere Romane präsentierten gesellschaftliche Außenseiter in der elementaren Landschaft von Tennessee. In Motivik und Symbolik waren diese Romane dem Vorbild von Südstaatenautoren wie William Faulkner oder Flannery O'Connor verpflichtet. Mit *Blood Meridian* wandte er sich jedoch einem neuem Schauplatz und damit auch einem neuen Themenkreis zu, dem amerikanischen Südwesten. Der Roman, der bei seinem Erscheinen von der Kritik kaum zur Kenntnis genommen wurde (inzwischen aber eine wahre Flut von wissenschaftlichen Abhandlungen hervorgerufen hat), wirkt wie eine Mischung aus Italowestern und der apokalyptischen Welt von Hieronymus Bosch, aus der ästhetisierten Gewalt Sam Peckinpahs und der minutiös dargestellten Schreckenswelt von Goyas *Desastres de la guerra*.

Der namenlose Protagonist (im Text durchgehend als »the kid« apostrophiert) des auktorial erzählten Romans lernt als 15-Jähriger im Jahre 1849 bei einer religiösen Erweckungsfeier den selbsternannten »Judge« Holden kennen, an den sein Schicksal fortan gekettet sein wird. Holden ist ein haarloser Albino von riesiger Gestalt, belesen, gebildet und vieler Sprachen mächtig. Kindliches Staunen, aber auch ungeheure Bosheit und Grausamkeit sind in dieser Gestalt, die omnipräsent und unsterblich erscheint, vereint. Die Figur des Judge Holden, eines unzeitgemäßen Renaissancemenschen, ist einmalig in der US-amerikanischen Literatur. Sie trägt Züge von Miltons Satan, Melvilles Captain Ahab und Dostoevskijs Großinquisitor. McCarthy wird in seinem Roman *No Country for Old Men*, 2005 (*Kein Land für alte Männer*), noch einmal an die Gewalttätigkeit dieser Figur anknüpfen.

Nach einer Anzahl von Untaten, die den Satz auf der ersten Seite des Romans illustrieren, dass schon in sein Kindergesicht eine Veranlagung zu sinnloser Gewalt geschrieben war, schließt sich »the kid« einer paramilitärischen Einheit unter einem Captain White an. Auf ihrem Weg in mexikanisches Territorium werden sie von Indianern überfallen und niedergemetzelt. Die kalt-objektive, zugleich aber auch poetische Beschreibung dieses Massakers (der unzählige solcher Szenen folgen werden) geht weit über Stendhals Beschreibung der Schlacht von Waterloo in *La chartreuse de Parme*, 1839 (*Die Kartause von Parma*, 1845), hinaus und ist in den grotesken Details Ambrose Bierce und dem Realismus von John William De Forest verpflichtet.

Nach einer Wanderung durch eine Landschaft des Schreckens trifft der Protagonist im Gefängnis von Chihuahua Toadvine wieder, dem er am Anfang des Romans geholfen hatte, einen Mord zu begehen und ein Hotel niederzubrennen. Die beiden kommen frei, weil sie sich der Bande des Captain John Glanton anschließen, der im Auftrag des mexikanischen Gouverneurs Angel Trias Apachen töten soll. (Glanton, wie auch im Ansatz Judge Holden, sind historische Figuren, »objets trouvés« aus McCarthys sorgfältiger Recherche.) Hier trifft »the kid« auch Judge Holden wieder, den Stellvertreter Glantons und heimlichen Herrscher über eine Welt von Kriegsveteranen, indianischen Scouts, Ex-Priestern und Mördern. Die nächsten Kapitel des Romans (VII bis XII) beschreiben den Weg von Glantons Truppe durch Mexiko, durch eine Landschaft von abweisender Schönheit und erhabener Größe. Die Landschaftsbeschreibungen (McCarthys Stärke in allen Romanen) bekommen hier etwas malerisch Abstraktes und geben den erzählten Ereignissen einen metaphysischen Rahmen.

Anfangs haben die Abenteuer der Bande noch eine unschuldige Qualität, und die Präsentation von skurrilen Details verleiht dem Roman trotz aller Gewalttätigkeit eine groteske und bisweilen lapidar-komische Note. Am Ende der ersten Hälfte des Romans stehen jedoch solche Ereignisse wie die Abschlachtung und Skalpierung der Indianer, die Rückkehr nach Chihuahua im Juli 1849, die vom Gouverneur ausgerichtete Feier (die an Szenen des Westerns *Vera Cruz* erinnert) und das erneute Ausreiten der Skalpjäger. Waren die ersten ›Feldzüge‹ von Captain White und

Captain Glanton noch halbwegs legitimierte Unternehmungen, so wird in der zweiten Hälfte des Romans die Gewalt immer sinnloser (lediglich Toadvine, der am Galgen endet, zeigt bei aller Verworfenheit Ansätze moralischer Regungen). Die Desperados verwüsten als eine Art Personifizierung der apokalyptischen Reiter Dörfer und Städte, töten friedliche Indianer und eine ganze mexikanische Kavallerieeinheit. Von nun an werden die Jäger zu Gejagten: Auf Glantons Kopf wird ein Preis ausgesetzt, die mexikanische Armee verfolgt die Amerikaner.

In die Grenzstaaten der USA zurückgekehrt, wird die inzwischen dezimierte Bande von Yuma-Indianern überfallen und niedergemetzelt. Nur »the kid«, Judge Holden und wenige andere können entkommen. Am Ende des Romans wird – nach einem Zeitsprung von 30 Jahren – einer Western-Konvention Genüge getan: Es kommt zur Konfrontation von »the kid« und der zweiten Hauptfigur Holden. In dieser Szene tötet Judge Holden den Protagonisten, und das Schlussbild zeigt, wie er in einem Bordell neben einer blutigen Bärenleiche tanzt.

Blood Meridian ist ein an intertextuellen und philosophisch-theologischen Anspielungen überreicher Text, ein metaphysischer Western. Zugleich jedoch handelt es sich bei diesem Roman um einen historischen Western, der die Nachkriegswirren des mexikanisch-texanischen Krieges in sorgfältig recherchierter Detailgenauigkeit abbildet. Ähnlich wie die historisch-realistischen Romane von Elmer Kelton geht der Roman somit weit über klassische Westernkonventionen hinaus. Konnte man schon in E. L. Doctorows *Welcome to Hard Times*, 1960 (*Willkommen in Hard Times*, 1987), eine Demontage des Western-Schemas finden, so geht McCarthy noch einen Schritt weiter. Die manichäische Aufteilung der Westernwelt in Gut und Böse weicht wie im Filmgenre des Italowesterns einer Weltsicht, die eher wie eine Illustration des ›homo homini lupus‹ (der Mensch ist dem Menschen ein Wolf) als eine Bekräftigung nationaler Gründungsmythen erscheint. Die Ideologie des ›Manifest Destiny‹ wird in einer Grundsätzlichkeit in Frage gestellt, die an Richard Slotkins revisionistische Geschichte des Westens, *Regeneration Through Violence*, 1973 (Erneuerung durch Gewalt), erinnert. Auf diese Weise wird der Handlungsablauf des Romans sukzessive seiner Sinnstruktur beraubt: Queste und Reisemotivik werden ad absurdum geführt. Was übrig bleibt, sind Landschaftsbeschreibungen mit endlosen geologischen und botanischen Katalogen und eine explizite Gewaltdarstellung, getragen von einer knappen und hochpoetischen Sprache. JENS PETER BECKER

Gloria Evangelina Anzaldúa
* 26. September 1942 in Jesus Maria of the Valley/Tex. (USA)
† 15. Mai 2004 in Santa Cruz/Calif. (USA)

Tochter mexikanischer Einwanderer; mit elf Jahren bereits Feldarbeit zur Unterstützung der Familie; 1973 M. A. an der University of Texas; zuerst Sonderschullehrerin, dann Dozentin an Universitäten in Texas, Vermont und Kalifornien; bedeutende Chicana-Essayistin, Lyrikerin, lesbisch-feministische Aktivistin und Kulturtheoretikerin.

Grenzgebiete / Borderlands/La Frontera. The New Mestiza

Mit ihrem 1987 veröffentlichten Werk, das aus einem Prosa- und einem Lyrikteil besteht, erhebt die Autorin die Strategie der Gattungsmischung zum herausragenden Stilprinzip und avanciert zu einer der einflussreichsten Stimmen der gegenwärtigen Chicana-Literatur und feministischen Kulturtheorie.

Als Tochter mexikanischer Landarbeiter in Texas aufgewachsen, wird Anzaldúa früh mit der ethnischen Diskriminierung mexikanischer Einwanderer in den USA sowie mit der Frauendiskriminierung innerhalb ihrer eigenen, mexikanisch geprägten Kultur konfrontiert. In der Einleitung zu Borderlands beschreibt sie sich als ›Grenzgängerin‹ zwischen diesen verschiedenen kulturellen Welten. Inspiriert durch ihr Studium der Literatur und des Feminismus gelang es ihr, sich von mexikanischen und amerikanischen Geschlechter-, Ethnizitäts- und Klassen-Rollenvorstellungen zu befreien. Borderlands ist jedoch nicht nur Anzaldúas persönlicher Weg zu einer neu definierten kulturellen Identität; das Werk entwirft für alle Chicana-Frauen (und Frauen anderer ethnischer Minoritäten) einen möglichen Weg, mit scheinbar unvereinbaren kulturellen Identitätsgegensätzen kreativ umzugehen.

Das zentrale Thema in Borderlands sind die vielfältigen geographischen, ethnischen, religiösen, sexuellen, linguistischen und psychologischen Grenzregionen im Leben vieler Chicanas. Als Amerikanerinnen mexikanischer Abstammung leben sie im Spannungsfeld zwischen angloamerikanischer und mexikanischer Sprache und Kultur; als Frauen müssen sie innerhalb der vom patriarchalen Katholizismus geprägten Chicano-Kultur häufig zwischen einer traditionell mexikanischen und einer feministischen Identität wählen; und insbesondere lesbische Chicana-Feministinnen (wie Anzaldúa selbst) sehen sich innerhalb einer heterosexuell dominierten Gesellschaft marginalisiert und sozial isoliert.

Anzaldúas Ziel in Borderlands ist jedoch nicht ein Aufruf zum Kampf (auch wenn ihre persönlichen Erfahrungen Raum für den Ausdruck von Wut und Verzweiflung lassen), sondern zur Grenzüberschreitung, d.h. zur Überwindung von unversöhnbar erscheinenden Gegensätzen. Dieses Ziel verfolgt sie auf drei Ebenen: formal-ästhetisch verschmilzt sie eine Vielzahl von Genres (Essay, Gedicht, Autobiographie, Historiographie, indigene Mythologie und Ikonographie, kulturgeschichtliche und kulturtheoretische Analyse) zu einer innovativen Einheit, die sie selbst als »autohistoria« bezeichnet: allgemeingültiger als eine persönliche Autobiographie, aber persönlicher als traditionelle Historiographie. Zum Zweiten verwischt sie die sprachlichen Grenzen zwischen Englisch, Spanisch und Nahuatl. Insbesondere im Kapitel »How to Tame a Wild Tongue« (Wie man eine wilde Zunge zähmt) wird die politische Dimension dieser linguistischen Grenzüberschreitung deutlich: Allzu häufig, so erlebt es Anzaldúa als Studentin, setzt Erfolg an der Universität und in der englischsprachigen amerikanischen Gesellschaft die Bereitschaft voraus, die eigene kulturelle Identität, einschließlich der Sprache, aufzugeben. Anzaldúas Wahl eines hybriden Sprachgemischs dagegen widersetzt sich der binären ›Entweder-Oder‹-Logik (während die ohne Übersetzung angebotenen spanischen Passagen dem einsprachig englischen Leser eindringlich die Entfremdungserfahrung spanischsprachiger Einwanderer in den USA vor Augen führen).

Auf der dritten, inhaltlichen Ebene wird dieses Ineinanderweben verschiedenster kultureller Traditionen (mit Betonung indigener, gynozentrischer Geschichten, Mythen und Gottheiten) sowohl im Prosa- als auch im Lyrikteil exemplarisch vorgeführt. Das Kapitel »La conciencia de la mestiza. Towards a New Consciousness« (Das Mestizenbewusstsein. Aufbruch zu einem neuen Bewusstsein) liefert die theoretische Erklärung für diese Formen der Grenzüberschreitung. Hier entwickelt Anzaldúa ihr zentrales Konzept einer neuen hybriden Identität, die einen auf Konfrontation basierenden Antagonismus zwischen Unterdrücktem und Unterdrücker vermeidet, da die beste Chance zur Transformation der eigenen, gespaltenen Identität nicht in einer oppositionellen ›Re-Aktion‹ sondern in einer ›Toleranz der Ambiguitäten‹ liegt. »Conciencia de la mestiza« heißt demnach, eine kreativ-ambivalente Balance zwischen unversöhnlich erscheinenden Gegensätzen auszuhalten und eine Integration von amerikanischen und mexikanischen kulturellen Elementen, von (katholischer) Spiritualität und (lesbischer) Sexualität, von andro- und gynozentrischer aztekischer Mythologie und Geschichte sowie von philosophisch-theoretischen und politischen Fragen anzustreben.

Mit der Entwicklung eines hybriden kulturellen Identitätskonzeptes lieferte *Borderlands* einen wegweisenden Beitrag zur Kulturtheorie des späten 20. Jh.s, avancierte zu einem Klassiker der Chicano/a-Literatur und veränderte nachhaltig die Debatten innerhalb des angloamerikanischen Feminismus. MARIETTA MESSMER

Toni Morrison
* 18. Februar 1931 in Lorain/Oh. (USA)

(d.i. Chloe Anthony Wofford) – 1955 MA an der Cornell Universität; 1964–1983 Lektorin bei Random House; schreibt seit 1970 Romane sowie literaturtheoretische und kulturpolitische Werke; erhielt 1993 als erste afroamerikanische Frau den Nobelpreis für Literatur; seit 1989 Professur für Geisteswissenschaft, Princeton Universität; bedeutende afroamerikanische Schriftstellerin; verbindet schwarze Folklore mit modernistischen und postmodernistischen Erzähltechniken.

Weitere Werke: *Sula* (Sula, 1973), *Solomons Lied* (Song of Solomon, 1977), *Teerbaby* (Tar Baby, 1981), *Jazz* (Jazz, 1992), *Paradies* (Paradise, 1998), *Liebe* (Love, 2003), *Gnade* (A Mercy, 2008).

Menschenkind / Beloved

Der 1987 erschienene und 1988 mit dem Pulitzerpreis ausgezeichnete Roman gehört zur Gattung der ›Neo-Slave Narratives‹, die ab den 1960er Jahren einen wichtigen Beitrag zur US-amerikanischen Literatur leisteten. Daneben steht Morrisons fünfter Roman am Anfang einer Trilogie, die sich mit dem Thema Liebe beschäftigt: Während *Beloved* die Gefahren übermäßiger Mutterliebe zu Zeiten der Sklaverei und der ›Reconstruction‹ (der Neuordnung des Südens nach dem Bürgerkrieg) beschreibt, handelt *Jazz*, 1992 (Jazz, 1993), von den tödlichen Folgen romantischer Liebe im Harlem der 1920er Jahre, und *Paradise*, 1998 (Paradies, 1999), von der Liebe zu Gott.

Morrison kombiniert eine dokumentarische Perspektive – der Kindesmord der Sklavin Margaret Garner im Jahr 1856 lieferte den Impuls für den Roman und steht in dessen Zentrum – mit folkloristischen Elementen wie der Wiederauferstehung der getöteten Tochter als Geist. Damit verbunden ist ein Geschichtsverständnis, das Geschichte als etwas ansieht, das nie wirklich abgeschlossen werden kann (Morrison nennt dies »rememory«) und das Wunden schlägt, die über Generationen hinweg gepflegt werden müssen. Hier setzt sich Morrison von der literarischen Postmoderne ab, die auf einen eher spielerischen Umgang mit der Geschichte setzt.

Beloved beginnt mit einer Widmung an die »Sixty Million and more« (60 Millionen und mehr) Opfer der Sklaverei. Diese Zahl setzt das Schicksal der Sklaven in den Kontext des Holocaust. Die Verzehnfachung der

Opferzahl brachte Morrison den Vorwurf ein, sie wolle den Holocaust relativieren, indem sie ihn den Gräueltaten der Sklaverei unterordne. Doch sie bemängelt vor allem die fehlende Bereitschaft im Amerika der 1980er Jahre, sich mit der jahrhundertelangen Ausbeutung und Ermordung der Sklaven auseinanderzusetzen.

Der Roman ist in drei Blöcke unterteilt, die insgesamt 28 Kapitel umfassen. Die Handlung wird nicht linear und chronologisch präsentiert, sondern der Leser muss sie aus den Erinnerungen der einzelnen Figuren zusammensetzen. Die Erzählung beginnt 1873, 18 Jahre nachdem Sethe, die Hauptfigur, aus der Sklaverei ins freie Ohio entflohen ist. Das Haus mit der Nummer 124 in der Bluestone Road, in dem Sethe mit ihrer Tochter Denver wohnt, wird von einem Geist heimgesucht. Der Grund für diese Heimsuchung offenbart sich, als Paul D, ein Sklave, der mit Sethe auf der Sweet Home Plantage in Kentucky lebte, in Sethes Leben zurückkehrt. Sethes und Paul Ds Wiedersehen steht am Anfang des Romans, doch wird die Vorgeschichte durch Erinnerungen rekonstruiert. Diese Rekonstruktion ist Bedingung für die Heilung der emotionalen Wunden, die alle Sklaven im Roman erlitten haben.

Sethe wird im Alter von 13 Jahren an die gutmütigen Inhaber der Sweet Home Plantage, Mr. und Mrs. Garner, verkauft. Sie soll die Arbeit ihrer Vorgängerin Baby Suggs übernehmen, die von ihrem Sohn, dem Sklaven Halle, freigekauft wurde. Sethe verliebt sich in Halle; die beiden heiraten und bekommen mehrere Kinder. Als Mr. Garner stirbt und seine Frau erkrankt, beginnt die Herrschaft einer gnadenlosen Figur, die im Roman nur »Schoolteacher« (Lehrer) genannt wird. Die geplante Flucht der Sklaven Sixo, Paul D, Paul F, Paul A, Halle und Sethe misslingt; Sixo und Paul A werden ermordet, Paul D wird bestraft und verkauft, die schwangere Sethe wird vergewaltigt und ausgepeitscht. Halle, der unbemerkt Zeuge der Misshandlung wird, verliert den Verstand. Sethe kann dennoch entkommen. Der Wille, ihre Kinder wiederzusehen, gibt ihr die Kraft, die lange Flucht nach Ohio zu wagen. Ihre Söhne Howard und Buglar sowie ihre zweijährige Tochter hat sie über die »Underground Railroad« (eine konspirative Organisation, die Sklaven zur Flucht in den Norden verhilft) vorausgeschickt. Hochschwanger schleppt sie sich in die Nähe des Flusses und bricht dort zusammen. Sie wird von dem weißen Mädchen Amy Denver gefunden. Die Leibeigene ist ebenfalls auf der Flucht und kümmert sich um Sethes blutige Füße und den von Peitschenhieben zerfetzten Rücken. Auch hilft sie bei der Geburt des Kindes, das Sethe zu Ehren der Helferin Denver nennen wird. Sethe wird schließlich von dem Ex-Sklaven Stamp Paid entdeckt und über den Ohio-Fluss in das Haus von Baby Suggs zu ihren Kindern gebracht.

Nach 28 Tagen findet Schoolteacher das Haus an der Bluestone Road. Durch den ›Fugitive Slave Act‹ (1850) kann er sein Eigentum auch im freien Norden geltend machen. Sethe ist entschlossen zu verhindern, dass ihre Kinder zurück in die Sklaverei gebracht werden. Sie schneidet der zweijährigen Tochter die Kehle durch und kann nur durch Stamp Paid davor bewahrt werden, auch die anderen Kinder zu töten. Sie kommt ins Gefängnis, wird aber durch die Intervention der Bodwin Familie, die Gegner der Sklaverei sind, freigelassen. Zurück im Haus an der Bluestone Road, konfrontiert der Geist der getöteten Tochter Sethe mit ihrer Tat. Der Geist vertreibt ihre Söhne und verbannt Baby Suggs ins Bett, deren Laienpredigten in den vorangegangenen Jahren zum spirituellen Zentrum der schwarzen Gemeinde in Cincinnati geworden waren. Baby Suggs stirbt und lässt Sethe und Denver allein zurück.

Hier setzt die eigentliche Handlung des Romans ein. Nach Jahren der Suche findet Paul D Sethe. Die Vergangenheit verbindet die beiden: Nach und nach erzählen sie sich ihre Erlebnisse und kommen sich näher. Paul D vertreibt den Geist, doch nach einem Familienausflug finden Paul, Sethe und Denver ein junges Mädchen im Vorgarten des Hauses. Das Mädchen ist 20 Jahre alt, benimmt sich aber wie eine Zweijährige. Sie kann kaum sprechen, ist verrückt nach Zucker und fragt Sethe immer wieder nach ihrer Vergangenheit. Ihr Name ist »Beloved« (Geliebt), genau wie die Inschrift auf dem Grabstein der toten Tochter. Denver erkennt schnell, dass das Mädchen ihre ermordete Schwester ist. Beloved zwingt Paul durch ihre übersinnlichen Kräfte zum Beischlaf und vereinnahmt Sethe. Als Paul durch Stamp Paid von Sethes Kindesmord erfährt, verlässt er sie. Das Leben in der Bluestone Road gerät nun aus den Fugen. Sethe verliert ihre Arbeitsstelle und widmet sich nur noch Beloved, die sie körperlich und emotional völlig auszehrt. Für Denver wird das Leben unerträglich. Um ihre Mutter zu retten, nimmt sie Kontakt mit den Frauen aus der schwarzen Gemeinde auf, die Beloved schließlich vertreiben. Paul D entscheidet sich für ein Leben mit Sethe, und die Geschichte endet mit seiner Rückkehr.

Sowohl inhaltlich als auch stilistisch setzte der Roman neue Maßstäbe in der US-amerikanischen Erzählliteratur und ist das einflussreichste afroamerikanische Werk seit Ralph Ellisons *Invisible Man*, 1952

(*Unsichtbar*, 1954). Die Verfilmung aus dem Jahr 1998 unter der Regie von Jonathan Demme gilt allerdings als wenig gelungen. DANIEL STEIN

Im Dunkeln spielen: weiße Kultur und literarische Imagination / Playing in the Dark. Whiteness and the Literary Imagination

Der kurze Band erschien 1992 und umfasst in überarbeiteter Version drei Vorlesungen zur amerikanischen Literaturgeschichte, die die Autorin 1990 im Rahmen der »William E. Massey Sr. Lectures in the History of American Civilization« an der Harvard Universität gehalten hatte. Es handelt sich um Morrisons einzigen in Buchform veröffentlichten literaturkritischen Text. Durch ihre originellen und provokativen Thesen schuf sie ein neues Bewusstsein für den Einfluss der afroamerikanischen Kultur auf die Werke kanonisierter Autoren wie Willa Cather, Edgar Allan Poe, Mark Twain und Ernest Hemingway. *Playing in the Dark* nimmt eine zentrale Stellung in den Kulturdebatten der 1990er Jahre ein und prägte den Literaturdiskurs in Nordamerika (und darüber hinaus) nachhaltig.

Der Band besteht aus einem autobiographischen Vorwort und drei Kapiteln, die Morrisons Konzept des »American Africanism« vorstellen, es literaturtheoretisch und historisch fundieren und anhand exemplarischer Textinterpretation veranschaulichen. Im Vorwort stellt Morrison die Frage nach der Konstruktion des »literarisch Weißen« und »literarisch Schwarzen«. Da Sprache und literarische Formen in einer rassengeprägten Gesellschaft immer mit Ideologien und Assoziationen beladen sind, die eine Kluft zwischen marginalisierten Kulturen wie der afroamerikanischen und einer als zentral und »un-schwarz« konstruierten weißen Kultur proklamieren, stehen Autoren, Leser und Kritiker vor der Aufgabe, sich diese Ideologien und Assoziationen bewusst zu machen. Es geht Morrison um ein tieferes Lesen, das die Präsenz des »Schwarzen« in der weißen Nationalliteratur erkennt, auch in Werken, in denen keine schwarzen Figuren auftreten.

Das erste Kapitel, »Black Matters« (»Schwarze Angelegenheiten«; wörtlich übersetzt auch: ›Schwarz zählt‹), stellt die rhetorische Frage, ob es überhaupt denkbar sei, dass der Kanon der US-amerikanischen Literatur 400 Jahre lang der Präsenz der schwarzen Bevölkerung widerstanden haben und von ihr unbeeinflusst geblieben sein könnte. Um diese Präsenz zu verorten, schlägt Morrison das Konzept des »American

Africanism« vor, mit dem sie die verleugneten Funktionen und Formen des »Schwarzen« in den literarischen Entwürfen des »amerikanischen Charakters« und der »amerikanischen Nation« nachweisen will. Was immer wieder als »schwarz« und damit marginal bezeichnet wird, ist nach Morrison eigentlich zentral, denn die Gründergedanken und das Selbstverständnis Nordamerikas fußen auf der sinnstiftenden Präsenz einer schwarzen Bevölkerung. So ist es die Sklaverei, wie Morrison im zweiten Kapitel, »Romancing the Shadow« (»Vom Schatten schwärmen«), erklärt, die den Wert der Freiheit zu einem hohen Gut macht. Nicht der Freiheitsgedanke an sich war für die junge amerikanische Nation identitätsstiftend, sondern die »schwierige Präsenz« des »schwarzen Anderen«, das Autoren der amerikanischen Romantik wie Poe, Emerson und Melville eine Projektionsfläche für literarische Selbstkonzeptionen und fiktionalisierte Gesellschaftsformen geboten habe.

Doch welche Konsequenzen hat die schattenhafte »afrikanistische Präsenz« für die heute als kanonisch angesehenen ›großen‹ Werke der US-amerikanischen Literatur? Nach Morrison fungieren schwarze Figuren oft als Helfer, werden weißen Charakteren untergeordnet und symbolisieren »das Andersartige«, um die Komplexität der weißen Figuren zu erhellen. Anhand von Cathers *Sapphira and the Slave Girl*, 1940 (*Saphira*, 1955), macht Morrison deutlich, dass unausgesprochene Annahmen über die Charaktereigenschaften der Sklaven und implizite Vorstellungen über deren Gefühlswelt und Intellekt die Handlungsentwicklung erst plausibel machen. In diesem Sinn strukturiert die »afrikanistische Präsenz« den Roman, ohne jemals thematisiert zu werden. Morrisons Ausführungen zu Twains *Adventures of Huckleberry Finn* (1884/85) stellen die Bedeutung des Sklaven Jim für die Persönlichkeitsentwicklung des Protagonisten Huck Finn heraus. Huck kann nur dadurch ein Verständnis von Moral und Gerechtigkeit entwickeln, dass er über Jims Schicksal entscheidet. Das letzte Kapitel, »Disturbing Nurses and the Kindness of Sharks« (»Beunruhigende Krankenschwestern und die Freundlichkeit der Haie«), untersucht Hemingways Prosa auf eine »afrikanistische Präsenz«. Morrison zeigt, wie Hemingways Schwarze immer wieder dazu dienen, die Männlichkeit der weißen Hauptfiguren zu unterstreichen. In der Rolle des unterstützenden männlichen Krankenpflegers stellen sie jedoch erstaunlich oft das Selbstverständnis der weißen Protagonisten infrage, woraus Morrison schließt, dass in diesen Fällen das »Schwarze« einen starken unbewussten Einfluss auf Hemingways literarische Phantasie nahm.

Morrisons »American Africanism« und »Africanist presence« ermöglichen eine reflektierte Auseinandersetzung mit der strukturierenden und sinngebenden Funktion des »Schwarzen« in der amerikanischen Literatur. Zudem bieten sie Interpretationsmuster, mittels derer das »Schwarze« gelesen werden kann, ohne dass ein vereinfachter Rückgriff auf die persönliche Einstellung des Autors nötig ist. DANIEL STEIN

Bret Easton Ellis
* 7. März 1964 in Los Angeles/Calif. (USA)

Bereits als College-Student 1985 erster Romanerfolg; wurde danach als ›Stimme‹ seiner Generation gehandelt; 1987 Umzug nach New York; 1991 Skandalerfolg mit American Psycho; gilt seitdem als Repräsentant des literarischen Tabubruchs und umstrittenster Vertreter des sogenannten ›Brat Pack‹, einer in Anlehnung an das ›Rat Pack‹ der 1950er Jahre bezeichneten Gruppe von Schauspielern und Literaten der 1980er Jahre.

Weitere Werke: Unter Null (Less Than Zero, 1985), Glamorama (Glamorama, 1998), Lunar Park (Lunar Park, 2005).

American Psycho / American Psycho
Der Veröffentlichung des Romans im Jahr 1991 gingen erhebliche öffentliche Auseinandersetzungen voraus, bei denen heftig über Wert und Unwert des dritten Werks von Bret Easton Ellis gestritten wurde. Ellis' Hausverlag Simon & Schuster verweigerte die Publikation, nachdem Vorabdrucke in der Presse für Furore gesorgt hatten und der Vorwurf von ›Gewaltpornographie‹ im Raum stand. Das Manuskript wurde daraufhin vom Verlag A. Knopf (›Vintage‹) gekauft. Die ›National Organisation for Women‹ schaltete eine Hotline, auf der Ausschnitte des Romans verlesen wurden: Besorgte Bürger konnten sich so selbst von der misogynen Qualität des Buches überzeugen. Andere Autoren, z. B. Norman Mailer, mischten sich alsbald in die Diskussion ein. Mailer nahm das Buch vor feministischen Angriffen in Schutz, urteilte aber, es sei schade, dass Ellis sein Talent so vergeude. Dem Buch mangele es an Begründungen und Motiven für die Gewalttaten seines Protagonisten. Gerade dieser Vorwurf wird jedoch von der literaturwissenschaftlichen Forschung als wesentliche Innovation und Stärke des Romans hervorgehoben. Auch in Deutschland wurde American Psycho zunächst kritisch beäugt und von der Bundesprüfstelle für jugendgefährdende Medien etliche Jahre lang indiziert.

Die Hauptfigur Patrick Bateman ist Ellis' Version eines typischen Börsenmaklers und Yuppies der 1980er Jahre. Er zeichnet sich durch seine extreme Konsumhaltung aus: Wie seine reichen Freunde und Freundinnen speist er nur in exquisiten In-Restaurants und trägt ausschließlich Designerkleidung. Weil alle Figuren gleich aussehen – jung, sportlich, sexy –, verwechseln sie einander ständig. Diese Verwechslungen fungieren im Roman als ›running gag‹. Was Bateman allerdings von seinen Freunden unterscheidet, ist sein Doppelleben: In seiner Freizeit begeht er serienweise sadistische Morde.

Batemans Fixierung auf die oberflächliche Welt äußert sich in langen Listen von Designernamen, die mal auf ein Shampoo, mal auf Wasser, in den meisten Fällen aber auf Kleidungsstücke verweisen. Die außerordentlich brutalen Morde werden zwischen diesen Auflistungen detailgenau beschrieben. Der Vorwurf der Frauenfeindlichkeit lässt sich mit Blick auf den Text allerdings nicht eindeutig erhärten, da keineswegs nur Gewalt gegen Frauen geschildert wird, sondern z. B. auch ein Kollege und ein Obdachloser Batemans Opfer werden.

Traditionelle Erzählmuster werden im Text anhand von stereotypen Figuren umgekehrt: Der Anwalt versteht nichts, der Detektiv findet nichts heraus. Batemans häufigen Geständnissen wird nicht nachgegangen, sie werden von seiner Umwelt als Spaß abgetan. Da der Ich-Erzähler keineswegs zuverlässig ist, stellt sich ohnehin die Frage, ob die Morde in der fiktiven Welt des Romangeschehens überhaupt stattfinden. Oft wurden sie als ein Hirngespinst des Protagonisten gedeutet.

Der Roman beginnt mit einem Dante-Zitat: »ABANDON ALL HOPE YE WHO ENTER HERE« (»Ihr, die ihr hier eintretet, lasset alle Hoffnung fahren«). Wie in Dantes Hölle entwickeln sich die Charaktere nicht, sondern sind dazu verdammt, ständig die immer gleichen Handlungen auszuführen. Es existiert auch kein stringenter ›plot‹, und die Hoffnung des Lesers, irgendetwas möge Bateman aufhalten oder ihn am Ende der Geschichte zu einer Bestrafung oder doch zu tief greifender Erkenntnis führen, wird enttäuscht. Bezeichnenderweise schließt die Erzählung mit den Worten »THIS IS NOT AN EXIT« (»KEIN AUSGANG«) – und es existiert wirklich kein Ausgang aus der Konsumhaltung der Yuppie-Figuren, auch nicht aus dem fiktiven Universum der Romanwelt.

Der Roman erlangte nicht nur wegen des Skandals um seine Veröffentlichung Berühmtheit, sondern auch aufgrund seiner erzähltechnischen Innovationen. Die Darstellung von Gewalt folgt demselben Stilprinzip emotionsloser Auflistung im Präsens, das auch den ausführlichen Beschreibungen von Konsumgütern zugrunde liegt. Gerade hierin erkannten viele Kritiker eine Satire auf die Oberflächlichkeit einer nur noch auf Warengebrauch ausgerichteten Gesellschaft. In der englischsprachigen Literatur wurden die Listen und die Verwendung von Musik(versatz)stücken von Nick Hornby aufgegriffen. Im deutschsprachigen Raum beeinflusste Ellis' Roman u.a. Benjamin von Stuckrad-Barres *Soloalbum* (1998), in dem ebenfalls Listen und popkulturelle Einschleusungen, vor allem aus dem Bereich der Musik, eine wichtige Rolle spielen. Oft wurden auch die Werke Michel Houellebecqs als europäische Ableger und Entsprechungen der Literatur Bret Easton Ellis' genannt.

Im Jahr 2000 wurde *American Psycho* von der Regisseurin Mary Harron verfilmt. Obwohl viele Einzelelemente wie Dialoge und Szenen aus der Romanvorlage übernommen wurden und der Film weitgehend positive Kritiken erhielt, reicht er nicht an das Original heran. Ellis' Roman besticht nicht nur durch seinen skandalumwitterten Ruf, sondern auch durch seine literarischen Grenzgänge. Einerseits beruft er sich auf einen weiten literarischen Verweisrahmen (von Dante über Victor Hugo bis zu Tom Wolfe), anderseits radikalisiert er erzähltechnische Verfahren postmoderner Prosa (extreme Gewaltdarstellungen aus der Ich-Perspektive, Erzählung in der Präsensform, Markennennungen, Listen, popkulturelle Zitate, Verweise und Anspielungen) mit einer Konsequenz, wie sie zuvor nur aus Andy Warhols Prosawerk bekannt war. Diese Experimente machten *American Psycho* innerhalb kürzester Zeit zu einem immens einflussreichen Klassiker der US-amerikanischen Gegenwartsliteratur.

BERNADETTE KALKERT

David Foster Wallace
* 21. Februar 1962 in Ithaca/N.Y. (USA)
† 9. Dezember 2008 Claremont/Calif. (USA)

Verfasste während eines Literatur- und Philosophiestudiums erste Geschichten und einen Roman; 1996 gefeierter Autor durch Roman *Infinite Jest* (Spaß ohne Ende); ab 2002 Professor für Englisch und ›Creative Writing‹ am Pomona College in Claremont/Kalifornien; zahlreiche Essays, Reportagen, Satiren, auch Sachbücher zu Rap und Mathematik; stilistisch ebenso vielseitig wie exzentrisch und unberechenbar; Suizid.

Weiteres Werk: *Der bleiche König* (*The Pale King*, 2011).

Unendlicher Spaß / Infinite Jest

Als der zweite Roman des Autors 1996 erschien, war der gerade 33-Jährige nur einem relativ kleinen Kreis von Lesern bekannt, die sich für die höchst risikofreudigen und stilistisch äußerst variablen literarischen Experimente in seinem ersten Roman, *The Broom of the System*, 1987 (*Der Besen im System*, 2004), sowie den Erzählungen aus *Girl With Curious Hair*, 1987 (*Kleines Mädchen mit komischen Haaren*, 2001), begeistern konnten. Mit *Infinite Jest* änderten sich Wallace' nationaler Bekanntheitsgrad und seine Verbreitung schlagartig, obwohl der Autor in dieser grandiosen, über 1000 Seiten fassenden erzählerischen Tour de Force seine Leser an den Rand der Erschöpfung trieb, wenn nicht darüber hinaus. Nicht nur wegen des schieren Umfangs und der wahrhaft enzyklopädischen Anstrengung – allein der Anmerkungsapparat umfasst knapp 100 Seiten – wurde der Roman mit den Werken Thomas Pynchons oder William Gaddis' verglichen. Schon seine früheren Texte freilich verweisen deutlich auf diese und andere Repräsentanten einer älteren Generation postmoderner US-amerikanischer Schriftsteller.

Dennoch sind die Unterschiede zu den Romanen seiner Vorgänger zu gewichtig, als dass man Wallace' Werk lediglich als zeitgenössische Radikalisierung der formalen und inhaltlichen Orientierung postmoderner Erzählweisen einschätzen könnte. *Infinite Jest* verweist auf eine ausgeprägte kulturkritische Motivation, die sich mit allen literarischen Mitteln gegen eine sozusagen zur Pose erstarrte und zur reinen Unterhaltung retardierte Postmoderne zur Wehr setzt, vor allem aber gegen die ihr inhärente Tendenz zur sinnentleerten Ironisierung – eine destruktive

Tendenz, die Wallace auch in seinen Essays zur Gegenwartsliteratur deutlich kritisierte.

Infinite Jest spielt in einer unbestimmten, nahen Zukunft, die deutliche Züge der US-amerikanischen Gegenwart Ende des 20. Jh.s trägt. Die Vereinigten Staaten sind mit Kanada und Mexiko zur Organisation Nord-Amerikanischer Nationen (O. N. A. N.) verschmolzen, und die Zeitrechnung wird von Werbeverträgen finanziert, so dass die Jahre nach Produkten gezählt werden, wie das »Jahr des Whoppers« oder das »Jahr der Inkontinenzwäsche«. Die früheren Staaten Neu-Englands bilden eine gigantische Mülldeponie, die an Kanada abgeschoben werden soll, was zur Bildung einer separatistischen Terrorgruppe aus Quebec führt, der sogenannten Rollstuhlattentäter (»Les Assassins des Fauteuils Roulants«). Die Separatisten liefern sich einen Wettlauf mit den Sicherheitskräften um den Besitz eines legendären Untergrund-Videos mit dem Titel ›Infinite Jest‹, dessen Unterhaltungswert absolut tödlich wirkt.

Eine einfache inhaltliche Zusammenfassung des Romans muss angesichts solcher Verfremdungsaspekte und der schieren Komplexität mit- und ineinander verschachtelter Erzählstränge scheitern. Dennoch lassen sich einige zentrale Geschichten erkennen. Im Zentrum steht das Schicksal der Nachkommen James O. Incandenzas, des berühmt-berüchtigten Avantgarde-Filmkünstlers, Wissenschaftlers und Gründers einer elitären Tennisakademie – und Autors des besagten fatalen Unterhaltungsvideos. Im Mittelpunkt stehen seine drei Söhne: der Football-Star Orin, das Tennistalent Hal sowie der zwergenhafte Mario. Mit sichtlichem Vergnügen und ebenso viel Einfallsreichtum wie Einfühlungsvermögen beschreibt Wallace die erstaunliche Tenniskarriere und die jugendlichen Drogenverwirrungen seines Protagonisten Hal Incandenza. Traumatisiert durch die Entdeckung des Selbstmords seines Vaters, der seinen Kopf in einer Mikrowelle zur Explosion brachte, wird Hal zur exemplarischen Personifizierung postmoderner Adoleszenz, ausgestattet mit einem komplexen Intellekt und höchst sensiblem Innenleben, aber zugleich antriebs- und orientierungslos, voller Talent, doch ohne sichtbares Ziel, außer dem der groß angelegten Selbstvergeudung. Hals Schicksal wird nicht nur mit der Suche der Terroristen nach dem Video seines Vaters verschränkt, sondern auch mit der Geschichte des ehemaligen Einbrechers Don Gatelys, der verzweifelt versucht, vom Alkoholismus loszukommen, und dessen Kampf mit der Sucht eine Art tragischen Kontrapunkt zu Hals Exzessen darstellt.

Umgeben von einer Schar surrealer Charaktere und einer Kultur, deren einzige Antriebe Unterhaltung und Spektakel zu sein scheinen, erscheinen die beiden Hauptfiguren in einem undurchschaubaren System gefangen, zu dessen fataler Verdichtung sie aber selbst kräftig beitragen. Dabei formt Wallace' Roman selbst ein System, eine Art ›narratives Environment‹, in dem alle Spielarten des Erzählens ausgeschöpft werden, ohne jemals eine konsistente Einheit zu erlangen. Auch Wallace scheint letztlich in *Infinite Jest* dem Prinzip der Selbstvergeudung zu erliegen.

Bei aller Bewunderung für das unbestreitbare Talent des Autors monierten viele Kritiker, dass das satirische Potenzial des Buchs letztlich dem schieren Exzess seines Schöpfers zum Opfer falle. PETER SCHNECK

Junot Díaz
* 31. Dezember 1968 in Santo Domingo (Dominikanische Republik)

1974 Emigration in die USA; 1995 Master of Fine Arts an der Cornell University; 1994–1996 Arbeit an der Kurzgeschichtensammlung Drown; 1997–2003 Assistenzprofessur für ›Creative Writing‹ an der Syracuse University; seit 2003 Professor für ›Creative Writing‹ am Massachusets Institute of Technology; Träger renommierter Forschungsstipendien.

Weitere Werke: *Das kurze wundersame Leben des Oscar Wao* (The Brief Wondrous Life of Oscar Wao, 2007), *Und so verlierst du sie* (This Is How You Lose Her, 2012).

Abtauchen / Drown

Der Kurzgeschichtenzyklus aus dem Jahr 1996 machte den Autor zur Stimme der dominikanischen Minderheit in den USA und wurde in den Feuilletons hoch gelobt. Einige der Geschichten waren zuvor in bekannten Zeitschriften wie *The New Yorker* veröffentlicht worden und verschafften dem jungen Autor einen sechsstelligen Vorschuss für das Buchmanuskript. Mittlerweile zum Klassiker einer neuen Generation von Immigranten- und US-Latinoliteratur avanciert, erzählen die zehn autobiographisch anmutenden Geschichten vom Heranwachsen als junger Mann in den Slums der dominikanischen Republik und in den Latinovierteln New Yorks. Armut, Gewalt und Drogen prägen die in diesen Geschichten dargestellte lateinamerikanische, homophobe Machogesellschaft. Geschrieben in einem amerikanischen Englisch, in das spanische Redewendungen und Begriffe unmarkiert eingeflochten sind, imitiert die Erzählerstimme den Jugendslang seiner Protagonisten. Aufgrund seines kargen, beherrschten Stils, dessen Emotionalität indirekt wirkt, wurde *Drown* oft mit Raymond Carvers Kurzgeschichten verglichen, wohingegen die dominikanische Perspektive gerne sozialdokumentarisch gelesen wurde.

Anders als klassische Bildungsromane verweigert *Drown* seinen Figuren eine aus den geschilderten Erfahrungen entstehende innere Reife oder Erkenntnis. Fast ausnahmslos in der ersten Person geschrieben, drehen sich die zirkulär angeordneten Geschichten um unglückliche Liebesbeziehungen und zerrüttete Familienverhältnisse, die nahezu stereotyp wirken. Die Titelgeschichte thematisiert die homosexuellen Begegnungen des Erzählers Yunior mit seinem besten Freund Beto,

»Aurora« handelt von der Liebe zu einem obdachlosen jungen Mädchen, die sich aufgrund gegenseitigen Misstrauens und Betrugs, körperlicher Gewalt und Drogenabhängigkeit nie entwickeln kann. Ähnlich sprach- und perspektivlos muten die anderen Geschichten an. »Ysrael« erzählt von einem Jungen im dominikanischen Slum, dessen Gesicht deformiert ist und der deswegen misshandelt wird. Andere Geschichten beleuchten das Verhältnis zum häufig abwesenden, Furcht einflößenden und emotional gestörten Vater. INGRID THALER

Don DeLillo
* 20. November 1936 in New York/N.Y. (USA)

1954 Studium der Kommunikationswissenschaften an der jesuitischen Fordham University; in den 1960er Jahren in der Werbebranche und als ›Copywriter‹ tätig; 1971 erster Roman *Americana* (dtsch. 1995); Durchbruch mit *White Noise* (1985) und *Libra* (1988), einem Roman über das Attentat an Kennedy; auch als Dramatiker erfolgreich: *Valparaiso*, 1999 (dtsch. 2000), *Love Lies Bleeding*, 2006 (*Gott der Träume*, 2007).

Weitere Werke: Mao II (*Mao II*, 1991), Falling Man (*Falling Man*, 2007)

Unterwelt / Underworld

Der 1997 erschienene, wohl ambitionierteste Roman des Autors ist auch eine Art Rückkehr-Erzählung, denn ein Großteil der Handlung spielt im italo-amerikanischen Milieu der New Yorker Bronx, in dem DeLillo ungefähr zur selben Zeit aufwuchs wie seine Hauptfigur Nick Shay. Es handelt sich jedoch nicht um einen autobiographischen Schlüsselroman, denn die Geschichte von Nicks Werdegang – vom frühen Kleinkriminellen zu einer respektablen Existenz als Familienvater mit höherem Einkommen in den Vororten von Phoenix/Arizona – dient weniger dazu, ein US-amerikanisches Leben detailgenau zu schildern, als dass sie einen vielschichtigen Blick auf fast ein halbes Jahrhundert Nachkriegskulturgeschichte eröffnet (von 1951 bis etwa 1996). Dafür wird die Handlung mit einer Fülle historischer Figuren, Ereignissen und Artefakten zu einem bisweilen ausufernden Gebilde kultureller Erinnerung verknüpft, das durch häufige Zeit- und Ortswechsel und einen virtuosen Umgang mit Erzählperspektiven strukturiert ist.

Underworld beginnt mit einem temporeichen Prolog über ein berühmtes Entscheidungsspiel zwischen zwei New Yorker Baseballteams, das in letzter Minute durch einen spektakulären ›home run‹ entschieden wurde. DeLillo präsentiert das Spektakel aus dem Blickwinkel mehrerer fiktiver und realer Nebenfiguren, die die thematische Bandbreite des Romans ermöglichen. Eine zentrale historische Perspektive bietet sich dem Leser durch die Anwesenheit des FBI-Chefs J. Edgar Hoover, der gerade über die Zündung der ersten russischen Atombombe informiert worden ist. Im Papierregen der Siegesfeier fällt Hoover eine Seite von *Life* mit einer Reproduktion von Pieter Brueghels apokalyptischem *Triumph des Todes* auf die Schulter und inspiriert ihn zu morbid-erotischen Visionen, in denen der drohende atomare Holocaust als barockes Höllenszenario erscheint, das ihn nicht nur verängstigt, sondern auch sinnlich berührt.

Mit dieser Satire beginnt der Roman eine vielseitige Schau auf die Schizophrenien des Kalten Krieges. Dieser wird als eine zwischen Todessehnsucht und Verfolgungswahn alternierende Phase der US-amerikanischen Geschichte dargestellt, die die abstrusesten Verschwörungstheorien entstehen ließ. Der zwanghafte Memorabiliensammler Marvin Lundy etwa glaubt, die zeitliche Koinzidenz zwischen Thompsons historischem ›home run‹ und der Nachricht von der ersten russischen Atombombe sei kein Zufall, da der Durchmesser eines Baseballs dem nuklearen Kern einer Atombombe entspreche.

Der eigentliche Protagonist von Underworld ist jedoch der Zivilisationsmüll der spätkapitalistischen Konsumgesellschaft: Nick arbeitet als »Abfallanalytiker« für einen Großkonzern, der mit undurchsichtigen Partnern in Kasachstan über Strategien atomarer Müllentsorgung verhandelt; sein Kollege Brian hat ein Erleuchtungserlebnis beim Betrachten einer gigantischen Müllhalde auf Staten Island; der »Müllarchäologe« Jesse Detwiler unterrichtet »Abfallstudien« an der Universität von Los Angeles. DeLillos Interesse scheint vor allem der Ambivalenz der Wahrnehmung von »waste« zu gelten: Die Nebenfigur Antoine ist derart abgehärtet, dass es ihm nichts mehr ausmacht, gegen Bezahlung sein Auto jeden Abend mit Restaurantabfällen füllen zu lassen, um sie des Nachts heimlich in anderen Stadtteilen loszuwerden. Nicks Partner Big Sims ist dagegen so hypersensibilisiert, dass er beim Restaurantbesuch immer nur an die unweigerlich anfallenden Essensreste denkt.

Underworld erörtert die zerfließenden Grenzen zwischen vor Unrat stinkenden Deponien und dem Kulturmüll zeitgenössischer Gesellschaften: dem Bild- und Sprachschutt der Medien und dem sich in den Kellern der Vororte ansammelnden Ramsch. Der Roman zeigt und parodiert die Rituale des Ordnens und des Recyclings, in denen der Auswurf des alltäglichen Lebens bisweilen quasi-transzendenten Wert erhält (Nicks Jugendliebe Klara Sax erlangt durch das Bemalen von verschrotteten B 52-Bombern in der Wüste von New Mexiko Berühmtheit). Wie in vielen Romanen DeLillos liegt der Lichtblick in der Magie des Abwesenden: Thompsons ›home run‹ hat gerade deshalb eine einzigartige Aura, weil er noch vor dem Medienzeitalter stattfand und mangels geeigneten Filmmaterials nicht auf eine ständig wiederholbare Kulturikone reduziert werden konnte. DeLillos brüchige, Plotkausalität und Figurenmotivierung unterlaufende Erzählhaltung kann hier als Versuch interpretiert werden, der Schnelligkeit medialer Reduktionsprozesse durch eine Poetik des Bruchs entgegenzusteuern. Dass das Mysteriöse dabei gelegentlich in Mystik umkippt, wird deutlich, wenn Nick mit Verweis auf ein religiöses Traktat anmerkt, Gott werde respektiert, weil er sich nicht gänzlich erklären lasse: Er behalte sein Geheimnis für sich. GÜNTER LEYPOLDT

Mark Z. Danielewski
* 5. März 1966 in New York/N.Y. (USA)

Sohn eines polnischen Dokumentarfilmers, Aufenthalte in der Schweiz, Indien, Afrika, Spanien; Studium in Yale, USC School of Cinema-Televion; Arbeit als Filmcutter, beteiligt an einer Dokumentation über Jacques Derrida; nach zehnjähriger Arbeit und Vorveröffentlichungen im Internet erschien 2000 der Debütroman *House of Leaves* und wurde zu einem Kulterfolg; Romancier des 21. Jh.s zwischen experimenteller Avantgarde und Populärkultur.

Das Haus / House of Leaves

Schon vor seiner Veröffentlichung im Jahr 2000 war dieser Roman ein literarisches Ereignis. Danielewski arbeitete zehn Jahre lang an *House of Leaves*; während dieser Zeit machte er Teile des Werkes – und zuletzt den Gesamttext – im Internet zugänglich, wo sich rasch eine begeisterte Fangemeinde um den Roman scharte. Die Buchpublikation (in mehreren, typographisch unterschiedlich gestalteten Ausgaben) ließ das ungewöhnliche Erzählwerk dann endgültig zu einem Kulterfolg werden. Kaum ein anderer Roman des späten 20. und frühen 21. Jh.s hat die Vorstellungswelt seiner Leserinnen und Leser so nachhaltig beeinflusst wie *House of Leaves*: Zahlreiche Diskussionsforen und Blogs im Internet widmen sich dem Aufspüren von Verweisen, Anspielungen und Bedeutungen in diesem labyrinthartig gestalteten Text.

Im Wesentlichen erzählt Danielewskis Roman drei Geschichten. Als Kern dient die Geschichte eines Hauses, dessen Innenmaße größer sind als seine Außenmaße. Der gefeierte Fotojournalist Will Navidson zieht mit seiner Ehefrau Karen Green, einem ehemaligen Model, und den gemeinsamen Kindern Chad und Daisy in eine Kolonialvilla in der Ash Tree Lane, nahe Charlottesville, Virginia. Das Ehepaar hat sich emotional auseinandergelebt und möchte durch den Umzug wieder zueinander finden; Navidson, der unter einer beruflichen Sinnkrise leidet, versucht, den familiären Heilungsprozess filmisch festzuhalten, und bringt im ganzen Haus Kameras an. Plötzlich jedoch tut sich im Haus an einer Stelle, wo zuvor eine Wand war, ein Korridor auf. Dieser Korridor müsste eigentlich in den Garten führen, doch an der Außenfassade des Hauses ist keine Veränderung festzustellen, wie Navidson in einem Kurzfilm namens »The Five and a Half Minute Hallway« (»Der Fünfeinhalb-

Minuten-Flur«) dokumentiert. Bald weitet sich der Korridor zu einem enormen Labyrinth aus, dessen Größe und Form sich ständig verändern. Karen untersagt ihrem Mann, die dunklen Raumfluchten öfter als einmal zu betreten, woraufhin dieser mit seinem Zwillingsbruder Tom und dem gelähmten Ingenieur Billy Reston nach einer rationalen Erklärung für die sich ständig wandelnde Architektur sucht. Tom wird hierbei regelrecht vom Haus ›verschlungen‹. Ein ähnliches Schicksal widerfährt dem Überlebenskünstler Holloway Roberts, der mit zwei Assistenten mehrere Erkundungsreisen ins Innere des Hauses unternimmt. Auf der letzten und längsten dieser Expeditionen verliert Holloway den Verstand, erschießt einen seiner Männer und, eingesperrt in eine zirkuläre Reihe von Kammern, schließlich sich selbst. Seine letzten Stunden zeichnet er auf Video auf; die Aufnahmen zeigen möglicherweise ein Monster, das Holloways Leiche verspeist.

Die zweite Geschichte von *House of Leaves* handelt von einem Film, den niemand gesehen zu haben scheint, der aber als Gerücht und Legende einen tief greifenden Einfluss auf die Kultur seiner Zeit nimmt – ein Motiv, das sich ähnlich auch in den ungefähr zeitgleich entstandenen Romanen *Infinite Jest* von David Foster Wallace, 1996 (*Unendlicher Spaß*), und *Pattern Recognition* von William Gibson, 2003 (*Mustererkennung*), findet. Bei dem Film handelt es sich um die Dokumentation »The Navidson Record«, die Will Navidson über die Ereignisse in seinem Haus zusammengestellt hat. Über diesen Film verfasst der alte, blinde Autodidakt Zampanò eine gelehrte, exegetisch überbordende Abhandlung, die ebenfalls den Titel »The Navidson Record« trägt.

Zampanòs Manuskript steht im Zentrum der dritten Geschichte des Romans: Johnny Truant, ein junger Angestellter in einem Tätowiersalon in Hollywood, bezieht Zampanòs alte Wohnung und findet dort einen Koffer voller Aufzeichnungen und Notizen. Aus diesen Hinterlassenschaften rekonstruiert er den Text von »The Navidson Record«. Truant ediert Zampanòs Abhandlung und verfasst Anmerkungen und Kommentare, die einerseits seine Bemühungen um ein korrektes Textverständnis, andererseits seine zunehmende Desorientierung aufgrund der dort berichteten Ereignisse widerspiegeln. Es bleibt unklar, ob Truants Reaktionen auf das Manuskript – und möglicherweise die Existenz des Manuskriptes selbst – durch Drogen und Halluzinationen induziert sind oder mit jener unheimlichen Macht in Verbindung stehen, die im Haus der Navidsons ansässig ist. In Truants eigener Geschichte, die in seinen Fußnoten zu Zampanòs Text immer wieder in den Vordergrund drängt, nehmen drei Figuren Hauptrollen ein: die Stripperin Thumper, Truants bester Freund Lude (der ihm Zampanòs Wohung vermittelt und später einem grausamen Motorradunfall zum Opfer fällt) sowie Truants Mutter Pelafina H. Lièvre, die ihrem Sohn gleichermaßen bewegende wie geheimnisvolle Briefe aus einer geschlossenen Nervenheilanstalt schreibt (in die sie vermutlich eingeliefert wurde, weil sie Johnny, als dieser noch ein Kind war, zu erwürgen versuchte).

Diese drei Geschichten werden nicht linear-sukzessive, sondern vielfach ineinander verschachtelt erzählt. Ein formales Hauptmerkmal von Danielewskis Roman ist seine an William Gass und Milorad Pavić geschulte experimentelle typographische Gestalt: Unterschiedliche Erzählebenen werden durch miteinander konkurrierende Spalten und Kolumnen, invertierten und spiegelverkehrten Satz, variierende Schrifttypen und -farben, mehrfach verzweigte Fußnoten, gefolgt von langen Strecken fast textfreier Seiten sowie durch tunnelartig sich in den Text hinein erstreckende Kästchen markiert. Das Ergebnis sind Lesebewegungen, die durch das Buch wie durch ein Labyrinth hin und her führen. Gleichzeitig werden intertextuelle Spuren in ein weitläufiges literarisch-filmisches Universum der Unheimlichkeit gelegt, mit Verweisen u. a. auf die klassische Mythologie (vor allem die Minotaurus-Sage), Edgar Allan Poe, H. P. Lovecraft, Martin Heidegger, Vladimir Nabokov, Jorge Luis Borges, Jacques Derrida, Stephen King, Stanley Kubrick und der Horrorfilm *The Blair Witch Project* (1999). Truants Edition des Manuskripts Zampanòs wird schließlich von den Anmerkungen, Anhängen und Indices mehrerer Herausgeber ergänzt, die ihrerseits ein Zerrbild wissenschaftlich-akademischer Textkommentierung zeichnen und hierbei u. a. an Nabokovs *Pale Fire*, 1962 (*Fahles Feuer*), sowie an den im selben Jahr wie *House of Leaves* erschienenen Roman *Wilson. A Consideration of the Sources* (*Wilson. Eine Quellenstudie*) von David Mamet erinnern.

Wie das Haus in der Ash Trane Lane ist Danielewskis Buch auf unheimliche Weise innen größer als außen: Sowohl die komplex selbstbezügliche Textstruktur als auch die geschickte Nutzung paratextueller Elemente (von Andeutungen alternativer Plots auf dem Cover bis zu den vielfältigen Präsenzformen der Erzählung im Internet) eröffnen einen ungemein reichhaltigen, dabei aber keineswegs willkürlich gestalteten Imaginationsraum. Anhand von Selbstaussagen des Autors darf vermutet werden, dass *House of Leaves* gleichzeitig als Abbild und Vollzug der imaginativen Möglichkeiten aller Buchliteratur auftreten möchte; die beachtliche Leistung des Romans besteht darin, explizit in Form eines Buches jene absorbierende Bedeutungsdynamik und interaktive Verweisungsoffenheit zu erzeugen, die in der Regel für Computer- und Hypertextliteratur (zumeist nur theoretisch) geltend gemacht wird. Von seinen Vorläufern in der modernen und postmodernen Experimentalliteratur wiederum unterscheidet sich House of Leaves vor allem durch seinen hohen Unterhaltungswert.

Als Nachfolgewerk zu House of Leaves veröffentlichte Danielewski noch im selben Jahr The Whalestoe Letters (Briefe aus Whalestoe) – eine kommentierte und gegenüber House of Leaves vervollständigte Ausgabe der Briefe Pelafinas an Johnny Truant. Eine Novelle über ein Alterspflegeheim, The Fifty Year Sword (Das Fünfzig-Jahre-Schwert), erschien 2005 in einer limitierten Auflage von 1000 Stück in den Niederlanden und wurde rasch zu einem begehrten Sammlerstück. Danielewskis lange erwarteter zweiter Roman erschien 2006 unter dem Titel Only Revolutions (Nichts als Umdrehungen / Revolutionen). In seinem experimentellen Anspruch noch radikaler als House of Leaves erzählt dieser pikareske Roman, dessen Form bisweilen an ein Prosagedicht erinnert, die Liebesgeschichte zweier Jugendlicher, Sam und Hailey, die sich von äußeren Beschränkungen aller Art lösen (das Wort »in« kommt im Text nicht vor). Das Ergebnis ist eine eigentümliche Mischung aus Befreiungsromantik (mit starken Anklängen an Jack Kerouac) und existenzieller Verunsicherung, die den Einfluss der Romane Samuel Becketts erkennen lässt. Wo House of Leaves von der Klaustrophobie zur Agoraphobie führt, beschreitet Only Revolutions gewissermaßen einen umgekehrten Weg. Trotz seiner treuen und engagierten Anhängerschaft blieb dem Roman allerdings die Breitenwirkung von House of Leaves versagt. FRANK KELLETER

Marilynne Robinson
* 26. November 1947 in Sandpoint/Id. (USA)

1966 B.A. am Pembroke College; 1977 Ph.D. an der University of Washington; ›Writer in Residence‹ und ›Visiting Professor‹ an zahlreichen Universitäten; Lehrerin am ›Iowa Writer's Workshop‹, veröffentlichte 1989 das Sachbuch *Mother Country* (Vaterland) und 1998 die Essaysammlung *The Death of Adam* (Adams Tod); erhielt zahlreiche renommierte Literaturpreise.

Weitere Werke: *Das Auge des Sees* (*Housekeeping*, 1980), Heimat (*Home*, 2008).

Gilead / Gilead

Der 2004 erschienene zweite Roman der Autorin schildert die Gedanken und Erinnerungen des 76-jährigen Ich-Erzählers John Ames, der aufgrund eines Herzleidens nicht mehr lange zu leben hat. Ames, Pastor der fiktiven Kleinstadt Gilead im US-amerikanischen Bundesstaat Iowa, möchte seinem siebenjährigen Sohn mit einem langen Brief ein Erbe hinterlassen und sich so über den eigenen Tod hinaus als Vater verewigen.

Die Zeit der Erzählung ist das Jahr 1956, doch Ames schildert in seinen Beschreibungen nicht nur persönliche Erinnerungen, sondern auch Ausschnitte aus der amerikanischen Geschichte von der Zeit des Bürgerkriegs bis zur Mitte des 20. Jh.s. Seine Erinnerungen kreisen besonders um seinen Vater und Großvater, ihre Beziehung zueinander und ihre unterschiedlichen religiösen und politischen Auffassungen.

Immer wieder blickt der Erzähler auf sein eigenes Leben zurück: auf den Verlust seiner ersten Frau Louisa, die bei der Geburt der gemeinsamen Tochter Rebecca ebenso stirbt wie diese; auf die lange und dunkle Zeit der Trauer und Einsamkeit, die darauf folgte; auf die langjährige Freundschaft mit Boughton, der, ebenfalls krankheitsgeschwächt, dem Ende seines Lebens entgegenblickt; und auf seine späte und unerwartete zweite Ehe mit Lila, aus der der Sohn hervorgeht, für den er schreibt.

Die ruhigen, sensiblen Beschreibungen sind in theologische und philosophische Betrachtungen eingebunden: Ames sinniert am Ende seines Lebens über Fragen der menschlichen und göttlichen Vergebung und Gnade, aber auch über Existenz, Wahrnehmung und menschliche Beziehungen. Zugleich unterbricht der Erzähler seine Erinnerungen und religiösen Reflexionen immer wieder mit Beschreibungen des alltäglichen

Lebens, wobei besonders die Rückkehr seines nach ihm benannten Patensohnes John Ames (Jack) Boughton in den Vordergrund rückt. Ames kämpft darum, sein ambivalentes Verhältnis zum vermeintlichen Taugenichts Jack Boughton zu überwinden. Am Ende seines Lebens erkennt er, dass es nicht ausreicht, christliche Vergebung und väterliche Liebe zu predigen, sondern dass er sie auch praktizieren muss.

Trotz der Auszeichnung mit dem Pulitzerpreis wurde dieser sprachgewaltige Roman voll bildlicher Schönheit und schriftstellerischer Leichtigkeit bisher noch nicht umfassend von der Forschung behandelt. Von der Rolle der Religion und Philosophie über die Darstellungen von Zeit und Geschichte bis zur Konstruktion von Identität bleibt hier vieles zu entdecken. BIRTE OTTEN

Gedruckt auf chlorfrei gebleichtem, säurefreiem und alterungsbeständigem Papier

Bibliografische Information der Deutschen Nationalbibliothek
Die Deutsche Nationalbibliothek verzeichnet diese Publikation
in der Deutschen Nationalbibliografie; detaillierte bibliografische
Daten sind im Internet über http://dnb.d-nb.de abrufbar.

ISBN 978-3-476-04058-9

Dieses Werk einschließlich aller seiner Teile ist urheberrechtlich geschützt. Jede Verwertung außerhalb der engen Grenzen des Urheberrechtsgesetzes ist ohne Zustimmung des Verlages unzulässig und strafbar. Das gilt insbesondere für Vervielfältigungen, Übersetzungen, Mikroverfilmungen und die Einspeicherung und Verarbeitung in elektronischen Systemen.

© 2015 J.B. Metzler'sche Verlagsbuchhandlung
und Carl Ernst Poeschel Verlag GmbH in Stuttgart
In Lizenz der Kindler Verlag GmbH
www.metzlerverlag.de
info@metzlerverlag.de

Gestaltung: Finken & Bumiller, Stuttgart
(Umschlagfoto: picture-alliance / blickwinkel / S. Schuetter)
Satz: Dörlemann Satz, Lemförde
Druck und Bindung: Kösel, Krugzell · www.koeselbuch.de

Printed in Germany
Verlag J.B. Metzler, Stuttgart

KINDLER SCHLÄGT WIKIPEDIA! DIE WELT

- Alle wichtigen Autoren und Werke der englischen Literatur in einem Band
- Ausgewählt von Vera und Ansgar Nünning
- Ein kompaktes Werkzeug für Literaturwissenschaftler und ein großer Fundus für anspruchsvolle Literaturinteressierte

KINDLER KLASSIKER
ENGLISCHE LITERATUR
Aus acht Jahrhunderten
700 Seiten, geb. € 49,95
ISBN 978-3-476-04031-2

info@metzlerverlag.de
www.metzlerverlag.de

J.B. METZLER

KINDLER SCHLÄGT WIKIPEDIA! DIE WELT

Jane Austen, Mary Elizabeth Braddon, Anne Brontë, Charlotte Brontë, Emily Brontë, Samuel Butler, George Gordon Lord Byron, Lewis Carroll, Samuel Taylor Coleridge, Wilkie Collins, Joseph Conrad, Charles Robert Darwin, Charles Dickens, Arthur Conan Doyle, Maria Edgeworth, George Eliot, George Gissing, Thomas Hardy, John Keats, Charles Kingsley, Rudyard Kipling, William Morris, Walter Pater, Christina Rossetti, John Ruskin, Sir Walter Scott, George Bernard Shaw, Percy Bysshe Shelley, Robert Louis Stevenson, Bram Stoker, H.G. Wells, Oscar Wilde u.v.a.

Ausgewählt von Vera und Ansgar Nünning
192 Seiten, geb. € 19,95
ISBN 978-3-476-04057-2

info@metzlerverlag.de
www.metzlerverlag.de

J.B. METZLER

KINDLER SCHLÄGT WIKIPEDIA! DIE WELT

Alan Ayckbourn, Julian Barnes, Edward Bond, Anthony Burgess, Antonia S. Byatt, Bruce Chatwin, Agatha Christie, Joseph Conrad, T.S. Eliot, J.G. Farrell, Ian Fleming, Edward Morgan Forster, John Fowles, William Golding, Nick Hornby, Aldous Huxley, James Joyce, Sarah Kane, Philip Larkin, D.H. Lawrence, John le Carré, Doris Lessing, Katherine Mansfield, Ian McEwan, George Orwell, John Osborn, Harold Pinter, Jean Rhys, Joanne K. Rowling, Salman Rushdie, Peter Shaffer, Tom Stoppard, Graham Swift, Dylan Thomas, J.R.R. Tolkien, Virginia Woolf u.v.a.

Ausgewählt von Ansgar und Vera Nünning
192 Seiten, geb. € 19,95
ISBN 978-3-476-04056-5

info@metzlerverlag.de
www.metzlerverlag.de

J.B. METZLER